PENSAMENTO COMPLEXO

HUMBERTO MARIOTTI

PENSAMENTO COMPLEXO

Suas Aplicações à Liderança, à Aprendizagem e ao Desenvolvimento Sustentável

2ª Edição

SÃO PAULO
EDITORA ATLAS S.A. – 2010

© 2007 by Editora Atlas S.A.

1. ed. 2007; 2. ed. 2010 (2 impressões)

Capa: Leonardo Hermano
Composição: Lino-Jato Editoração Gráfica

Dados Internacionais de Catalogação na Publicação (CIP)
(Câmara Brasileira do Livro, SP, Brasil)

Mariotti, Humberto
  Pensamento complexo : suas aplicações à liderança, à aprendizagem e ao desenvolvimento sustentável / Humberto de Oliveira Mariotti. – 2. ed. – São Paulo : Atlas, 2010.

  Bibliografia.
  ISBN 978-85-224-5979-7
  eISBN 978-85-224-6454-8

  1. Aprendizagem 2. Desenvolvimento sustentável 3. Liderança 4. Pensamento I. Título.

07-1973   CDD-153.42

Índice para catálogo sistemático:

1. Pensamento complexo : Psicologia   153.42

TODOS OS DIREITOS RESERVADOS – É proibida a reprodução total ou parcial, de qualquer forma ou por qualquer meio. A violação dos direitos de autor (Lei nº 9.610/98) é crime estabelecido pelo artigo 184 do Código Penal.

Depósito legal na Biblioteca Nacional conforme Lei nº 10.994, de 14 de dezembro de 2004.

Impresso no Brasil/*Printed in Brazil*

Editora Atlas S.A.
Rua Conselheiro Nébias, 1384 (Campos Elísios)
01203-904 São Paulo (SP)
Tel.: (011) 3357-9144
www.EditoraAtlas.com.br

Para a Isadora

Muitos dos problemas fundamentais com os quais deparamos originam-se do fato de que a complexidade e a sofisticação do nosso pensamento não são compatíveis com a complexidade e a sofisticação das realidades com as quais é necessário lidar. [...] O resultado é que nossas ações frequentemente são simplistas e algumas vezes causam prejuízo.

(Gareth Morgan)

Chegamos a um estágio da história em que devemos começar a pensar sobre o próprio pensamento. No fim de uma era, devemos nos engajar num repensar radical.

(John Lukacs)

Chegou a hora de recuperar a capacidade de fazer distinções. Chegou a hora de acabar com as simplificações. Chegou a hora do pensamento complexo.

(Sérgio Paulo Rouanet)

Sumário

1 Apresentação, 1

2 A doença do pensamento, 16

3 A realidade fragmentada (I), 24

4 A realidade fragmentada (II), 51

5 A visão do conjunto, 83

6 É possível "curar" o pensamento?, 109

7 Os operadores cognitivos do pensamento complexo, 137

8 Fatos, comentários e perspectivas, 165

Referências, 191

Agradecimentos

Agradeço a todos os que de algum modo ajudaram na preparação deste volume. Sou especialmente grato a Cristina Zauhy e Irma Mariotti. Agradeço também a todos os membros do Grupo de Estudos de Gestão da Complexidade da Business School São Paulo – Laureate International Universities.

1

Apresentação

> *O sono da razão produz monstros.*
> (Francisco Goya)
>
> *Você tem de jogar ideias na arena e mobilizar as pessoas.*
> *Se você não tentar, não vai chegar a lugar nenhum.*
> (Immanuel Wallerstein)

Este é um livro sobre o nosso modo básico de pensar e suas consequências para o indivíduo, a sociedade, a economia, a política, a educação e, por último mas não menos fundamental, a natureza. É também um livro sobre organizações e liderança. Fala sobre o que o físico americano David Bohm chamou de "a doença do pensamento". Trata-se de uma disfunção de diagnóstico fácil, cujos principais sintomas são: (a) o imediatismo; (b) a superficialidade; (c) o simplismo. Ao longo do tempo, esse padrão mental tem produzido resultados positivos, mas também – e ultimamente cada vez mais – consequências indesejáveis e não raro desastrosas.

Se o diagnóstico é fácil, não se pode dizer o mesmo do que é preciso fazer em seguida. Meu ponto de vista central, que compartilho com muitos outros, é o seguinte: é imperioso que mudemos o modelo mental que mais frequentemente usamos para pensar o mundo, o que obviamente inclui a condição humana. Trata-se de uma questão de sobrevivência, e as razões para tanto serão apresentadas e discutidas ao longo destas páginas.

Este livro examinará uma ampla gama de aspectos. Nada disso, porém, significa que ele precise ser hermético, laborioso e escrito em linguagem pouco acessível. Ao contrário, meu esforço principal foi a busca da clareza. Esse empenho incluiu a utilização frequente de exemplos e histórias e estudos de casos, entre outros recursos didáticos.

As partes, o conjunto e os modos de pensar

Comecemos com alguns conceitos-chave. A cada texto que escrevo sobre esse tema, procuro definir com a maior clareza possível o que é complexidade. Para este livro, trago a melhor definição que encontrei até agora – a do imperador romano Marco Aurélio (121-180 d.C.), que faz parte de suas *Meditações*: "Considera sempre que o Universo é um organismo vivo, que tem uma única substância e uma única alma; e que todas as coisas estão submetidas a uma só percepção desse todo; que tudo é movido por um único impulso e tudo toma parte em tudo o que acontece. E repara quão intrincada e complexa é essa trama."[1] "Uma antecipação de Espinosa", dirão com razão os leitores do pensador holandês. Concordo e acrescento: mas não só dele.

Vejamos um exemplo de como a incompreensão do conceito de complexidade muitas vezes se presta a conclusões equivocadas.

Um pensamento unidimensional

Não poucas vezes tenho sido abordado por pessoas que se declaram incomodadas em relação à complexidade e ao pensamento complexo.

Certa vez, uma delas argumentou comigo o seguinte: a economia dos EUA é mais forte do que a europeia porque é mais simples, menos "teórica" e, por isso, proporciona mais e melhores resultados. Meu interlocutor se referia, é claro, a resultados tangíveis e portanto facilmente transformáveis em números. Contudo, ao pensar assim aparentemente não se recordava de que o objetivo da economia não é só esse. Com essa visão unilateral, ele não levava em conta os efeitos colaterais danosos à sociedade e ao meio ambiente desses "melhores resultados". Pensava apenas nos benefícios e não levava em conta os custos.

Esse é um bom exemplo daquilo que Bohm chama de "doença do pensamento": em nossa cultura, a maioria das pessoas tem imensa dificuldade de fazer conexões, pensar fora do contexto imediato de espaço e tempo, extrapolar. Se não houver correlações *imediatas* e *diretas* entre as coisas e as circunstâncias, elas se convencem de que umas nada têm a ver com as outras. Esse fenômeno produz outro: a propensão a classificar como "teórico" tudo o que não seja *estritamente operacional*.

Precisamos, portanto, de um modo de pensar que leve as pessoas a ampliar sua compreensão de mundo e as faça entender que as teorias geram práticas e estas, por sua vez, realimentam as teorias. Sem teorias não há práticas e vice-versa.

Na raiz do questionamento do meu interlocutor – e de muitos outros semelhantes – estão dois equívocos fundamentais: (a) confundir complexidade com complicação; (b) confundir simplicidade com simplificação. Ao longo deste

---

[1] MARCO AURÉLIO. *Meditações*. IV, 40.

livro, mostrarei formas de desfazer essas confusões. Por enquanto, convém notar que a argumentação desse meu interlocutor era orientada pela polarização de sempre: a filosofia continental (do continente europeu) seria menos "eficiente" do que a filosofia analítica (predominantemente anglo-americana). Essa maneira de ver as coisas é simplificadora, redutivista e mostra aversão à reflexão e dificuldade de lidar com a pluralidade, a diversidade e as diferenças.

Tudo isso gera uma visão de mundo esquemática que, como registra a história, tantos problemas tem causado às pessoas, às organizações e ao meio ambiente. Reflete a incompreensão do fato de que tudo o que vivemos, em qualquer tempo e em qualquer cultura, é o resultado de pensamentos, ideias, de filosofias. Enfim, confirma as palavras de Dietrich Schwanitz: "Qualquer pessoa pode se despedir da cultura sem dores de cabeça extras. [...] Essa pessoa está na situação de alguém que se encontra no meio do público tomado pelo riso em uma peça cômica, mas não entende o motivo da graça. Ela se movimenta como um estrangeiro em sua própria cultura, é alguém que recusou sua própria herança."[2]

No mínimo, não é prudente subestimar a filosofia e seus resultados práticos. É claro que não proponho que nos transformemos em grandes eruditos, sempre às voltas com altas questões filosóficas. Para as finalidades deste livro, é suficiente que saibamos de onde vêm muitas de nossas atitudes e posturas na vida e no trabalho. Além de ser inerente à condição humana, pensar não nos faz mal. O que faz mal é nos fecharmos para o pensamento e, assim, tornarmo-nos presas fáceis de condicionamentos e manipulações.

O exemplo acima tem, entre outras, uma explicação: nossa cultura está profundamente condicionada por um modelo de pensamento: a lógica binária. Expliquemos do que se trata. Há duas maneiras básicas de pensar. Para compreendê-las com mais facilidade, imaginemos uma linha contínua que simbolize um objeto ou situação que queiramos conhecer – a administração, por exemplo. Se para tanto quisermos usar o pensamento linear-cartesiano, começaremos por dividir esse objeto em, digamos, cinco partes:

```
  ____     ____     ____     ____     ____
   M        P        F        CO        E
```

Diagrama 1

Em seguida, devemos examinar cada parte separadamente. Como estão em sequência linear, é claro que, quanto maior for a distância entre a última e a primeira, mais difícil será perceber as relações entre elas. Será também mais

---

[2] DIETRICH SCHWANITZ. Prefácio a CHRISTIANE ZSCHIRNT. *Livros*: tudo o que você não pode deixar de ler. São Paulo: Globo, 2006, p. 14.

difícil chegar a uma síntese após o exame separado e sequencial de cada um desses fragmentos. Além disso, ao longo do processo, logo se formam grupos de especialistas em cada uma dessas partes, grupos que logo desenvolvem jargões específicos para suas áreas ou disciplinas. Esse fenômeno dificulta, quando não impede, a comunicação entre elas e isso, como mostra a experiência, é um entrave ao conhecimento.

Outro modo de estudar esse objeto é arranjar de outra forma as partes que o compõem. Em vez de dispô-las de modo seriado, podemos arranjá-las para que formem um sistema:

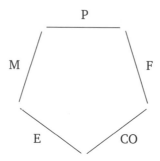

Diagrama 2

Nessa disposição não linear, elas interagem de outra maneira, e assim diminui muito a distância que separava as partes iniciais das finais na sequência anterior. Todas as partes agora estão interligadas, o que permite pensar o conjunto sem perder de vista os seus componentes. É o que se chama de pensamento sistêmico.

Dos lugares de articulação entre as partes podem surgir propriedades novas. É o que ocorre, por exemplo, numa reunião de *brainstorming*, em que a interação das pessoas faz – por meio da linguagem comunal – emergir ideias novas que dificilmente apareceriam se elas pensassem separadamente. Daí a denominação "propriedades emergentes". Esse fenômeno é também conhecido como sinergia. Os sistemas são não lineares, sinérgicos e podem tornar patentes as propriedades antes latentes em suas partes constitutivas. Agora, fica mais fácil entender por que o primeiro modelo se chama pensamento linear e o segundo é denominado pensamento sistêmico. Os matemáticos costumam chamar os fenômenos sistêmicos de dinâmicas não lineares.

Neste ponto, é importante esclarecer que, quando falo em pensamento sistêmico – e isso vale para todos os capítulos deste livro –, refiro-me ao modo de pensar que permite uma visão tal como está descrita no parágrafo anterior. Nesse sentido, sigo a lógica da chamada "modernidade crítica", inspirada na filosofia de Kant. Mas não compartilho duas crenças da modernidade crítica: (a) a de que o observador não faz parte daquilo que observa; (b) a de que o mundo exterior é antecipadamente dado e cabe ao nosso cérebro "processar" informações vindas de fora já prontas. Voltarei a esses aspectos mais adiante.

Como o de muitos outros, meu contato inicial com esse tema vem da teoria dos sistemas e da cibernética, sobre as quais falarei mais tarde. Mas não vejo a abordagem sistêmica como um modo de controle dos sistemas sociais (entre eles as corporações) por meio da informação computadorizada e da aplicação racionalista e instrumental da teoria dos sistemas e da cibernética. Tal modo de pensar e agir é característico da chamada "modernidade sistêmica", que visa ao ordenamento das relações sociais segundo o modelo mecanizante e totalizante da racionalização e da funcionalidade.[3]

Feitas essas ressalvas, prossigamos. Ater-se exclusivamente ao modelo linear é uma posição reducionista. No entanto, mudar para a visão sistêmica e considerá-la melhor ou mais eficaz que a linear é também um reducionismo. Tanto uma quanto a outra são necessárias – mas não suficientes – para a compreensão da complexidade do mundo real. Dessa conclusão surgiu a ideia de que é necessário integrá-las.

O pensamento linear-cartesiano produziu e continuará a produzir saberes úteis e importantes. O mesmo vale para o pensamento sistêmico. Integrá-los, isto é, religar esses conjuntos de saberes, é a tarefa do pensamento complexo. No exemplo exposto, a religação pode ser representada como no diagrama a seguir, no qual as principais disciplinas da administração podem ser alternativamente vistas de modo separado e linear (diagrama 1) ou em conjunto, num arranjo sistêmico (diagrama 2). A integração desses dois modos é feita pelo pensamento complexo. É o que mostra o diagrama 3, no qual esse modo de pensar está representado pela circularidade das setas pontilhadas:

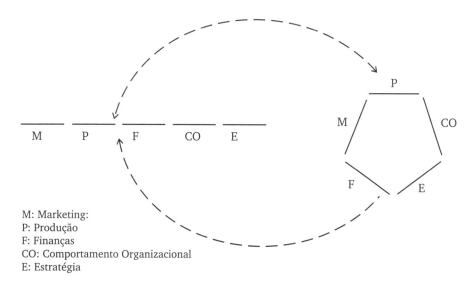

M: Marketing:
P: Produção
F: Finanças
CO: Comportamento Organizacional
E: Estratégia

Diagrama 3

---

[3] Ver COOPER, Robert; BURRELL, Gibson. Modernismo, pós-modernismo e análise organizacional: uma introdução. *RAE (Revista de Administração de Empresas)* 46 (1): 87-101, 2006.

O pensamento linear-binário

Hoje, grande parte de nossas "certezas", pontos de vista e teorias são fundamentados no modo linear-aristotélico-cartesiano-newtoniano de pensar. Esse padrão tem sido apresentado como necessário e suficiente. Quanto a ser necessário, não há nenhuma dúvida: não só é necessário, como também indispensável às circunstâncias e práticas da vida cotidiana. Quanto a ser suficiente, porém, a pretensão é questionável. O mundo real é diversificado, multifacetado e, muitas vezes, incerto e imprevisível. Essas características fazem com que não seja possível lidar adequadamente com ele por meio de um modo de pensar simplificador.

Já vimos que nossa cultura está condicionada a pensar predominantemente segundo o modo linear-cartesiano. Trata-se de um condicionamento muito antigo. Em termos históricos, pode-se dizer que ele começou com Sócrates (c469-399 a.C.), acentuou-se com Platão (c427-347a.C.) e foi aperfeiçoado por Aristóteles (384-322 a.C.). A consolidação veio com as ideias de René Descartes (1596-1650) e Isaac Newton (1642-1726).

Descartes propôs que o conhecimento pode ser melhorado pela divisão do objeto a ser estudado seguida do exame das partes separadas, tal como foi feito com o exemplo do diagrama 1. A seguir, seria buscada uma síntese final. Newton afirmou que a função da ciência é buscar sempre leis universais, que estabeleçam relações nítidas de causa-efeito. Esse modelo de pensamento até hoje prevalece em nossa cultura, como se estivesse gravado a ferro em brasa na mente coletiva. Pode-se dizer que a separação corpo/alma, razão/emoção é uma posição cartesiana (assim se tornou mais conhecida), embora seus antecedentes remontem a Sócrates e Aristóteles.

Para os propósitos deste livro, da lógica de Aristóteles interessam em especial dois princípios: o do terceiro excluído e o da identidade. O princípio do terceiro excluído afirma que entre duas proposições contrárias só uma pode ser considerada verdadeira: A é B ou não-B. Não há uma terceira alternativa. Trata-se do raciocínio binário, a lógica da polarização, do "ou/ou", do "uma coisa ou outra", à qual estamos firmemente atrelados: ou certo ou errado; ou real ou imaginário; ou bem ou mal; ou está conosco ou contra nós; e assim por diante.

O princípio da identidade (A é igual a A e diferente de B) é também importante, em especial no que se refere às suas relações com as mudanças. Está ligado à permanência, à coerência, à singularidade e à individualidade. A identidade nos proporciona uma certa segurança e permite que nos reconheçamos em meio às constantes modificações do ambiente. É uma espécie de referencial de base, um ponto de reparo ao qual nos apegamos em nossa busca de sobrevivência e continuidade. Em termos de grupos, organizações e instituições, pode-se dizer que é daí que surgem as noções de nacionalidade e identidade corporativa.

A resistência à mudança é uma forma de lutar contra a perda da identidade, de resistir à dissolução na massa. Nesse sentido, trata-se de algo importante e necessário. Os problemas começam quando a necessidade de manter a identidade nos leva a um unilateralismo tão profundo que temos dificuldade de reconhecer e aceitar mudanças significativas em nós mesmos, nos outros e no mundo. Surgem então dois tipos de consequências, ambos prejudiciais: (a) resistimos às mudanças e a tudo o que é novo, mesmo quando essa resistência nos prejudica; (b) acomodamo-nos ao que nos é imposto, às custas de uma intensa autorrepressão que acaba por trazer problemas à nossa identidade e individualidade.

Quando aplicado ao pé da letra, o princípio da identidade nos leva a buscar em nós mesmos e em tudo o que nos cerca um grau de nitidez, definição, clareza e exatidão que nem sempre existe no mundo real. É justamente nesses momentos que nossa resistência à diferença e à diversidade nos impede de formar opiniões e tomar decisões baseadas em fatos relevantes e experiências potencialmente transformadoras. Se levada a extremos, essa postura pode fazer com que excluamos tudo aquilo que julgamos ser incômodo, desafiador, questionador.

Ao proceder assim, porém, excluímos também experiências que poderiam nos transformar. Tendemos a excluir, desvalorizar ou desqualificar as palavras que expressam certos sentimentos e podem levar a certas ações. Como escreveu Félix Guattari, "não somente as espécies desaparecem, mas também as palavras, as frases, os gestos de solidariedade humana".[4] Tais palavras se tornaram "decaídas", para usar a expressão de Edgar Morin. Eis algumas delas: *solidariedade, compaixão, lealdade, ética, respeito, responsabilidade*. A exclusão ou desqualificação desses termos tende a produzir comportamentos antissociais, retóricas vazias, ceticismo e, por fim, cinismo puro e simples.

Em nossa busca da identidade por meio da exclusão daquilo que imaginamos que a nega, acabamos por nos alienar de quase tudo, inclusive de nós mesmos. Daí a procura de diretivas, orientações, conselhos, códigos de conduta, livros de "autoajuda", regras "passo a passo". É o que os americanos chamam de *bulleted advices*: as conhecidas receitas do "como fazer" apresentadas como tópicos curtos (não há tempo nem vocabulário suficiente para ler), diretos (não há tempo nem profundidade de pensamento para refletir) e "objetivos" (é preciso manter a ilusão de que existe o conhecimento puramente objetivo). Em suma: a mentalidade excludente acaba por conduzir à autoexclusão. Não é à toa que o isolamento e o sentimento de solidão são tão presentes em nossa cultura.

É claro que o pensamento de Aristóteles é muito mais rico do que isso. Infelizmente, porém, essa foi a sua faceta que passou com mais destaque aos nossos dias e influenciou e influencia com mais intensidade o nosso cotidiano. Na prática, esse condicionamento se tornou o principal meio pelo qual percebemos o mundo, interagimos com ele e tentamos entendê-lo. Essa maneira de pensar tem produzido dois grandes conjuntos de consequências.

---

[4] FÉLIX GUATTARI. *As três ecologias*. Campinas, São Paulo: Papirus, 1998. p. 27.

De um lado, estão os inegáveis progressos da ciência e da tecnologia. De outra parte, como só mais ou menos recentemente se percebeu, essa lógica gerou e continua a gerar efeitos colaterais danosos a esse mesmo indivíduo, essa mesma sociedade, essa mesma economia, essa mesma política, essa mesma educação e esse mesmo mundo natural. A devastação do meio ambiente, os fanatismos, os fundamentalismos, os totalitarismos, o racismo, o terrorismo, as tentativas de eugenia e as consequências éticas, políticas e econômicas de tudo isso são apenas alguns exemplos de tais efeitos.

Não se trata aqui de pretender ser apocalíptico ou coisa parecida: trata-se de registrar o óbvio. Não é à toa que a expressão "doença do pensamento" tem sido usada para designar os resultados prejudiciais do modo de pensar predominantemente excludente da cultura em que vivemos. A pergunta que se segue é óbvia: se a predominância desse modelo mental leva a resultados tão danosos, por que não tomar providências para fazer com que ele deixe de ser hegemônico? Ou, mais óbvio ainda: por que não pôr em prática essas iniciativas de mudança por meio da educação, a começar pela infantil?

As respostas estão longe de ser tão simples quanto as perguntas. Primeiro, não se muda com facilidade um condicionamento multissecular, sejam quais forem os meios empregados para tanto. Segundo, porque a lógica binária é o fundamento do jogo que caracteriza a atual economia de mercado: para que alguém ganhe, alguém tem de perder; ou vencedores ou perdedores; ou incluídos ou excluídos. Esse modelo econômico financia a educação formal, seja a pública, seja a privada. Portanto, é ingenuidade supor que ele passe da noite para o dia a financiar, diretamente ou via impostos, a introdução de modos de pensamento diferentes daquele que lhe dá suporte. E, mais ainda, que dê apoio a modos de pensar que o questionam e contestam.

O sonho da razão

Faz parte dos objetivos deste livro apontar algumas dessas situações problemáticas e contribuir para que elas sejam melhor compreendidas. Acredito que isso pode nos ajudar a evitá-las, ou, quando não for possível, aprender a conviver com elas de modos mais conscientes e, portanto, menos traumáticos. Já fiz algo semelhante num livro anterior.[5] Retomo agora os mesmos temas de modos diferentes e acrescento vários outros. Procuro aprofundar o que antes mencionei de passagem e introduzo situações, ideias e perspectivas novas. Meu propósito fundamental é trazer tudo isso para as situações do cotidiano, em termos tanto quanto possível claros e práticos.

---

[5] HUMBERTO MARIOTTI. *As paixões do ego*: complexidade, política e sociedade. São Paulo: Palas Athena, 2000.

Em geral, quem faz esse tipo de esforço é logo cobrado: "Quem aponta problemas, deve apontar também as soluções." Nessa ordem de ideias, a todo diagnóstico deveria seguir-se um "tratamento" eficaz. É o que muitas pessoas adotam como regra, mas nem sempre o é. Mesmo que a todos os diagnósticos correspondessem "tratamentos", estes, quando existem na vida real, nem sempre dão resultados satisfatórios. Não raro, costumam produzir efeitos secundários indesejáveis. A experiência mostra que isso acontece com muita frequência, em especial na medicina e na economia.

A "obrigatoriedade" de apresentar soluções, de preferência sob a forma de receitas miraculosas, no fundo visa a desqualificar os críticos e com eles a crítica. Revela, em geral, pouca compreensão da complexidade do mundo e da vida. Mostra também a deficiência de percepção de um fato: com frequência, a crítica, a denúncia ou o diagnóstico já contêm indicações de como encaminhar soluções, nos casos em que elas existem.

Por outro lado, as tentativas de desqualificação da crítica podem ter motivos mais sérios. Podem ter o propósito de reprimir, de cercear os questionamentos que não se limitam aos padrões habituais. Nesse caso, tais tentativas com frequência revelam conservadorismo e pouca disposição de pôr-se à prova. São também manifestações do condicionamento da nossa cultura pela lógica binária. Esse modo de pensar é o fundamento da chamada "ideia de progresso", que, por sua vez, é parte inseparável do projeto iluminista, a utopia da modernidade. Eis os seus pontos principais: (a) não há problema que não possa ser resolvido pela razão, posta em prática via ciência e tecnologia; (b) os que ainda não o foram logo o serão, pois o progresso é constante.

Um exemplo muito citado da fé incondicional no progresso é o "teorema de Schmidt", atribuído ao ex-chanceler alemão Helmut Schmidt: os lucros de hoje são os investimentos de amanhã, que promoverão o pleno emprego de depois de amanhã. Como se vê, trata-se de puro *wishful thinking*: o futuro será melhor do que o passado e o presente. Hoje, é amplamente sabido que muitas das soluções do "progresso" têm gerado problemas, em muitos casos mais graves do que aqueles que ele se propunha resolver. "O sono da razão produz monstros", diz o título de um dos trabalhos do pintor espanhol Francisco Goya. É precisamente contra esses monstros – e não contra a razão e seus sonhos – que devemos nos colocar.

O que deu errado

Minhas argumentações convergem para uma ideia central: muito do que deu certo – mas também muito do que deu errado – em nossa relação com nós mesmos, com os outros e com o mundo se origina da unilateralidade de um modo de pensar que já se mostrou inadequado para lidar com a complexidade da condição humana. Já sabemos que esse modelo mental é o pensamento linear. Por outro lado, é preciso entender que descartá-lo, se isso fosse possível, e substituí-lo por um modo de pensar não linear (o pensamento sistêmico), equivaleria a incorrer no erro oposto. Seria uma mudança pendular, aliás característica da lógica do "ou/ou": ou certo ou errado; ou quente ou frio; ou luz ou escuridão.

É fundamental compreender que o raciocínio binário não deve ser simplesmente substituído pelo sistêmico, mas sim por ele complementado para que ambos entrem numa interação mutuamente fertilizadora. Dessa interação ou integração se origina a expressão *pensamento integrador*, usada pela Rotman School of Management, da Universidade de Toronto, no Canadá, que considero sinônima de "pensamento complexo". Seu fundamento é este: para lidar com a complexidade é necessário não particularizar demasiadamente, como acontece quando se usa apenas a lógica binária, nem pensar só em termos de conjunto, como ocorre quando se usa somente a lógica sistêmica. Há circunstâncias em que a primeira é necessária e há instantes em que a segunda é útil. Porém, em todos os momentos, a noção de que as duas podem e devem se complementar é indispensável.

Portanto, a relação entre as duas lógicas deve ser de circularidade, de inclusão. Não há nenhuma novidade nisso. Nossos processos mentais são naturalmente circulares: ora focais, ora dispersos, ora centrados nas partes, ora voltados para o todo. Não se excluem mutuamente. A predominância do pensamento binário em nosso cotidiano é um fenômeno de natureza cultural. É o que diz, entre muitos outros, Zygmunt Bauman,[6] que cita Theodor Adorno e com ele concorda. Para Adorno, nossa escrita é sequencial e, por isso, não pode expressar a lógica do nosso pensamento, que é circular.

Convém acrescentar que esse filósofo se refere às línguas do tronco indo-europeu, do qual faz parte o português. Há outras – as do tronco sino-tibetano – em que a estrutura é não linear. Voltarei a este ponto mais adiante. Por enquanto, basta reter a noção de que não se pode compreender a circularidade por meio de um padrão mental sequencial, o que é o mesmo que dizer que não se pode compreender a complexidade por meio de um modo de pensamento simplificador. As coisas não são apenas o que são: são também as relações que mantêm entre si, das quais nascem propriedades novas.

Realismo ingênuo e "vontade política"

"Realismo ingênuo" é um modo de pensar que produz e é produzido pela chamada "sabedoria convencional". Essa expressão foi introduzida pelo economista John Kenneth Galbraith e corresponde, em essência, à lógica linear-binária predominante em nossa cultura.[7] Designa um realismo que é tanto mais ingênuo quanto mais se supõe "realista", "prático" "racional" e "concreto".

---

[6] ZYGMUNT BAUMAN. A sociedade líquida. *Folha de S. Paulo*, 19 out. 2003.
[7] JOHN KENNETH GALBRAITH. *A economia das fraudes inocentes*: verdades para o nosso tempo. São Paulo: Companhia das Letras, 2004. p. 9.

A vida real mostra que não se pode ser realista sem ter imaginação; que não se consegue ser racional sem ser emocional; que não se pode ser prático sem ter a capacidade de abstrair, descontextualizar, pensar "fora da caixa". Ainda assim, o realismo ingênuo se propõe a "mudar as coisas na prática". Essa é uma das bases do voluntarismo, que frequentemente se manifesta como aquilo que se convencionou chamar de "vontade política": as coisas vão mudar só porque eu e meu grupo queremos.

Entretanto, a experiência cotidiana revela que o realismo ingênuo, sua sabedoria feita de "certezas", dogmas e números e sua "vontade política" têm produzido conservadorismos, unilateralismos e atitudes de irresponsabilidade e insensibilidade social que, muitas vezes, desembocam nos totalitarismos. Só deixará de ser assim se e quando a ação política for capaz de gerar projetos políticos e de poder, e não apenas projetos de poder.

Nosso "realismo" e "pragmatismo" são com frequência muito simplistas. Acreditamos que é possível ignorar o fato de que o real inclui o erro, a incerteza e a ilusão. Fingimos ignorar que a realidade é permeada por mitos, pelo imaginário, que são modos pelos quais o homem tenta entender o que não pode ser explicado pela lógica clássica e pela ciência. Além do mais, a realidade é em boa medida uma convenção cultural. O que é considerado real em uma cultura pode não sê-lo em outra. O realismo ingênuo é o pai do voluntarismo simplista e de sua pretensão de impor circunstâncias convenientes a determinados interesses.

Há pelo menos 50 anos, vários pensadores têm afirmado a necessidade de uma nova visão de mundo e, ao mesmo tempo, se perguntam sobre até que ponto seria possível concebê-la. Ao longo desses anos, não faltou quem avisasse que tentar entender o mundo de maneira somente quantitativa não é tarefa que possa ser levada a cabo em tempos turbulentos.

Sabemos que nossa insegurança se acentua quando compreendemos mal o mundo e suas transformações. A insegurança gera o medo. Para mascará-lo e atenuá-lo, buscamos, segundo o momento e as circunstâncias, o heroísmo inconsciente, o ceticismo, o cinismo, o otimismo inconsequente, o fatalismo e os fanatismos. O medo predispõe a posturas isolacionistas e com frequência sociopáticas. A maior insegurança é a que vem de dentro. Nos dias de hoje, para aliviá-la, já não contamos inquestionavelmente com as verdades tradicionais, as chamadas metanarrativas da modernidade (o marxismo é uma delas). Daí a necessidade de recuperá-las de alguma forma, o que levou à atual propagação dos fundamentalismos, entre eles o econômico.

Os fundamentalismos se baseiam no pensamento binário. Com essa lógica foram também elaboradas as utopias de previsibilidade, quantificação, tecnologização e controle, que agora se mostram insuficientes para explicar a complexidade do mundo e lidar com ela. Tal visão veio do Renascimento e suas grandes balizas foram as propostas de Galileu: medir o que é mensurável e tornar mensurável o que ainda não o é. Em consequência, tudo passou a ser medido e quantificado e com isso se firmou a concepção utilitarista e produtivista hoje predominante.

Sociedades como as nossas, cujos valores fundamentais são quase exclusivamente tecnoeconômicos, são incompatíveis com o desenvolvimento humano. A esse respeito, René Passet[8] fez uma observação que vale a pena registrar. Para ele, vivemos hoje um duplo reducionismo: os processos políticos e sociais foram reduzidos ao econômico e este, por sua vez, foi reduzido ao financeiro. Para garantir a perpetuação dessa concepção e de seus efeitos, é indispensável a predominância da lógica binária, segundo a qual tudo se resume a opostos sempre mutuamente excludentes.

O pensamento complexo permite que percebamos que há casos em que essa excludência é verdadeira e inevitável. Mas também permite a compreensão de que há circunstâncias em que é preciso conviver com situações nas quais existem opostos que são ao mesmo tempo antagônicos e complementares. Em outros termos, permite que aprendamos a conviver com os paradoxos. Nietzsche escreveu que o filósofo precisa ter um ouvido duplo, que lhe permita ampliar sua percepção das coisas, do contrário novas linguagens não poderão ser ouvidas. Em seu livro *Ecce homo*, ele argumenta que, sem essa percepção ampliada, quando não ouvimos nada temos a ilusão de que nada existe para ser ouvido.

A lógica binária adotada como "pensamento único" fez com que os valores fossem progressivamente substituídos por preços. Sensibilidade social, respeito ao meio ambiente e convivência pacífica (que não implica paz idealizada, mas uma convivência em que um maior número de conflitos pode ser resolvido pela negociação) são valores globais. No entanto, eles foram suplantados pela exclusão social ampliada, pela mentalidade extrativista e pela competição predatória.

As pessoas condicionadas pelo pensamento polarizador são maioria em nossa sociedade. Para muitas delas, valores e direitos humanos são apenas figuras de retórica. Como foram preparadas, via educação formal e "sabedoria convencional", para pensar sempre em "resultados concretos", sua tendência é não acreditar em tais valores e direitos. Apesar de vê-los proclamados com frequência, estão convencidas de que eles não influenciam de modo decisivo os setores "que contam": os ligados às finanças.

Por outro lado, as pessoas naturalmente integradoras, que constituem a minoria, não precisam ser convencidas a adotar esses valores porque já o fazem de modo intuitivo. Mas não se deve esquecer que elas, como as demais, vivem em sociedades que costumam criar toda sorte de obstáculos à prática de tais valores. Daí se conclui que simplesmente propô-los não basta. É preciso (essa é a primeira parte mais difícil do empreendimento) fazer algo para que as propostas caiam em terreno fértil, isto é, em mentes minimamente preparadas para aceitá-las, compreendê-las e praticá-las. Isso equivale (essa é a segunda parte mais difícil) a mudar os modelos mentais das pessoas condicionadas.

---

[8] RENÉ PASSET. *L'économique et le vivant*. Paris: *Économica*, 1996. p. 231.

Contudo, convém reafirmar que "mudar" aqui não quer dizer substituir, mas sim complementar. Convém também ter os pés no chão: o pensamento complexo (isto é, a complementação da lógica binária pelo pensamento sistêmico) dificilmente será adotado com a amplitude necessária sem que antes as bases da economia atual sejam substancialmente modificadas. Pois, como sabemos, a atual economia de mercado se baseia no modelo binário/cartesiano e o financia. Engana-se, porém, quem pensar que as considerações acima se propõem condenar o capitalismo. Tal posição seria rudimentar demais para um livro como este, que se propõe a mostrar que questões complexas não podem ser resolvidas por meio de simplificações.

Por outro lado, a experiência tem revelado que as grandes mudanças históricas só se dão quando algo suficientemente poderoso as impulsiona. É exatamente isso que parece estar acontecendo nos dias atuais. Embora timidamente, o capitalismo e as políticas que o apóiam começam a reavaliar alguns de seus efeitos colaterais. Em outras palavras, surgem evidências de que a economia de mercado – que é um sistema complexo adaptativo – procura se ajustar às novas realidades. Essa é a explicação para a atual preocupação com fenômenos como o aquecimento global. Tal autoquestionamento, a exemplo de outros registrados pela História, mostra que o que nos move, além da busca da sobrevivência, é a constatação de que, com o desemprego, a exclusão social e a migração em massa das populações pobres para os países ricos aumentam as tensões sociais e, com elas, se acentuam o medo e o terror. E tudo isso, é claro, pode fazer com que aumentem ainda mais os riscos e diminuam os lucros.

Assim, já que o chamado "socialismo real" na prática mostrou não ser mais do que uma usina produtora de ditaduras, agora começa a ficar claro que é preciso repensar também o capitalismo que, como o marxismo, em boa parte se baseia na lógica binária/cartesiana. Num caso e no outro, a limitação mental produzida por esse modo de pensar fez com que os efeitos colaterais indesejáveis deixassem de ser avaliados e minorados no devido tempo. Por isso, eles acabaram por se transformar em efeitos principais.

As comunalidades revisitadas

Fácil de explicar, mais ou menos fácil de entender, difícil de praticar: assim pode ser definido o pensamento complexo. No entanto, acabamos de ver que as evidências atuais mostram que algo precisa ser feito em relação ao modo como pensamos em nós mesmos e em nossas relações com os outros e com o mundo. Mas sem deslumbramentos, arroubos reformistas, messianismos e utopismos. E, principalmente, sem a convicção enganosa e tão amplamente adotada de que "nós estamos certos e eles errados".

Em um livro anterior,[9] referi-me a determinadas situações globais: as chamadas "comunalidades". Trata-se de problemas que, por sua natureza complexa, não podem ser resolvidos dentro dos limites de um único ou de poucos países. São problemas sem fronteiras, por assim dizer. Nesse meu livro, cuja primeira edição é de 2000, assim os enumerei: (a) AIDS; (b) o uso e o tráfico de drogas; (c) o desrespeito aos direitos humanos; (d) o buraco na camada de ozônio; (e) a poluição; (f) o efeito estufa (aquecimento global); (g) a radiação nuclear fora de controle; (h) a baixa qualidade da educação; (i) o desemprego e a exclusão social; (j) a instabilidade da economia mundial.

Mostrei também que todos esses problemas têm duas características principais: (a) foram causados pela predominância, no plano mundial, da lógica binária. Nela se baseia a chamada razão utilitária, que vê o mundo em termos produtivistas, extrativistas, colonialistas, fragmentadores e quantificadores; (b) vêm se perpetuando, porque as soluções para eles propostas são invariavelmente derivadas do mesmo modo de pensar que lhes deu origem.

Hoje, avolumam-se as evidências de que é preciso lidar de maneira diferente com as comunalidades. Com esse propósito, entre outras iniciativas criou-se o chamado "Consenso de Copenhague",[10] cujo objetivo é buscar soluções para elas, com base no princípio de que sua presença tem muito a ver com os rumos da economia. Para alguns, não há nada de novo nisso. Para outros, é um sinal de que esse modelo econômico precisa ser aperfeiçoado. Ao que parece, decidiu-se repensar esse conjunto de ideias com uma cabeça diferente, que parece levar em consideração a noção de que é preciso fazer mais com poucos recursos.

As comunalidades de que falei em *As paixões do ego* foram retomadas pelo Consenso de Copenhague, que hoje as enumera da seguinte maneira: (a) alterações climáticas; (b) doenças transmissíveis; (c) conflitos armados; (d) educação; (e) instabilidade financeira; (f) governança e corrupção; (g) desnutrição e fome; (h) população e migrações; (i) saneamento e água; (j) subsídios e barreiras ao comércio.

Com alguns retoques, vê-se que se trata dos mesmos problemas. Nada mudou e muito precisa mudar. Se mudará ou não, é uma questão em aberto. Há quem diga que a natureza humana é imutável. Pode ser. Muito se tem falado sobre esse assunto e há até quem sustente, como fez Marx, que nem sequer existe uma natureza humana: o que se costuma denominar assim é o conjunto formado pelas relações sociais.

Seja como for, para fechar esta apresentação proponho uma frase que até certo ponto pode resumir os objetivos deste livro: para lidar com problemas complexos, é preciso pensar de modo complexo; para pensar em problemas sem fronteiras, é necessário um pensamento sem fronteiras, isto é, que não esteja fragmentado e suas partes fechadas em compartimentos estanques.

---

[9] MARIOTTI. *As paixões do ego*, op. cit., p. 80-81.
[10] Ver <copenhagenconsensus.com>.

Em termos econômicos e políticos, tudo isso deve desde logo nos afastar dos unilateralismos. Deve fazer com que deixemos de acreditar que questionar o capitalismo corresponde a ser antiamericano e aderir *sempre* a atitudes "contraculturais" ou "antineoliberais"; ou que criticar o socialismo equivale a concordar *sempre* com a voracidade do fundamentalismo mercadista.

Por fim, algumas observações sobre a leitura. As notas e referências que usei têm como finalidade mais frequente a identificação das fontes. No entanto, como este livro é destinado a um público não especializado, algumas vezes as notas e também o texto incluem digressões didáticas. Seja como for, fiz o possível para que o leitor não tenha de interromper constantemente o fluxo da leitura.

Sempre com o propósito de me dirigir a não especialistas, minhas fontes e exemplos incluem com certa frequência a literatura de ficção e também textos publicados na Internet e em jornais e revistas destinados ao grande público. Como faço sempre em meus textos, neste também utilizei o tradicional recurso de reiterar conceitos por meio de exemplos diferentes. Com isso, mais uma vez segui o conselho de Goethe: "Não nos levem a mal. Justamente aquilo que ninguém aceita, que ninguém quer ouvir, precisa ser repetido tanto mais frequentemente."[11] Para tanto, busquei sempre que possível exemplos e estudos de casos históricos e do cotidiano, especialmente do mundo da administração e dos negócios.

---

[11] J. WOLFGANG GOETHE. *Máximas e reflexões*. Rio de Janeiro: Forense Universitária, 2003, p. 103.

2

A Doença do Pensamento

Convicções são inimigos da verdade mais perigosos que as mentiras.
(Friedrich Nietzsche)

As pessoas adquiriram hábitos de pensamento, um sistema de referência e valores dos quais se tornaram prisioneiras.
(Simone de Beauvoir)

Não é o nosso modo predominante de pensar que cria problemas para nós, para a sociedade e para o mundo: nosso modo de pensar é que é o problema. Essa tese, com a qual concordo plenamente, tem sido apresentada, defendida e aperfeiçoada por vários autores. O físico americano David Bohm está entre eles. Mas foi Morin quem a enunciou e detalhou com mais clareza ao longo dos seis volumes de sua obra principal, *O método*, aos quais tem acrescentado muitos outros estudos. De minha parte, também tenho feito pesquisas sobre o pensamento linear-binário-cartesiano, suas aplicações e seus efeitos colaterais indesejáveis. Vários dos resultados dessas investigações estão neste livro.

Já vimos que Bohm afirma que nosso pensamento está doente. Carl Jung sustenta que nosso cérebro ainda não alcançou o grau de desenvolvimento que pode alcançar. Morin diz que nosso pensamento é subdesenvolvido e que nossa consciência ainda é bárbara. Cita Einstein, para quem o cérebro humano continua com mais de 80% de sua capacidade não utilizada, e acrescenta que: (a) nossas potencialidades mentais ainda são pouco desenvolvidas; (b) em termos de desenvolvimento dessas potencialidades, as civilizações que até agora criamos só nos possibilitaram avanços limitados.[1]

---

[1] EDGAR MORIN. *La méthode 3*: la connaissance de la connaissance. Paris: Seuil, 1986. p. 201.

Em outras palavras: a predominância do pensamento redutor leva a visões de mundo unidimensionais. Conforme foi dito, para Morin nossas sociedades já estão na época histórica,[2] mas o pensamento humano ainda está em sua préhistória. Na verdade, pode-se dizer que em certos aspectos até regredimos. A atual exacerbação dos fanatismos, dos fundamentalismos, dos tribalismos e da resistência a aceitar a diversidade revela que nosso pensamento perdeu boa parte de sua dimensão participativa. Seja qual for o ponto de vista que se adote, os autores citados parecem estar corretos. Quem duvidar que passe os olhos pela História e veja a sua sucessão de crueldades e barbaridades cometidas em nome da propriedade ou de sua abolição; em nome do patriotismo; em nome da honra; em nome da razão; em nome de Deus.

O equívoco da separação

A condição humana se compõe de dois âmbitos fundamentais. Na metáfora de Morin, nosso organismo funciona como uma máquina físico-química que está em constante intercâmbio com o ambiente. É em meio a esse intercâmbio que respiramos, alimentamo-nos e excretamos. Mas é claro que nossa máquina viva tem muitos outros aspectos. Incluem-se aqui as práticas sociais e econômicas, com as quais, como é natural, desejamos obter resultados tangíveis. O conjunto desses atributos e atividades constitui o que se pode chamar de vida mecânica.

Esse mesmo organismo também tem um lado não mecânico, uma instância mental que abrange os sentimentos, as emoções, a subjetividade e a intuição. Um dos grandes equívocos da modernidade foi supor que o corpo é separado da mente, que a razão é separada das emoções e que a objetividade é independente da subjetividade. Esse engano nos trouxe muitos problemas. Entre eles, fez com que desenvolvêssemos uma noção unilateral do que significam resultados.

A vida mecânica é ligada à produção material. A vida não mecânica se relaciona à criatividade, às ideias, ao empreendedorismo e à inovação. Não se deve esquecer que a economia, como a vida, inclui uma área tangível (a produção material e as finanças) e outra intangível (o bem-estar psicossocial). Reduzir o processo econômico ao seu lado material/financeiro é retirar dele a criatividade e a inventividade e, com isso, sua dimensão mais caracteristicamente humana.

Para a "sabedoria convencional", que exprime o senso comum de nossas sociedades, os resultados que importam são apenas os materiais, produtivistas e financeiros. Nessa linha de raciocínio, muitos chegam ao exagero de acreditar que vivemos apenas para produzir bens e serviços. É o que se poderia chamar de vida "de resultados". Trata-se de uma visão mecanicista e, portanto, unilateral da condição humana. É claro que a produção de bens e serviços é essencial. Porém,

---

[2] EDGAR MORIN. *La méthode 6*: éthique. Paris: Seuil, 2004. p. 205.

como acabamos de ver, há um outro lado do ser humano que não produz "resultados", mas é igualmente importante.

A ideia da alma separada do corpo remonta a Pitágoras. Nessa concepção, ela estaria aprisionada no corpo para pagar pecados cometidos em vidas pregressas. Sócrates e Platão adotaram essa ideia e assim reforçou-se a dualidade corpo-alma que, no século 17, Descartes transformaria em dogma científico-filosófico. Mas as coisas estão mudando. Na década de 1960, Gregory Bateson já falava da unidade entre a mente e a natureza, tema que viria a estudar com detalhes mais tarde.[3] Desde essa época, ele já se referia à mente como um processo e não como uma coisa.

É uma ilusão pensar que a mente é separada do corpo, que a razão é separada da emoção, que a subjetividade é separada da objetividade e que, por fim, o homem não faz parte do mundo natural. Hoje há muitas evidências de que a realidade é outra. Elas vêm de várias áreas, entre elas a biologia, a neurociência e a ciência cognitiva, e permitiram que o cientista Francisco Varela elaborasse o seguinte raciocínio: a mente faz parte do cérebro; o cérebro faz parte do corpo; o corpo faz parte do mundo; logo, a mente faz parte do mundo.

Fazemos parte do mundo natural, que faz parte de nós. Como a de Bateson, essa formulação tem suas raízes na filosofia de Espinosa (1632-1677). Para ele, não há diferença essencial entre corpo e alma: trata-se da mesma realidade que se apresenta de maneiras diferentes. A seu ver, o mesmo vale para as noções de Deus e natureza. Por várias outras posições do mesmo sentido (a integração de razão e emoção, por exemplo), a filosofia espinosana pode ser considerada uma das precursoras do pensamento complexo. O mesmo vale para as ideias do filósofo e matemático francês Blaise Pascal (1632-1662). Voltarei a falar sobre ambos mais tarde.

A ideia de que o ser humano não é dividido, de que não está separado de si mesmo e de que faz parte do mundo natural constitui mais um dos fundamentos deste livro. O leitor a verá retomada com frequência nestas páginas. No entanto, ela não implica propor uma sociedade idealizada, na qual o ser humano, imbuído do espírito do "bom selvagem" de Rousseau, viveria em "comunhão com a natureza" e, por isso, a ela deveria voltar. No mundo atual, essa concepção é alienante, como observou Isaiah Berlin.[4] O que proponho aqui é o que se chama de relação aberta com o mundo: lidar com o presente sem tentar escapar para o futuros ou para o passados idealizados. Sem saudosismos ou fantasias escapistas, portanto. Na concepção de Martin Heidegger, uma relação aberta com o mundo implica considerá-lo um âmbito no qual sempre podem surgir pessoas, outros seres vivos, coisas e situações. Daí a necessidade de cuidá-lo, de nos preocuparmos com ele e

---

[3] GREGORY BATESON. *Mind and nature*: a necessary unity. Nova York: Dutton, 1979.

[4] ISAIAH BERLIN. *Limites da utopia*: capítulos da história das ideias. São Paulo: Companhia das Letras, 1991. p. 37.

não interagir com ele apenas por meio da tecnologia. Como faz Einstein em relação aos estados de consciência, Heidegger afirma que os problemas criados pela técnica não podem ser resolvidos somente por ela própria. O que, obviamente, não deve ser tomado como uma tentativa de transformar a tecnologia em uma vilã, como veremos adiante.

Se nosso relacionamento com o mundo e com os outros não for satisfatório para todos os envolvidos, não haverá vida no sentido pleno da expressão. Daí o mal-estar em que vive a nossa cultura, o qual vem, entre outras causas, de nossa relação predatória e extrativista com a natureza. Trata-se de uma antirrelação, que ocorre no afastamento, na desconfiança e na estranheza.

A experiência mostra que as tentativas de superar a estranheza por meio do distanciamento produzem ainda mais estranheza. Por outro lado, a ideia de igualdade, quando usada como bandeira demagógica, tende a produzir exclusão social. Para Hannah Arendt, o conceito de igualdade humana dificulta as relações entre as raças (e, portanto, diminui o respeito à diversidade), pois a igualdade não é natural e não pode ser obtida pela ação política. Não são as pessoas que devem ser iguais, mas sim seus direitos e oportunidades.[5]

O fato de o homem se julgar separado da natureza faz com que ele privilegie suas criações culturais – entre elas a tecnologia – e ponha em plano inferior tudo aquilo que o liga ao mundo natural. Mas o ser humano é um organismo integrado e integrador. Ele pode e deve pensar de modo fragmentador e analítico quando for preciso, mas também pode e deve pensar de maneira abrangente quando necessário. Infelizmente, porém, nossa cultura nos condicionou a pensar de modo preferencial da primeira forma, e essa unilateralidade tende a afastar-nos de nossa condição original. O primeiro passo de qualquer iniciativa de mudança é ao menos diminuir essa limitação.

A realidade prática

Neste ponto, surge uma questão importante: como desenvolver uma abordagem às atividades humanas que dê suficiente ênfase aos resultados econômicos sem esquecer os atributos humanos, e dê suficiente destaque aos atributos humanos sem esquecer os resultados econômicos? É claro que um empreendimento dessa natureza requer um modelo de pensamento que também disponha de instrumentos práticos, de ferramentas. Como já foi dito, esse modelo já existe e vem sendo utilizado em vários campos, inclusive o da educação. Trata-se do pensamento complexo ou, como o chama a escola de Toronto, o pensamento integrador. Sua metodologia inclui várias ferramentas conceituais, entre as quais estão os chamados operadores cognitivos do pensamento complexo.

---

[5] HANNAH ARENDT. *Origens do totalitarismo*: anti-semitismo, imperialismo, totalitarismo. São Paulo: Companhia das Letras, 1998. p. 76-77.

É obvio que qualquer iniciativa de desenvolvimento humano deve levar em conta os aspectos econômico e financeiro. Mas isso não nos obriga a elevá-los à condição de parâmetros virtualmente únicos. A dimensão tecnoeconômica do desenvolvimento humano já foi e continuará a ser bem estudada em muitos textos. Por isso, neste livro orientarei mais o foco para o que chamei há pouco de vida não mecânica. É uma tentativa de compensar o unilateralismo predominante. Ao fazer isso, porém, tenho sempre em mente que a vida mecânica e a não mecânica estão sempre em interação – são complementares.

Insistamos: não há separação entre corpo e mente. As dimensões mecânica e não mecânica de nossa existência são uma unidade, não uma dualidade. Contudo, como já foi mencionado, a própria estrutura das línguas originárias do tronco indo-europeu – do qual faz parte o português, ao lado do espanhol, do inglês, do francês e do alemão entre vários outros idiomas – faz com que seja impossível escrever ou falar sem utilizar o raciocínio sequencial. Os idiomas desse tronco expressam coisas e ideias umas após as outras. Exprimem mais a análise do que a síntese. Mostram mais as partes do que o todo. Não foram estruturados para expressar a simultaneidade, mas sim a sequencialidade.

Por causa dessa peculiaridade de nossa linguagem, somos obrigados a falar de modo separado e sequencial sobre coisas que na realidade são interligadas e simultâneas. É claro que o mundo externo existe em si, mas para nós ele só existe quando nos relacionamos com ele – e falar é parte importante dessa interação. Não falamos sobre o mundo: falamos *o* mundo. Quando assim procedemos, o mundo surge diante de nós, emerge da nossa interação com ele. "Nosso problema", disse Francisco Varela, "é que mal temos o vocabulário ou a linguagem para descrever tudo isso: para falar sobre o que significa ser humano neste mundo".[6]

O desenvolvimento humano inclui uma combinação de atributos, habilidades e competências que abrangem as áreas mecânica e não mecânica da condição humana. É indispensável equilibrá-las tanto quanto possível. Entretanto, também é evidente que com o modo de pensar hegemônico em nossa cultura esse equilíbrio, nos poucos casos em que chegamos perto dele, exige tanto esforço que muitas vezes se torna desencorajador.

Há muito que as atividades humanas são predominantemente orientadas pelo conhecimento científico, que gera a tecnologia e, por meio dela, os resultados práticos. Já o lado humanista do conhecimento, que inclui a filosofia, as artes, a literatura, tem sido tradicionalmente deixado em segundo plano. Ao longo da história, as consequências desse fenômeno foram basicamente duas. Se, por um lado, houve progressos indiscutíveis, com repercussões positivas para a sociedade, por outro lado o avanço da ciência e da tecnologia (que doravante chamarei de tecnociência) se mostrou incapaz de resolver problemas como a violência, a

---

[6] Ver JOSEPH JAWORSKI. *Sincronicidade*: o caminho interior para a liderança. São Paulo: Best Seller, 2000. p. 125.

pobreza e a exclusão social. Em muitos casos, até contribuiu para o seu aumento. Acredito que essa situação pode ser ao menos atenuada, se um número suficiente de pessoas capazes de influenciar e formar opinião mudar sua maneira de pensar e agir em relação a várias questões fundamentais.

Mantidas as condições atuais, é muito difícil chegar a um modo significativamente integrador de pensar. Ainda assim, é possível alcançar um grau de ampliação de consciência que nos permita atingir níveis expressivos de integração, os quais, por sua vez, podem nos conduzir a uma vida melhor. Esse é um objetivo razoável, que pode ser atingido sem perda da postura pragmática que deve orientar os atos da vida mecânica, como os negócios, a técnica e a economia, e acrescentar-lhes os benefícios da criatividade, da intuição, da solidariedade e do cuidado com os outros e com o mundo natural. Dada a insustentabilidade do nosso modo de vida atual, essa tarefa precisa ser assumida pelo maior número possível de pessoas, em especial pelos líderes.

A reaproximação das áreas tecnocientífica e humanista do conhecimento (as chamadas "duas culturas") pode contribuir para mudar nosso comportamento habitual. A ciência busca explicar. As humanidades procuram compreender. Quando se alimentam mutuamente, a explicação e a compreensão ampliam a consciência das pessoas. Uma das maneiras mais eficazes de consegui-lo é promover o desenvolvimento pessoal, interpessoal e ambiental por meio do pensamento complexo.

Tudo isso nos leva a perguntar: é possível modificar (no sentido de ampliar e aprofundar) a maneira como vemos o mundo e interagimos com ele?

É uma questão de modos de aprender. Como se sabe, no aprendizado por *assimilação* as informações são absorvidas, mas o indivíduo não muda a sua forma básica de pensar e agir. No aprendizado por *adaptação*, há mudanças internas, que resultam da interação do indivíduo com o mundo, que, por sua vez, também se modifica. O aprendizado por adaptação busca a transformação. Assim, se aceitarmos a ideia de que aprendizagem é aquilo que faz com que as pessoas se modifiquem, a resposta à pergunta acima é afirmativa. Não poderia ser de outra forma, aliás, pois nós, humanos, somos sistemas complexos adaptativos.

Para que a aprendizagem por adaptação ocorra, é necessária uma mudança de atitude que, porém, não pode ser conseguida por meio de receitas ou manuais de instrução. No contexto deste livro, de pouco ou nada adianta tentar levar à prática o lugar-comum que propõe "a vitória do humanismo sobre a tecnocracia". Embora muitas pessoas tenham essa ilusão, o mundo real não funciona em termos de lutas entre polos antagônicos, entre os quais os "corretos" (isto é, os que satisfazem aos nossos interesses) devem prevalecer. Entre o humanismo e a tecnociência não deveria haver antagonismos, mas sim relações de troca, complementaridade, benefícios mútuos. Falar em "vitória dos humanistas sobre os tecnocratas" ou em "triunfo do humanismo sobre o Iluminismo" é apenas repetir chavões maniqueístas. Por outro lado, a atual hegemonia da tecnociência revela a mentalidade limitada à qual ainda estamos confinados.

A presença, o lugar e a importância da tecnociência são indiscutíveis e irreversíveis. Entretanto, a cultura humanista também deveria ter mais importância no desenvolvimento humano, e não ficar relegada à condição de entretenimento e fornecedora de produtos para a indústria cultural. Nessa linha de raciocínio, convido o leitor à reflexão. Para auxiliá-lo nesse empreendimento, este livro contém algumas ferramentas conceituais Elas serão mostradas mais adiante, juntamente com exemplos e estudos de caso. Em suma, convido o leitor a complementar o mecanicismo das abordagens convencionais com a revalorização das dimensões qualitativa, intuitiva, subjetiva e multilateral, pois elas fazem parte da situação humana e, portanto, não podem ser ignoradas.

Nós e o mundo

Martin Heidegger escreveu que o homem é um ser-no-mundo e não pode fugir a essa condição. Estamos no mundo com outros seres vivos e deles dependemos, por mais que nossa "lógica prática" nos proponha o contrário. O ser humano é um ser-com-os outros. Viver é fazer parte de um sistema. No entanto, convém reafirmar que ninguém deve se enganar quanto à existência de receitas de como "viver melhor". As soluções de que precisamos devem emergir ao longo de nossa interação com os outros e com o mundo. Requerem a adoção de um modo de pensar participativo, inclusivo, e para isso é indispensável a formação de amplos sistemas de conversação, sem os quais não é fácil produzir ideias e posições novas.

É preciso desenvolver a individualidade (a autonomia), que, ao contrário do individualismo, não exclui a solidariedade: reforça-a. Todo ser vivo é autônomo, pois é autoprodutor: repõe constantemente suas células mortas, regenera-se de modo incessante. No entanto, para poder se autoproduzir e auto-organizar-se, ele precisa de aportes do meio ambiente: água, ar, alimentos e, evidentemente, dos outros seres vivos. Assim, se todo ser vivo é autônomo (autoprodutor, auto-organizado), é ao mesmo tempo dependente. Autonomia dependente: esse conceito de Morin é paradoxal, mas nem por isso irreal. Dele emerge a ideia de individualidade: a característica, inerente a todo indivíduo, de ter identidade e vida próprias, sem, no entanto, se desligar da totalidade da qual faz parte e da qual depende. Nenhum ser vivo está separado do mundo natural. A ideia de que o ser humano é separado da natureza revela ignorância dos processos biológicos e de nossa condição. Retornarei ao assunto.

Nessa linha de raciocínio, e sempre com Morin, a escolha entre sujeitar-se/ser obediente e afirmar-se/libertar-se está na mente de cada um. Libertar-se é abrir os processos de pensamento, ampliar a consciência, mudar de modelo mental. Quando um indivíduo para de se deixar determinar de maneira unilateral por diretivas e exerce o direito de refletir e aumentar seus conhecimentos, começa o processo de libertação.

Convém esclarecer desde já o que entendo por natureza e cultura. Para os propósitos deste livro, deve-se entender como natureza o ambiente em que vivemos. Por cultura, deve-se entender o conjunto das atividades humanas e tudo aquilo que delas resulta. O que inclui, é claro, o modo como as coisas são feitas nos grupos, organizações e instituições: a política, a economia e a administração, por exemplo. Ou, como propõe Morin, cultura é o "conjunto de hábitos, costumes, práticas, *savoir-faires*, saberes, regras, normas, interdições, estratégias, crenças, ideias, valores, mitos, ritos, que se perpetua geração após geração, reproduz-se em cada indivíduo, gera e regenera a complexidade social".[7]

---

[7] EDGAR MORIN. *La méthode 5*: l'humanité de l'humanité. L' identité humaine. Paris: Seuil, 2001. p. 57.

3

A Realidade Fragmentada (I)

*Algo que ocultávamos nos enfraquecia,
até percebermos que esse algo éramos nós mesmos.*
(Robert Frost)

*A tarefa não é tanto ver o que ninguém tinha visto,
mas pensar o que ninguém pensou a respeito do que todo mundo vê.*
(Arthur Schopenhauer)

O modelo de pensamento prevalente em nossa cultura tem se mostrado cada vez menos eficaz para lidar com duas das características mais destacadas dos tempos atuais: a instabilidade e a incerteza. Esse padrão mental tem sido chamado de pensamento linear, linear-cartesiano, ou pensamento binário e será o tema de mais destaque neste capítulo. É importante conhecê-lo bem, pois, como já sabemos, se ele é extremamente útil em determinadas circunstâncias (a vida mecânica), em outras situações (a vida não mecânica) é inadequado e, com demasiada frequência, nos leva a cometer enganos de consequências muitas vezes desastrosas.

Poder e palavra

Nos tempos atuais, a limitação do vocabulário das pessoas é uma das principais causas de sua crescente perda do poder de entender o que acontece em suas vidas e no mundo. O antropólogo Pierre Clastres observa que falar é antes de tudo ter o poder de falar. O poder garante o domínio da palavra: só os senhores podem falar.[1] Acrescento que esses senhores também precisam ter vocabulário

---

[1] PIERRE CLASTRES. *A sociedade contra o Estado*: pesquisa de antropologia política. Rio de Janeiro: Francisco Alves, 1988. p. 106.

suficiente para refletir, desenvolver ideias e expressá-las pela palavra. E também para fazer o mesmo com o que lhes é dito. Se o pensamento se limitar ao padrão fundamentalista da lógica binária (*ou* nós *ou* eles; *ou* situação *ou* oposição), exercer e conservar o poder se transformarão numa situação de ansiedade constante para aqueles que o conquistaram.

A esse respeito, basta constatar a condição de boa parte dos líderes políticos atuais. A lógica binária, talvez a única conhecida por muitos deles, leva-os com frequência a apelar para as armas para se manterem no poder. Vimos há pouco que Clastres sustenta que só os senhores podem falar. Como para falar é preciso ter o que dizer, e para tanto é necessário pensar antes (o que é limitado pela lógica binária), compreende-se por que cada vez mais o poder é exercido por meio de ações excludentes. Utilizar os poderes econômico e militar para excluir a diferença e a diversidade mantém as possibilidades de continuar com a repetição e a unilateralidade. Tais condições diminuem a criatividade e a flexibilidade, o que por sua vez produz instabilidade e fragilidade.

Na *Metafísica* de Aristóteles há uma passagem na qual o filósofo afirma que, em relação aos objetos, a verdade ou o erro dependem da união ou da separação: o que é separado é separado, o que é unido é unido. Assim, pensar de modo contrário à natureza dos objetos é cair em erro. Talvez a lógica aristotélica do "ou/ou" explique por que ele, como muitos dos atenienses de sua época, via com naturalidade a exclusão dos escravos e dos povos ditos bárbaros da condição humana. Nas palavras desse filósofo, "a única coisa que os bárbaros têm de humano são os pés". Aliás, como nota François Châtelet,[2] excluir o outro fazia parte da essência do pensamento grego da época.

A lógica binária limita o pensamento e o vocabulário. Por sua vez, o vocabulário e o pensamento limitados potencializam a lógica binária. Esta limita a reflexão e, portanto, a percepção dos matizes, das nuances, da pluralidade e da diversidade. O poder autoritário precisa do pensamento excludente para se manter. É por isso que ele quase sempre é exercido por políticos cuja pobreza de vocabulário alimenta a pobreza de reflexão, que reflui sobre a pobreza de vocabulário e a realimenta. E assim por diante. Por outro lado, o vocabulário excessivamente rebuscado também diminui a clareza da linguagem. Restringe-lhe a eficácia como instrumento de busca do novo, do diverso, do não convencional.

Já sabemos que no raciocínio binário a polarização "ou/ou" nos faz crer que há sempre polos antagônicos entre os quais é obrigatório escolher um no menor tempo possível. É óbvio que não se pode ser contra as escolhas, pois a possibilidade de escolher é um dos fundamentos da liberdade. O que deve ser questionado é o apego a escolhas invariavelmente polarizadas e, portanto, limitadas. Essa atitude limita a investigação qualitativa, as interações e a percepção das nuances. No entanto, essa é a tônica do nosso cotidiano. Quase tudo nos é apresentado

---

[2] FRANÇOIS CHÂTELET. *Uma história da razão*. Rio de Janeiro: Jorge Zahar, 1994. p. 50.

como se entre o oito e o oitenta não houvesse muitos outros números com múltiplas possibilidades de combinação; como se entre as cores branca e preta não houvesse infinitas tonalidades de cinza; como se entre a claridade e a escuridão não houvesse amplas possibilidades de penumbra e luminosidade.

A lógica da causalidade simples (uma causa, um efeito) muitas vezes nos leva a confundir antecedentes repetitivos com causas: acreditamos que, se um fenômeno surge com frequência antes de outro, o anterior é a causa e o posterior é o efeito. Esse engano leva a outro: pensar que os efeitos sempre podem ser explicados pelas causas e, assim, acreditar em "certezas" que nem sempre existem no mundo real. Esse imediatismo muitas vezes faz com que as pessoas não antecipem nem percebam as consequências remotas de suas ações, o que por sua vez é um estímulo à insensibilidade e à irresponsabilidade social. Da mesma forma, dificulta o aprendizado com os erros do passado. A ideia de causalidade simples também limita a compreensão de que não existem fenômenos de causa única no mundo natural.

A hegemonia da ciência e da tecnologia baseadas na lógica linear fez com que elas se distanciassem da dimensão não mecânica da vida. Como o ser humano é indiviso (os conceitos de vida mecânica e vida não mecânica aqui utilizados são apenas um recurso didático), criou-se um abismo entre a tecnociência, a condição humana e o mundo natural. Por isso, em grande medida têm sido ignorados os efeitos colaterais indesejáveis da tecnologia. O resultado é um cenário de aumento da incerteza e do medo, que já não podem ser afastados pelo anestesiamento da consciência coletiva por meio da espetacularização da ciência e da técnica.

Quando praticada de modo radical, como acontece em nossa cultura, a lógica binária produz efeitos perversos, como o isolacionismo, o unilateralismo e a irresponsabilidade social. Em termos individuais, essas consequências se manifestam principalmente sob a forma de egoísmo e perda da noção de alteridade que, levadas ao extremo, são posições sociopáticas. No campo econômico, uma das manifestações da fragmentação do nosso pensamento é a pulverização geográfica da força de trabalho. Esse é o modo mais comum de pôr em prática a quebra das cadeias produtivas: as grandes corporações mantêm suas unidades fabris e comerciais espalhadas por vários pontos do mundo, os quais podem ser mudados sempre que se vislumbra a existência de pontos em que a mão de obra é mais barata. Esse fenômeno guarda analogia com a compartimentalização e a superespecialização do conhecimento, observadas em especial na área científica.

"O que é", o "como funciona" e o "quanto custa"

No processo geral de privilegiar o "como funciona" (o operacional) e deixar em plano secundário "o que é" (o Ser, a vida), a sociedade atual costuma avaliar as pessoas não pelo que são, mas pelo que fazem e têm; não por existirem, mas pela maneira como produzem e pelo que possuem. O que interessa são os resultados visíveis e mensuráveis. É o que Passet descreve como "realismo curto, que consiste em ver apenas o que é imediatamente palpável".[3] Trata-se de negar a subjetividade e a individualidade humanas, fechá-las em uma "caixa preta". Vivemos em sociedades de resultados, de avaliações de desempenho mecânico. Nelas, não basta avaliar: é preciso fazer do desempenho o maior alarde possível, quantificá-lo e mostrar que o que se faz de melhor equivale ao que se faz de mais. Vejamos um exemplo.

> ### Um jogo científico?
>
> Ao anunciar a destruição de Hiroshima na Segunda Guerra Mundial, Harry Truman, à época presidente dos EUA, disse: "Gastamos mais de dois bilhões de dólares no maior jogo científico da história e vencemos."
>
> Analisemos essa frase, o que aliás é uma boa ocasião para mostrar a utilidade e a eficácia do passo a passo cartesiano: (a) "gastamos"; (b) "dois bilhões de dólares"; (c) "no maior jogo"; (d) "e vencemos". Aqui estão os componentes fundamentais do pensamento redutor e da cultura por ele alimentada: (a) "gastamos" (investimos); (b) "dois bilhões de dólares" (uma grande quantia); (c) "no maior jogo" (a competição predatória, *the bigger the better*); (d) "e vencemos" (o triunfalismo da lógica binária: *ou* ganhar *ou* perder; para que alguém ganhe, é preciso que alguém perca).
>
> O grande ausente de tudo isso foi e continua a ser o lado humano não mecânico, não produtivista. Ele foi ignorado na frase presidencial famosa, mas dolorosamente sentido pelas vítimas: as que morreram e as que sobreviveram ao bombardeio.
>
> Escolhi de propósito o exemplo de Hiroshima, não só por sua notoriedade mas também por sua antiguidade. Com isso, meu objetivo foi mostrar que o preço humano pago pela hegemonia da tecnociência, na época de Truman e hoje, continua a subir e a ser cada vez mais ocultado da opinião pública. O autoengano gera o heteroengano, que realimenta o autoengano e assim por diante. A manutenção da visão estreita e obscura proporcionada pela lógica linear-binária facilita o autoengano. Este, por sua vez, é utilizado para encobrir a culpa. O encobrimento da culpa, por seu turno, contribui para a irresponsabilidade social, que retroage sobre a lógica binária e a realimenta. E assim se perpetua e se amplia essa rede complexa de ações, retroações e interações que se reforçam mutuamente.

Pessoas cada vez mais inseguras e assustadas: eis o preço do autoengano. Na economia, como observa Gilberto Dupas,[4] a fragmentação é uma das caracterís-

---

[3] RENÉ PASSET. *A ilusão neoliberal*. Rio de Janeiro: Record, 2002 p. 11.
[4] GILBERTO DUPAS. *Ética e poder na sociedade da informação*. São Paulo: Editora UNESP, 2001. p. 30.

ticas do atual período histórico. Como já vimos, ela atingiu também as cadeias produtivas, sob o pretexto de cortar custos e remunerar mais o capital, o que, é claro, ampliou a concentração de renda. Num mundo em que os processos políticos e sociais foram reduzidos à economia e esta foi reduzida à finança, a competição predatória é muitas vezes sinônimo de incompetência gerencial. Em muitos casos, os cortes de custos mais geram desemprego do que resolvem as dificuldades das empresas.

Uma das demonstrações mais evidentes de que a manutenção da hegemonia do pensamento polarizador interessa ao *status quo* é a observação da frequência com que se proclama a necessidade de "resultados concretos". O imediatismo, que está entre as principais características desse modelo mental, faz com que nos desinteressemos por assuntos ou questões cuja "utilidade prática" não compreendemos logo de saída. Se a ligação entre teoria e prática, entre pensamento e ação, entre o "como funciona" e o "para que serve" não for instantaneamente clara, nosso interesse desaparece. Isso faz com que temas ou situações sobre os quais seria preciso pensar mais, ponderar, refletir sejam logo rejeitados. A reflexão é vista como uma perda de tempo, pois para que ela ocorra é necessário buscar pontos de contato e estabelecer ligações, o que implica sair da linearidade limitante do raciocínio de causalidade simples.

O imediatismo tende a reduzir-nos ao curto prazo e ao superficial. As imagens, sobretudo as padronizadas e repetitivas, tendem a deslocar as palavras para um plano secundário. O objetivo disso é estimular a superficialidade e diminuir os espaços de reflexão. Todos sabemos que refletir pode fazer com que as pessoas questionem o *status quo*. Pode fazer, por exemplo, com que elas pensem antes de consumir. Se a reflexão permite que as pessoas avaliem suas ações em termos de custo-benefício, é claro que ela não é bem-vinda ao universo do consumo de supérfluos. Por isso, tudo é feito para que nos convençamos de que pensar é algo "teórico", que exige muito tempo, algo que nos afasta da "prática" e dos "resultados concretos".

Referindo-se às relações entre a teoria e a prática no contexto da saúde, o filósofo Hans-Georg Gadamer alerta para a onipresença da ciência em nossa cultura e observa que esse é um processo sem volta. Por isso, recomenda ele, "devemos aprender a atravessar a divisão que há entre o teórico, que sabe acerca de generalidades, e o prático, que deve atuar na sempre singular situação do paciente adoecido".[5]

Adotar uma forma diferente de perceber o mundo e lidar com ele dependerá do quanto formos capazes de: (a) pensar além do imediatismo e do curto prazo e, assim, capacitar-nos a prever, perceber e avaliar as consequências de nossas ações; (b) pensar de modo abrangente: perceber não apenas as pessoas, coisas e eventos, mas também as ligações entre eles; (c) aprender que não basta deixar de

---

[5] HANS-GEORG GADAMER. *O caráter oculto da saúde*. Petrópolis: Vozes, 2006. p. 101.

pensar só sequencialmente e passar a fazê-lo só sistemicamente: é preciso aprender a pensar de uma forma ou de outra, segundo as circunstâncias.

O raciocínio binário tende a tornar-nos maniqueístas e unilaterais. Como o poeta William Blake, que escreveu que "a arte é a árvore do conhecimento e a ciência é a árvore da morte". Ou como Descartes, que sustentava que "a nova ciência fará do homem o mestre e senhor da natureza".

Não apenas mudamos o mundo: somos também mudados por ele, pois a ele estamos intrinsecamente ligados. Por essa razão, ao destruir o mundo também nos destruímos. Assim escreveu Marx, num momento em que conseguiu se libertar do seu determinismo habitual. De fato, todas essas relações são circulares. E também difíceis de entender, por causa da limitação que nos é imposta por nossa mentalidade sequencial. A crença na separação entre o observador e o observado (a separação sujeito-objeto) faz com que atitudes de inclusão e participação dificilmente possam ser entendidas por nossas mentes divididas e condicionadas a pensar em termos de exclusão.

Incluir e ser incluído significa aceitar responsabilidades em relação ao contexto, ao ambiente com o qual se interage. Por outro lado, o cinismo, o não comprometimento e a não participação, tão comuns na época atual, são ao mesmo tempo fruto e motivo da predominância da visão de mundo mecânica (a tecnociência) sobre a não mecânica (a cultura das humanidades). Ainda assim, é importante reiterar que rejeitar a técnica e transformá-la em vilã é incorrer no erro oposto. O que é necessário questionar não é o predomínio da técnica sobre o humano, mas o modelo mental que o tornou possível: o modo de pensar que fez com que esse estado de coisas fosse considerado um "progresso" que devemos aceitar como invariavelmente benéfico, mesmo diante das evidências de que isso nem sempre é verdade.

Com sua velocidade, unilateralidade e suposta irreversibilidade, o "progresso" precisa ser a todo momento questionado pela reflexão. Mas não para negá-lo, e sim para que aprendamos a atenuar-lhe os excessos e minorar seus efeitos colaterais indesejáveis. É claro que tal reflexão não pode ser feita por meio da mesma mentalidade que concebeu a ideia de progresso. É preciso que ela seja feita por outra maneira de pensar e conhecer. Se continuarmos a recusar a nós mesmos esse exame, de nada adiantará lamentar as consequências.

A política, a economia, o pão e o circo

Hoje, no plano prático, a economia passou a determinar a política. Entretanto, o ideal não seria que a política determinasse a economia, mas sim que a relação entre elas fosse circular – que elas interagissem de maneira mutuamente potencializadora. O modo atual de utilização da tecnociência reforça o predomínio do econômico-financeiro sobre o social, uma vez que, apesar de toda a retórica em contrário, a tecnociência é mais orientada pelos objetivos da economia e da finança do que pelos interesses do bem-estar da sociedade.

Por exemplo, hoje muitas pesquisas médicas e biológicas (sobre o genoma humano, para citar apenas uma) são conduzidas por empresas com ações nas bolsas de valores. É óbvio que a ciência e a tecnologia, na medida em que forem controladas dessa maneira, estarão a serviço dos interesses do capital. Essa situação, porém, é apenas uma consequência. O problema central está no modelo mental que embasa o tipo de capitalismo atualmente hegemônico, não no fato de ele financiar essa ou aquela atividade.

Contudo, mantidas as atuais condições e considerando circunstâncias como a citada, a tecnociência está condicionada às recompensas que o capital proporciona – da mesma forma como os domadores mantêm o condicionamento dos animais circenses e os premiam com alimentos, sempre que estes executam os truques que lhes foram ensinados. Mas não para proveito deles, animais, e sim para benefício dos domadores. E também para deleite da plateia que, fascinada pela música, pelo rufar dos tambores e pelas luzes do espetáculo, deixa-se anestesiar e, assim, perde a noção do que realmente acontece e do preço que terá de pagar por tudo isso.

É a velha fórmula "pão e circo", hoje mais do que nunca presente por meio da espetacularização da ciência e da tecnologia. É importante notar que sua aplicação só é possível quando o modelo mental coletivo predominante é redutor, como acontece com o atual. Nessas condições, a limitação por ele produzida permite que, se uma das polaridades do "ou/ou" for muito atraente, ela se torne a única, o que faz com que as pessoas possam ser postas sob controle com facilidade.

Na época do Império Romano, o satirista Juvenal escreveu que o povo anseia por duas coisas – pão e circo.[6] Se a massa receber algo que a divirta e lhe forre o estômago, não se preocupará com o modo pelo qual é governada. No tempo de Juvenal, distribuía-se comida e se franqueava o acesso aos espetáculos com gladiadores, feras, corridas de bigas e atividades semelhantes, com o objetivo de anestesiar, de aquietar a multidão. Maquiavel dizia que os homens são simplórios e obedientes às necessidades do momento. Por isso, quem estiver disposto a enganá-los encontrará sempre quem queira ser enganado. Para tanto, ele aconselhava o Príncipe a distrair o povo com jogos e festas. Hoje, muitas vezes as pessoas já não precisam ir ao circo no sentido romano do termo; este vem a elas, em especial pela televisão. A sociedade está espetacularizada, e tal condição foi objeto de um estudo hoje clássico de Guy Debord.[7]

Assim, a estratégia pão e circo continua cada vez mais atual. Entre outras coisas, a longa experiência adquirida com a sociedade do espetáculo descobriu

---

[6] JUVENAL. *Sátiras*, X, 81.

[7] GUY DEBORD. *A sociedade do espetáculo*: comentários sobre a sociedade do espetáculo. Rio de Janeiro: Contraponto, 1997.

que, se a eficácia do circo for ampliada, a qualidade e a quantidade do pão podem ser diminuídas sem que a maioria das pessoas perceba. A redução das massas às necessidades da vida mecânica permite aplicar com eficácia crescente este princípio rudimentar: num ambiente de grande alienação, a obviedade é indiretamente proporcional à percepção. Movimentar-se muito, sentir pouco e pensar menos ainda, eis as três dimensões fundamentais do nosso atual *panis et circensis*.

Na medicina, como se sabe, há um limite para o que pode ser extirpado de um organismo sem matá-lo. Na sociedade do espetáculo, esse limite é muito elástico, pois, se a obtusidade das pessoas pode levá-las à morte intelectual, mesmo depois de "mortas" elas continuam a se deixar explorar sem se dar conta disso. Por fim, quando já não é possível extirpar mais nada, reconhece-se a morte dos "pacientes". Chega então o momento em que eles são declarados não consumidores: párias do universo do consumo que, como se sabe, nossa cultura tende a considerar o único que tem validade.

Assim como uma mercadoria estragada ou defeituosa é considerada imprópria para o consumo e descartada, uma pessoa declarada incapaz de consumir é igualmente eliminada. Quem não puder ter acesso ao circo também não o terá ao pão. Em não poucas de nossas sociedades, estar fora do circo e fora do pão faz com que o indivíduo também esteja fora da condição humana. O valor dessa condição – sua dimensão não tangível – torna-se também imperceptível ou é escamoteado, pois a razão mecânica não costuma legitimar a existência do humano não operacional, não utilitário e não utilizável. Há tempos, Lewis Mumford já havia alertado para um fenômeno importante: a subvalorização das artes, da literatura, da filosofia, das humanidades enfim está a serviço dessa escamoteação.

"Pão e circo" continua a ser a melhor metáfora para expressar a maneira como as populações são anestesiadas pela sociedade do espetáculo. Com o tempo, também ficou claro que o circo poderia se tornar menos custoso para seus patrocinadores, já que para os "usuários", apesar de ser aparentemente gratuito, ele é sempre caríssimo, pois é pago com a diminuição ou perda da liberdade de pensamento e expressão.

Ainda assim os patrocinadores prosseguem na tentativa de baratear ainda mais os custos da espetacularização. Isso tem sido feito por meio do recurso clássico da economia de escala: se forem aumentadas a intensidade e a amplitude da exposição das pessoas ao espetáculo aumentará também a alienação delas. Nos últimos tempos, como acabamos de ver, verificou-se que a quantidade e a qualidade do pão podem ser substancialmente diminuídas, desde que se aumente a quantidade (mas não necessariamente a qualidade) dos espetáculos. Como nossa cultura atual confunde *mais* com *melhor*, o circo pode ser cada vez mais ampliado e o pão cada vez mais diminuído. A sabedoria popular costuma dizer que o barato sai caro. No caso sai caríssimo, e nesse alto preço está incluída a progressiva substituição da inteligência pela obtusidade. Fecha-se então o círculo: a alienação e a vulgaridade produzem ignorância, que produz alienação e vulgaridade.

A espetacularização da literatura é feita pelos *best-sellers*; a da psicologia, pelos livros de autoajuda; a do comércio, pelo consumo induzido de supérfluos; a da medicina, pela parafernália diagnóstica (muito diagnóstico, pouco tratamento eficaz, pouca prevenção e pouquíssimo acesso a tudo isso por grande parte da população); a da religião, pela maquiagem dos rituais e sua superexposição – a espetacularização dos mitos; a da política, por meio do populismo, promessas espantosas e obras de fachada. Os "ópios do povo" são muitos. E o povo também pode ser transformado em seu próprio ópio, por meio da demagogia e da pasteurização e mercantilização da cultura popular.

Entre os jogos que, no Império Romano, compunham a ementa do circo, incluíam-se a execução pública de criminosos e cristãos, que eram postos diante de leões famintos. Daí a expressão "atirados às feras". Havia também as corridas de biga, cuja analogia com as atuais corridas de automóvel é óbvia, inclusive pela atração que exercem sobre as pessoas ditas "competitivas". Porém, entre todos os espetáculos oferecidos, o que mais agradava às massas eram as lutas entre os gladiadores que, como registram os historiadores, eram preparados para se transformar em máquinas letais.

Por outro lado, na estratégia "pão e circo" entra de maneira implícita ou explícita um componente com qual os seres humanos desde sempre se comprazem: a farsa. O núcleo de tudo isso era a competição implacável, que muitas vezes terminava com a eliminação física do adversário. Como ocorre com a atual competição predatória, a derrota do outro era um ingrediente indispensável à vitória.

Seja qual for o ângulo pelo qual se encare o poder anestesiante da combinação "pão e circo", ele parece ser inesgotável. No circo romano, os confrontos entre homens e animais simbolizavam situações que hoje conhecemos de vários modos, mas têm um ponto em comum: todos eles se baseiam no modelo mental "ou/ou" e exprimem a pretensão de "conquista" do "irracional" pelo "racional". As expressões "do mito ao logos" e "da natureza à cultura" são exemplos conhecidos. Embutido em todas essas variantes está o propósito de reprimir ou suprimir os instintos e o "irracional" e pôr em seu lugar a razão. Trata-se da clássica "luta contra a natureza" proposta pelo Iluminismo, que em si pode ter algo de razoável, mas, se levada ao extremo, como se faz hoje com frequência, tem efeitos calamitosos.

Ninguém pode dizer, por exemplo, que a devastação do mundo natural em nome do "progresso" ou, na outra ponta, a condenação da teoria da evolução e das pesquisas com células-tronco sejam posturas racionais. Mas nesses casos, como em muitos outros, o circo se protege com o tradicional apelo à farsa ou ao moralismo barato (a "moralina", como dizia Nietzsche), cujo objetivo é precisamente embotar a capacidade crítica das pessoas. O atual desprestígio dos mitos (que são tidos como crendices e superstições, o que, entretanto, não impede que sejam comercializados como mitologias institucionalizadas) e a primazia dada ao *logos* (que se identifica com o pensamento mecânico-produtivista) são limitadores para ambos os lados.

A "luta contra a natureza", ou a repressão ou a pasteurização do mito em beneficio do *logos*, é uma clara manifestação do raciocínio binário: *ou* uma coisa *ou* outra. O Império Romano começou com César, que era apaixonado por jogos. É claro que a "luta contra a natureza" – que naquele tempo incluía as guerras contra os povos ditos bárbaros – era, como ainda hoje, indispensável à manutenção do poder imperial. Um do resultados desse esforço de conquista do mundo natural foi a destruição das florestas nativas das margens do Mediterrâneo, que se tornaram calcarizadas. Tal destruição resultou da necessidade de grandes quantidades de madeira pelo Império Romano e outras potências da época, para a construção de navios de guerra.[8]

O circo é um instrumento eficaz tanto para unilateralização e anestesia da mente dos nativos quanto para a contenção do ímpeto dos "bárbaros". Como ainda hoje acontece (durante o longo domínio da Índia pela Inglaterra, por exemplo), os nativos não raro colaboravam com o opressor. No Império Romano, os gladiadores eram recrutados entre os escravos e os estrangeiros, e obrigados a lutar em troca da sobrevivência.

Se na luta do homem "racional" contra as "feras" (isto é, a natureza) o desejável era a vitória da razão, no cômputo geral das atividades do circo a razão vitoriosa era a dos Césares. À massa restavam, como até hoje, as emoções aparentemente baratas, mas na realidade caríssimas, como foi dito há pouco, cujo efeito alienante não permitia (como ainda não permite) que elas percebessem a complexidade de sua situação. Apesar de a estratégia "pão e circo" sugerir complementaridade ela é unilateralizante: seu objetivo é, como acontece com todas as manifestações do modelo mental binário, proporcionar emoções "dionisíacas" às massas dominadas e preservar o caráter "apolíneo" da razão dos dominadores. Nos dias atuais, Dupas[9] fala da necessidade de "novos instrumentos intelectuais não disponíveis" para lidar com tudo isso. Mas, como sabemos, pelo menos um conjunto desses instrumentos já está disponível: o pensamento complexo.

Polarização e limitação

O pensamento binário criou e continua a alimentar o estranhamento e a visão de mundo excludente e é por eles realimentado. Tornamo-nos limitados pelas polarizações e, portanto, pelos unilateralismos. Trata-se de um aprisionamento. Com base nele, surgem posturas como o narcisismo, o individualismo (não confundir com individualidade) e a insensibilidade social. As dificuldades de comunicação entre as pessoas e as instituições por elas mesmas criadas (a família, a escola, a empresa, o governo, a cultura, enfim) são em grande parte geradas por esse modo de pensar.

---

[8] ROBERT KURZ. O desenvolvimento sustentável da natureza. *Folha de S. Paulo*, 6 out. 2002.
[9] DUPAS. *Ética e poder na sociedade da informação.* Op. cit. p. 102.

Quanto mais linear for o pensamento, mais mecânicas serão as ações nele baseadas, e com isso mergulharemos cada vez mais profundamente na limitação da busca dos "resultados concretos e imediatos". Para nossas mentes polarizadas e de memória curta, é bem mais fácil perceber e entender relações muito próximas. Eis por que preferimos lidar com aquilo que percebemos e entendemos por meio desse modelo mental. Vivemos numa cultura que pensa pouco e que nos faz levar uma vida de resultados, em vez de uma vida de experiências, aprendizagem e desenvolvimento. Ao que tudo indica, essa vida tende a se tornar cada vez mais vazia e mais pobre, pois o número de pessoas capazes de compreender o que realmente acontece continua muito pequeno.

Como acontece em muitos outros contextos, de modo geral podem-se imaginar três grupos de pessoas, de acordo com sua relação com o pensamento complexo. O primeiro grupo compreende intuitivamente do que se trata; para seus componentes, os princípios da complexidade e do pensamento complexo são óbvios. Quando postos em contato com a terminologia e os conceitos, sentem-se diante de algo familiar. O segundo grupo inclui pessoas que, ao contato com esses conceitos, reagem com interesse, pois percebem estar diante de algo com o qual têm alguma afinidade. É bem maior do que o primeiro. O terceiro grupo é composto de pessoas em que a mente cartesiana é uma característica muito forte. Sua reação diante dos princípios e conceitos do pensamento complexo é de estranhamento, quando não de resistência e/ou rejeição.

É claro que isso não significa que esse terceiro grupo deva ser ignorado. Ao contrário, sua existência é da maior importância pelos motivos que se seguem. Em primeiro lugar, não há nada de errado com o pensamento cartesiano. As pessoas que o têm como modelo mental dominante são necessárias (embora não suficientes) para a produção do conhecimento e para as práticas sociais. Além disso, esse grupo constitui um ponto de referência importante, pois sua resistência ao pensamento complexo é uma evidência de que não existem modelos incontestáveis e posições irredutíveis. Afinal, se seguirmos com rigor uma das propostas fundamentais de Descartes – a dúvida metódica –, chegaremos exatamente a essa conclusão que, aliás, também se aplica ao modelo cartesiano.

De todo modo, ainda não é expressivo o número de indivíduos (as chamadas pessoas integradoras) capazes de pensar de modo abrangente. Capazes de pensar de uma forma que permita identificar conexões e, assim, perceber a emergência de ideias e propriedades novas que ultrapassem os limites estreitos e o mecanicismo da lógica redutora quando utilizada como "pensamento único". No atual estado de coisas, o que as pessoas integradoras têm a dizer em geral não é entendido com facilidade. Por isso, a tendência predominante é tentar desqualificá-las como "utópicas", "filosóficas" e "poéticas", quando não simplesmente ignorá-las. Nossa mente fragmentada faz com que vejamos a nós mesmos, aos outros e ao mundo como também fragmentados. Vemos tudo dividido. Temos dificuldade de perceber as ligações, os pontos de contato, as interações. Lamentamos, mas muitas vezes achamos necessário e mesmo inevitável que as pessoas e as coisas sejam separadas, que elas tenham dificuldade de interagir, de comunicar-se.

Todas essas situações derivam dos antagonismos binários. Estão estreitamente ligadas às ortodoxias, aos fundamentalismos, aos dogmatismos, que por sua vez estão relacionados à intolerância e à violência em todas as suas formas. São problemas que tendem a permanecer sem solução. Daí, por exemplo, os fracassos das intermináveis conversações de paz das quais nos dão conta os meios de comunicação. Os mesmos problemas são pensados com os mesmos padrões de pensamento; as mesmas soluções são propostas; e surgem sempre os mesmos resultados, que no início parecem ser satisfatórios, mas que logo são seguidos do reaparecimento dos mesmos problemas.

É interessante observar que, quanto mais um indivíduo estiver condicionado pela lógica polarizadora, mais fácil será manipulá-lo e torná-lo fiel a determinadas crenças e princípios. Isso ocorre porque ele tende a se tornar cada vez mais previsível. É simples, portanto, transformá-lo em um fundamentalista. Quanto mais um indivíduo estiver assim condicionado, mais resistirá a ideias novas, a mudanças, àquilo que desafia a unilateralidade de sua ortodoxia. Terá menos capacidade de associação fora dos limites do seu grupo. Fora desse âmbito, a solidariedade, a compaixão e a troca de experiências lhe parecerão absurdas. Seu condicionamento o levará a pensar mais em termos de divisão e exclusão do que em termos de ligações e inclusão. Sua postura será sempre excludente. Ele será um indivíduo sempre pouco permeável à argumentação e à negociação, o que por sua vez o levará a desprezar as diferenças e a diversidade.

O indivíduo condicionado pela lógica binária tende a situar-se nos extremos. Quanto mais condicionados nos tornarmos por esse modo de pensar, mais o imporemos às nossas sociedades e culturas. E assim cada vez mais nos afastaremos do mundo natural, isto é, nos distanciaremos de nós mesmos, dos outros seres vivos – humanos ou não – e do mundo.

A experiência tem mostrado que a exacerbação desse condicionamento tende a produzir sociedades disfuncionais e esquizóides. Já vimos que, na qualidade de frutos desse tipo de sociedade, nossos líderes em geral são propensos a maniqueísmos, a tomar decisões simplistas e unilaterais e a lidar com a realidade de maneira rudimentar e superficial. Como essa é também a postura da maioria das populações, esses líderes e suas decisões costumam ser aclamados e bem acolhidos. Os maus resultados de muitas de suas decisões são rapidamente esquecidos, o que facilita a sua repetição no futuro.

A dificuldade de pensar "fora da caixa"

Vejamos um exemplo da relação entre o maniqueísmo e a lógica binária. Trata-se do entendimento que a "sabedoria convencional" tem das posições políticas de esquerda e direita. Em geral, admite-se que a direita privilegia a economia e a esquerda dá primazia às pessoas, ao social. À primeira vista essa ideia parece valer por seu didatismo. No entanto, como tudo que é polarizado, ela peca pelo esquematismo. Por isso, abre caminho para que os fundamentalistas da direita e de esquerda – ou seja lá do que for – se entrincheirem em seus respectivos polos, nos quais continuarão a repetir o bordão de sempre: "Nós estamos certos e eles estão errados."

Outra das limitações a que nos submete o reducionismo é a dificuldade de descontextualizar. Na prática, essa dificuldade se manifesta como uma limitação da percepção e da compreensão do fato de que as coisas, as pessoas e os eventos têm a ver um com os outros. Essas ligações se tornam nítidas quando ultrapassamos as fronteiras do imediatismo e da superficialidade.

Outro modo pelo qual essa insuficiência de percepção se revela é nossa tendência à linguagem literal, isto é, a tomar tudo ao pé da letra. Essa condição leva à dificuldade ou mesmo à incapacidade de abstrair. O resultado é uma insuficiência de compreensão da linguagem alusiva, metafórica, alegórica, o que por sua vez produz uma diminuição da capacidade de buscar e entender relações, analogias e compreender sutilezas e nuanças. Estas, aliás, são modos pelos quais muitos dos fenômenos naturais e socioculturais frequentemente se apresentam.

Quando falo em abertura para a percepção das nuanças, para perceber o espectro de possibilidades existentes entre polos antagônicos, é claro que não proponho que permaneçamos na indefinição, na ambiguidade e na hesitação. O que quero dizer é que, antes de decidir, é preciso examinar o que há entre os opostos, investigar as possibilidades, a diversidade, viver a pluralidade. A importância de tomar decisões não pode nem deve ser superestimada, mas nem sempre convém fixarmo-nos num determinado ponto *logo de saída*. É importante ter em conta que no mundo natural há mais analogias do que identidades.

A noção de *coisa* é um referencial necessário. Se, como escreveu Marx, tudo o que é sólido se desmancha no ar, para que haja essa dissipação é preciso que ela seja precedida pelo estado sólido. É preciso complementar a ideia de solidez com a noção de que o mundo natural, embora em muitos casos se apresente sob a forma de coisas concretas, tangíveis, é também um processo. Como disse Einstein, matéria e energia são dois estados diferentes de uma mesma realidade. Espinosa diria que são modos diferentes de manifestação de uma mesma substância. É claro que nós, humanos, também fazemos parte desse processo. A necessidade dessa complementação já havia sido intuída no século 19 pelo escritor Gustave Flaubert. Numa carta, ele escreveu que o artista deveria ser um tríplice pensador: só poderia compreender a complexidade do mundo se pensasse em três aspectos diferentes da mesma ideia.

Reducionismo e crise

Nós, humanos, temos necessidade de reduzir o desconhecido ou o pouco conhecido ao conhecido. É óbvio que em determinados momentos um certo grau de reducionismo é necessário e até mesmo indispensável. É o que ocorre em situações urgentes e nos primeiros instantes das crises, circunstâncias nas quais é preciso tomar decisões e/ou providências imediatas. A resposta instintiva de luta ou fuga pode ser vista como o extremo do reducionismo: é uma reação primitiva, que nos humanos como nos demais mamíferos está localizada no tronco cerebral.

Para compreender melhor esse ponto, retomemos a conhecida teoria do cérebro triúnico, de Paul Mac Lean.[10] Segundo esse pesquisador canadense, ao longo da história da evolução humana as funções mais antigas (a agressividade, por exemplo) se localizaram na parte mais inferior do encéfalo, o tronco cerebral – o "cérebro reptiliano". Seu objetivo era capacitar os animais a dar respostas imediatas aos eventos de sua relação com o meio e com outros organismos. Quando nos vemos em uma situação que nos amedronta, entra em cena esse reducionismo primitivo: lutar ou fugir. Em momentos assim não há meio-termo: a escolha é binária, "ou/ou", pois está em jogo a sobrevivência imediata. Não é necessário diferenciar o real do imaginário, porque na maioria das vezes não há tempo. Nesses momentos de reducionismo diante do perigo, o organismo faz com que a corrente circulatória seja inundada por adrenalina e outros neurotransmissores.

A reação de luta ou fuga é característica de situações de estresse. Platão chamava o substrato mental e nervoso desse modo de reagir de "alma corajosa". Mas há outras situações bem mais complexas que ocorrem nas sociedades humanas, em que a reação de luta ou fuga, em vez de facilitar a sobrevivência, pode ameaçá-la. Em tais circunstâncias, a polarização lutar/fugir pode ter consequências desastrosas. São ocasiões nas quais entre a luta e a fuga há outras possibilidades que se entrelaçam, e com isso produzem ainda mais possibilidades e assim por diante.

Não se discute a necessidade de um reducionismo inicial, de reduzir o desconhecido ou pouco conhecido a referenciais simples obtidos em experiências anteriores. O que é questionável é *ater-se sempre* a tais referenciais como estratégia única para lidar com o novo, o diferente e suas complexidades. Se é verdade que essa atitude pode funcionar bem em determinadas circunstâncias, não é menos certo que em muitas outras ela pode nos criar problemas sérios. Daí a necessidade de que a polarização inicial seja sempre seguida de ampliação de consciência, de abertura para o novo, para o diferente, para o plural.

No entanto, como resultado do raciocínio de causalidade simples estamos habituados a pensar e a agir de maneira imediatista. Fazemos isso nas crises e fora delas. Esse condicionamento faz com que continuemos a agir guiados pelo modelo luta ou fuga mesmo quando ele já não somente é desnecessário, como também pode ser prejudicial, pois mantém a polarização que, por sua vez, tende a perpetuar as crises. É por isso que se costuma dizer que, com muita frequência,

---

[10] PAUL MAC LEAN. *Triune concept of brain and behaviour.* Toronto: University of Toronto Press, 1973.

saímos de uma crise para entrar em outra. A rigor, porém, trata-se da mesma crise, cujo fundamento é o nosso condicionamento pela lógica polarizadora. Essa lógica nos conduz à supersimplificação, que dificulta a apreensão ampla e profunda das coisas e eventos, o que por sua vez reforça a lógica polarizadora.

Quando a crise afinal se atenua e aparentemente passa, o bom-senso indica que é necessário aprender algo com ela. Isso deveria ser feito por meio do reexame do maior número possível de seus componentes imediatos e pela reflexão sobre seus desdobramentos a médio e longo prazo. Portanto, em casos assim é preciso pensar primeiro de maneira analítica e depois de modo estratégico. Em vez disso, porém, a experiência mostra que continuamos a pensar nos mesmos termos simplistas e imediatistas com que pensamos durante a crise, o que é um convite à sua persistência. É o que se conhece como lidar com situações críticas pelo método do "apaga-incêndio", tão comum no cotidiano das empresas e outras organizações.

Não conseguimos sair da crise justamente porque no período pós-crítico continuamos a agir com base no mesmo estado de consciência que a produziu e alimentou. Esse modelo mental nos faz ignorar um princípio simples: ao primeiro impacto tendemos a reagir segundo o modo binário. Por isso, diante de situações complexas é importante, *desde o início*, compreender o impulso de luta ou fuga e aprender a lidar com ele. Passada a urgência, é importante ter em mente que entre os extremos "lutar" e "fugir" há inúmeros outros modos de pensar e agir.

Tempos modernos

Pensar e agir sempre de maneira automática é como seguir a conduta do nunca suficientemente lembrado herói chapliniano de *Tempos Modernos*, que continuava a repetir os movimentos padronizados que executava na linha de montagem industrial mesmo após o término de sua jornada de trabalho. O que Charles Chaplin percebeu e denunciou nesse filme foi o nosso condicionamento para a repetição e nossa resistência à diferença e à diversidade. Mas Chaplin notou e denunciou muito mais do que isso. Mostrou também que o triunfo da Revolução Industrial, um dos ponto altos do projeto do Iluminismo no século 18 e de sua "ideia de progresso", se deu às custas da desvalorização da dimensão não mecânica da condição humana. Revelou também que o homem assim dividido, separado de si mesmo e tratado como uma coisa, é o resultado da ideia de que o sujeito é separado do objeto, de que o observador é separado do que observa. Trata-se, é claro, do que hoje conhecemos como o ideal da tecnociência.

A obra de Chaplin aponta também para outro efeito colateral do Iluminismo levado à prática: o equívoco de que o conhecimento proporcionado pela cultura humanista (que inclui as artes e, portanto, o cinema) é uma espécie de conhecimento de "segunda linha". A tecnociência seria a primeira. As humanidades ficariam, como ficaram, relegadas à condição de "cultura" quando não de simples entretenimento: algo *cult* e às vezes divertido, mas no fundo sem interesse "prático". Trata-se de uma atitude que muitos até condenam, mas preferem não se pronunciar para não ser alvo do antiintelectualismo do universo dos "homens práticos".

Não conseguimos sair dessa circularidade viciosa: reproduzimos interminavelmente o mesmo modelo de pensamento, o que nos leva a repetir, também de maneira infindável, o mesmo modo de agir. Não conseguimos pensar de outro modo, olhar a partir de outros ângulos, sair do quadrado ao qual estamos confinados, ampliar a consciência. Continuamos a repetir as mesmas condutas e, curiosamente, ficamos decepcionados quando descobrimos que a repetição não produz diferença e sim mais repetição; que o conservadorismo não produz tranquilidade, mas sim frustração e ansiedade; que combater a violência com a violência só produz mais violência; que intolerância não gera segurança e sim mais intolerância. E assim por diante. Pensar de modo que sejam geradas ideias para sair dessa armadilha é considerado perigoso pelos preconceitos de nossa cultura.

A lógica linear faz com que repitamos interminavelmente os mesmos pensamentos, palavras e ações passadas, estejamos conscientes disso ou não. Não aprendemos com a experiência porque a bloqueamos. Em vez de vivê-la, nós a operacionalizamos segundo ideias e comportamentos que só mudam na superfície. A essência continua a mesma. Basta conferir, nos registros históricos, as causas básicas das guerras.

E esse é só um exemplo entre muitos. A prevalência em nossa cultura do modelo mental "ou/ou" leva a um efeito que se repete com monotonia ao longo da História: quando assumem o poder, seja pela via eleitoral, seja por meio de golpes de Estado, as oposições logo em seguida adotam as mesmas práticas que antes tanto condenavam nos governos a que se opunham. Com isso, mantêm viva a tendência à repetição e à linearidade e, pela enésima vez, confirmam a observação de Einstein: nenhum problema pode ser resolvido pelo mesmo estado de consciência que o criou.

Aprender pela experiência pressupõe mudança de estrutura mental e, consequentemente, de comportamento. Em vez disso, porém, limitamo-nos a assimilar o que vivemos e o reduzimos à rigidez e à linearidade dos nossos padrões. Trata-se de assimilar, acostumar-se, conformar-se, e não de buscar mudanças produzidas pela experiência e pela reflexão. O que em geral chamamos de ideias novas só o é segundo os critérios do nosso condicionamento e da atitude habitual, que estão longe de ser novos.

Repitamos mais uma vez o exemplo banal: em nosso cotidiano, qualquer crítica ao socialismo é automaticamente considerada uma defesa do capitalismo e vice-versa. Atitudes como essa são simplistas, limitantes e rotuladoras. Além disso, tendem a negar existencialmente as pessoas: "Se você não é capitalista, é socialista; se não é socialista, é capitalista; se não é nenhum dos dois, não é nada." Posições abertas, questionadoras, que evitam os maniqueísmos, são logo repelidas pelo raciocínio binário, pois questionam a sua estrutura mais íntima – o ânimo fundamentalista – e põem em xeque sua superficialidade e seu imediatismo.

Como foi dito há pouco, as pessoas condicionadas raramente se dão conta disso, e portanto é muito difícil explicar-lhes a sua condição. Apresentar a questão de forma clara não se reduz a levantá-la e situá-la. É preciso também convencer as pessoas de que é necessário que elas mudem de modelo mental, o que não é nada fácil. Na hipótese de que se consiga dar esse primeiro passo, o segundo é ainda mais difícil: pôr em prática iniciativas de mudança. Já vimos que no fundo isso equivale a nada mais nada menos do que questionar e tentar modificar o modelo econômico hoje prevalente, que sustenta a lógica linear e por ela é sustentado. Em termos práticos, modificar o sistema de pensamento hoje hegemônico significa introduzir e praticar o pensamento complexo. Esse empreendimento tem enfrentado resistências de graus variáveis de intensidade nos âmbitos em que vem sendo tentado e está numa fase muito incipiente. Mas avança pouco a pouco, especialmente na área da educação.

Resultados indesejáveis

O que acontece quando uma ação dá maus resultados e, ao pensar sobre o acontecido propomos mudanças? Retomemos um exemplo que apresentei e discuti em outros textos, mas que agora será reexaminado de outra maneira e com mais detalhes.

Uma guerra interminável

Ao contrário do que muitos pensam, esse assunto é de interesse público e não deve ser confinado à área médica. E assim é por duas razões fundamentais: (a) em pleno século 21, várias das doenças infecciosas (a tuberculose pulmonar é uma delas) figuram entre os problemas mais graves da humanidade; (b) as infecções hospitalares causadas por bactérias que se tornaram resistentes aos antibióticos também é um dos problemas de saúde pública mais sérios do mundo hoje. É claro que o mesmo raciocínio vale para doenças provocadas por vírus, como a AIDS e as hepatites.

Como se sabe, o desenvolvimento de antibióticos mais potentes para o tratamento de infecções por bactérias resistentes tem sido invariavelmente seguido pelo aparecimento de bactérias ainda mais resistentes. É a perpetuação da velha cantilena do pensamento linear. Parte-se do raciocínio de causalidade simples, que diz que as infecções são causadas por bactérias, o que é verdade, mas apenas em parte. A questão é bem mais complexa. É certo que a causa imediata das infecções são as bactérias, mas há um grande número de variáveis intervenientes no processo. Eis algumas: (a) a resistência imunológica do organismo; (b) a disponibilidade de água potável e saneamento básico; (c) a educação da população para evitar a automedicação com antibióticos; (d) o aperfeiçoamento da educação médica, para evitar que os profissionais abusem das prescrições com esses medicamentos; (e) o suporte financeiro aos hospitais e outros estabelecimentos, para que planejem, implementem e mantenham políticas corretas de esterilização de material, comitês de prevenção de infecções e programas semelhantes; (f) a necessidade de evitar o acréscimo de antibióticos às rações para conseguir a engorda mais rápida de animais de corte.

E assim por diante. Como se vê, é preciso pensar em um número muito maior de ações, interações, recorrências e inter-recorrências, o que evidentemente ultrapassa as possibilidades da lógica binária e do raciocínio de causalidade simples.

Em outros termos: não se resolvem problemas complexos por meio de raciocínios simplificadores. Além de desenvolver antibióticos mais potentes, seria necessário pensar também em novos modos de convivência com as bactérias, já que é óbvia a impossibilidade de eliminá-las por completo sem que isso implique a eliminação de muitas outras formas de vida, inclusive a humana. Afinal, é preciso não esquecer que as bactérias foram uma das primeiras formas de vida e continuam a ser uma das manifestações vitais mais importantes do planeta.

Esse tipo de compreensão tem avançado nos últimos tempos, mas ainda há muito o que fazer. Vejamos um texto da imprensa leiga. Sua publicação ocorreu já há algum tempo, mas a escolha é proposital para que fique claro que pouco ou nada mudou.

Segundo J. Madeleine Nash,[11] parece que afinal começa-se a perceber que a situação é crítica e que antibióticos cada vez mais potentes não bastam para resolver a questão das infecções hospitalares. Na expressão de um dos autores citados por Nash, o que esses medicamentos fazem é "acertar o relógio" e ganhar tempo, para logo depois as bactérias retomarem a dianteira. É o mesmo de sempre: a estratégia de lidar com crises pelo método de "apagar incêndios". Entretanto, há indicações de que já se começa a reconhecer, embora com grande lentidão e ao custo de milhares de vidas, que a lógica de causalidade simples produz, nesse caso como em inúmeros outros, tanto soluções quanto problemas.

Parece que afinal os especialistas concluíram que são necessárias "novas armas". Com isso, porém, eles voltam a cair na armadilha de sempre: a "mentalidade de combate", traduzida por atitudes e metáforas bélicas que expressam o maniqueísmo e a polarização "amigo/inimigo". Guerra é eliminação, exclusão. Sabemos que há circunstâncias em que ela parece ser inevitável, mas nossas relações com as bactérias não fazem parte delas. As bactérias não são amigas nem inimigas: são seres vivos que estão no mesmo ecossistema que nós. Estão fora e dentro de nossos organismos, e por isso convém repetir mais uma vez: sua eliminação total, se fosse possível, resultaria na destruição de todos os ecossistemas.

Muitas de nossas metáforas habituais ("combate", "armas", "eliminar") revelam o construto mental cuja prevalência implica a perpetuação de situações de exclusão. Não basta concluir que a situação é crítica e que algo precisa ser

---

[11] J. MADELEINE NASH. The antibiotic crisis. *Time*, p. 54-56, 15 jan. 2001.

feito. Se esse cenário for mantido, as possibilidades de ação eficaz e não apenas protelatórias são escassas, pois a manutenção do modelo mental atualmente hegemônico em geral produz ações conservadoras e unilaterais. É como se os seres humanos e as bactérias não existissem no mesmo mundo, no mesmo ambiente. Como se nesse caso fosse possível falar em termos de *ou* nós *ou* elas.

Nossa principal estratégia de convivência com as bactérias até agora tem consistido principalmente em declarar-lhes uma guerra de extermínio. Essa beligerância também tem dizimado muitos de nós: as vítimas das infecções hospitalares. Se pensarmos de modo mais abrangente, menos simplificador, logo perceberemos que, como foi dito há pouco, a origem dessas infecções inclui muitos outros fatores além da presença bacteriana. É preciso colocar entre eles a predominância em nossas escolas de medicina do pensamento cartesiano, que leva a práticas mecanicistas. Entre outras coisas, esse modelo é responsável por atitudes de insensibilidade, que muitas vezes se refletem de modo negativo no dia a dia das relações entre os médicos e seus clientes.

Tudo visto, é preciso pensar no assunto de uma forma mais ampla. Por meio do pensamento complexo, por exemplo. O sucesso clínico parcial e temporário não significa que devemos deixar de desenvolver antibióticos mais potentes, a serem utilizados nos casos em que são realmente necessários. É o que não cessam de repetir os textos especializados. Além disso, há muito que a literatura médica adverte que a prescrição abusiva de antibióticos pode levar à resistência bacteriana. E há muito que esse abuso continua, pois o raciocínio de causalidade simples faz crer que a presença de bactérias equivale invariavelmente à necessidade do uso de antibióticos como terapia exclusiva.

Apesar de ter vislumbrado a insustentabilidade que resulta da oposição antibióticos/bactérias, o artigo de Nash cai no ramerrão de sempre e continua a insistir em medidas baseadas no raciocínio de causalidade simples. Mas aqui e ali ele contém vislumbres mais amplos, como a necessidade de educar os pacientes (e também muitos médicos) com relação ao assunto.

Para que essas e outras providências possam ser postas em prática com a eficácia necessária, é indispensável introduzir na prática médica o pensamento complexo. Convém lembrar, porém, que ainda estamos longe – já estivemos mais – do momento em que a visão cartesiana se deixará complementar por um modelo mental mais amplo. Em grande parte dos casos, o modelo mental hoje dominante vê essa proposta e outras semelhantes como "teorias", "sonhos" e "poesia", o que mais uma vez revela a necessidade de ultrapassarmos a visão maniqueísta "teoria ruim/prática boa".

O "exato" não é humano?

Quanto mais as questões se afastam da área tecnocientífica, mais os técnicos e os tecnocratas têm dificuldade de compreendê-las. Esse fato evidencia a separação, tão característica da nossa época, entre o social e o tecnocrático, o "humano" e o "exato", o mecânico e o não mecânico. Estamos divididos e exercemos essa divisão por meio da intolerância, da exclusão e da violência. Vivemos tempos instrumentais, utilitaristas e imediatistas e o preço que pagamos por isso é altíssimo. Mas poucos de nós o percebem. Talvez seja o caso de lembrar o dito popular: "O pior cego é o que não quer ver." No nosso caso, porém, nem que quiséssemos poderíamos ver. Ou veríamos muito pouco, pois nosso pensamento é demasiadamente focal e nossa lógica é quase sempre retilínea. O simplismo não pode compreender a complexidade a não ser reduzindo-a à sua simplificação, o que implica, é claro, unilateralização e empobrecimento. Foi o que o escritor americano Glenway Wescott percebeu e registrou em seu romance *O falcão-peregrino*: "Tudo o que se pode fazer é substituir grandes especulações por pequenos fatos, desejo imenso por tímidas atuações, e dar a isso o nome de simplificação."[12]

Eis a dificuldade central: insistimos em manter o foco no objeto, afastamos o sujeito do contexto da interação e o supomos inquestionável. No exemplo das bactérias, tudo é feito em relação a elas e contra elas. Nossa participação nessa convivência, seja como médicos seja como doentes, seja em outras condições, não é examinada com a amplitude que deveria. Antibióticos mais novos e mais potentes são sempre uma nova esperança, mas também perpetuam nossa já acentuada tendência ao auto-engano. O foco não pode estar apenas no objeto e nem só no sujeito: deve dirigir-se ora a um polo, ora ao outro, ora à relação entre eles, numa dinâmica circular. Se o processo é plural, a abordagem não pode ser singular; se o processo é complexo, a abordagem não pode ser simplificadora. Nessa linha de raciocínio, quanto mais simplificação mais complicação.

Entretanto, como já foi dito e repetido, dificilmente um modo de pensar como esse será aceito sem grandes resistências por pessoas formadas na tradição unilateralmente cartesiana, como a maioria dos atuais agentes de saúde e a maioria dos profissionais de outras áreas. "O que a filosofia tem a ver com o nosso trabalho?", é o que elas costumam perguntar – e é exatamente nessa pergunta que está boa parte do problema. Sempre que insistimos muito em indagar o que as coisas têm a ver umas com as outras, é bem provável que não estejamos bem ligados à realidade. É bem possível que essa alienação nos dificulte a percepção de fenômenos importantes. Ao achar estranho que a reflexão e a busca de relações seja indispensável à condição humana, renunciamos tacitamente ao direito de pensar, que é um dos fundamentos dessa mesma condição.

A dificuldade de perceber e entender as conexões entre as pessoas, coisas e situações é um sinal da limitação de nossa capacidade de descontextualizar: sair do casulo, ampliar a consciência, escapar do reducionismo como atitude sistemática, abandonar o contexto imediato de espaço e tempo. Estamos confinados ao modo clássico de pensar: o que não puder ser reduzido ao imediato, ao utilitário e ao simplificado é como se não existisse. Ou, na melhor das hipóteses, é algo "teórico" ou "irreal". As pessoas que têm dificuldade de sair do adjacente e do

---

[12] GLENWAY WESCOTT. *O falcão-peregrino*: uma história de amor. São Paulo: Planeta 2003. p. 35-36.

imediato também terão dificuldade de entender que elas próprias são parte do mundo natural. Assim, a essência do que precisa ser compreendido permanece inacessível a muitos. Para eles, é muito difícil entender que as coisas revelam sua existência por meio de suas inter-relações. Isso vale para os grãos de areia numa praia, para a interação entre pessoas, organizações e instituições e, como no exemplo visto há pouco, para a convivência entre bactérias, antibióticos, seres humanos, objetos físicos e o meio ambiente.

Os pesquisadores que desenvolvem novos antibióticos o fazem com uma certeza: cedo ou tarde a resistência bacteriana reaparecerá e as coisas ficarão mais complicadas – e dispendiosas – do que antes. Portanto, a tarefa deles se limita a adiar indefinidamente a possível solução ou soluções. Em nenhum momento se imagina que, por fazermos parte da natureza, precisamos conviver com as bactérias, e que por isso deveríamos procurar compreender a complexidade dessa relação. É mais do que óbvio que conviver com as bactérias inclui identificar e procurar afastar as que causam infecções. Em nenhum instante, porém, essa providência deveria torná-las cada vez mais resistentes e, pior ainda, transformar em capazes de produzir infecções as que antes não eram, como ocorre com frequência nos ambientes hospitalares.

Mas não é nada disso que se faz na maioria das atuais práticas médicas. A competição bactérias *versus* antibióticos reproduz o ideário do darwinismo social: os "menos aptos" devem ser eliminados. Tal competição, como escreveu Hannah Arendt,[13] ontem como hoje se baseia na antiga doutrina do direito da força. Na prática, os fatos mostram que nossa pretensão de vitória final na "guerra" contra as bactérias não passa de uma fantasia. Por outro lado, essa mesma prática mostra que essa guerra com frequência é lucrativa para poucos e desastrosa para muitos. Não percamos de vista que a visão de mundo eliminatória do darwinismo social é mais um dos infinitos exemplos negativos da lógica do "ou/ou".

Hoje, como sempre, o "direito da força" de que fala Arendt é exercido pelos poderes econômico e militar, que mantêm entre si uma circularidade mutuamente alimentadora. Esse grande círculo, como já foi dito, é economicamente virtuoso para poucos e existencialmente vicioso para muitos: os que morrem e os que pagam a conta. O poder econômico financia o poder militar que sustenta o poder econômico. Dadas as condições atuais, cada um deles isoladamente é um exemplo de lógica binária. Quando alimentam um ao outro, porém, mantêm uma relação circular. É importante que esse pormenor seja destacado, para que fique claro que a circularidade não implica juízos de valor.

A "regra de ouro"

Examinemos um pouco mais o poder da força. É tradicional a noção de que em termos econômicos ele se baseia numa ideia muito antiga, a chamada Regra

---

[13] ARENDT. *Origens do totalitarismo*. Op. cit., p. 208.

de Ouro. Em inglês arcaico seu enunciado é *he who hath the Gold maketh the Rule* ("aquele que tem o Ouro dita as Regras"). É a mesma polarização de sempre: ou vencedores ou vencidos. Quem tem o poder econômico/militar tem a força. Quem não os tem é no mínimo ironizado, como na conhecida *blague* de Stalin, durante a Segunda Guerra Mundial, sobre o inexistente poder militar do Vaticano: "Afinal, quantas divisões tem o Papa?"

Hoje, avolumam-se as evidências de que aquilo que chamamos de "competitividade", condição a que se costumam atribuir grandes virtudes, é uma ideia útil, mas deturpada. Em seu sentido original, "competitividade" deveria ser a competição ligada a uma economia que não exclui sua dimensão social e que pode ser expressa por meio da seguinte fórmula:

$$\text{Competitividade} = \text{Competição} \rightleftarrows \text{Cooperação}$$

Essa equação mostra que a competição se beneficia do trabalho conjunto, cooperativo, o qual por sua vez retroage sobre ela, moderando-a e impedindo-a de ignorar o fato de que entre os objetivos do processo econômico está o de promover o bem-estar social. Se eliminarmos um dos componentes da equação, a ideia de competitividade ficará distorcida e o processo se tornará insustentável.

Se retirarmos o componente "competição", o resultado será competitividade = cooperação. Dessa maneira, a fórmula se unilateraliza e perde o seu sentido, que é eminentemente sistêmico. Se, por outro lado, suprimirmos o componente "cooperação", a fórmula ficará reduzida a competitividade = competição. E a competição, sem nada que lhe contrabalance os excessos, se transformará em um frenesi predatório. Eis por que em nossas sociedades, quanto mais se fala em "sustentabilidade", mais a economia e o desenvolvimento se mostram insustentáveis. É o que mais vemos nos dias atuais, em que prevalece a ideia equivocada de que o ser humano é separado da natureza e, consequentemente, dos outros seres humanos. Essa divisão binária (*ou* homem *ou* natureza, *ou* eu *ou* os outros) gerou e vem agravando as já mencionadas comunalidades.

Nos dias atuais, a Regra de Ouro, que sempre justificou o "direito da força", continua a justificar a voracidade e a selvageria. Gary Harding[14] observa que quem quiser entender o que ocorre deve seguir o conselho de Deep Throat (Garganta Profunda). Esse era o apelido do informante naquela época anônimo – mas que já se identificou – do caso Watergate, nos EUA, que resultou na queda de Richard Nixon: "Se você quiser saber o que realmente acontece, rastreie o dinheiro." *Follow the money*: eis um sábio e óbvio conselho. Se o seguirmos, observaremos muitas outras consequências da economia unilateral e unilateralizante, orientada pela noção fragmentária de "competitividade" da qual se amputou o componente cooperação. Eis algumas delas:

---

[14] GARY HARDING. The golden rule. In: *The tragedy of commons home page*. Disponível em: <http:members.aol.com/trajcom/private/trajcom.htm>. Acesso em: 1997.

- as campanhas eleitorais são financiadas por pessoas e instituições que estão mais interessadas em projetos de poder do que em projetos políticos e de desenvolvimento. Somem-se a isso eleições fraudadas, subornos, "lobismo" e corrupção no legislativo e no judiciário;
- as eleições manipuladas pelo marketing permitem que sejam eleitos mandatários despreparados para suas funções. Como se sabe, esse tipo de governante é mais facilmente manipulável pelo poder econômico;
- as pessoas, os grupos, as organizações e as instituições que se opõem a esse estado de coisas são sistematicamente estigmatizadas. É a velha tática de desqualificar os oponentes, que funciona melhor quando prevalece a lógica binária.

Em suma: *follow the money*. Esse é o fio de Ariadne que pode nos orientar nesse labirinto. Nos casos mencionados – como em muitos outros –, seguir as pegadas do dinheiro quase sempre equivale a seguir o rastro deixado pelo pensamento linear/binário em nossa cultura. Quanto mais nos embrenharmos nesse rastreamento, mais exemplos colheremos da lógica "ou/ou" e de suas consequências. Eis uma das mais evidentes: a economia atualmente hegemônica foi reduzida à finança e quase totalmente privada de sua dimensão social, o que a torna unilateral, insensível e excludente. Por mais que seus defensores falem em "sustentabilidade", seu unilateralismo a desequilibra e a torna cada vez mais insustentável. Para que haja sustentabilidade, certos opostos que aparentam ser inconciliáveis precisam conviver.

Se o unilateralismo da economia reduzida à finança for mantido por muito tempo, a tão falada sustentabilidade se revelará uma dinâmica autodestrutiva. Para o economista-chave do pensamento liberal da modernidade, Friedrich Hayek, a ordem espontânea (a auto-organização) é superior à ordem decretada, oriunda de intervenções. Segundo ele, as instituições que melhor funcionam não foram criadas por ninguém: a família e a economia de mercado são dois exemplos.[15]

A sustentabilidade insustentável

Para que haja auto-organização, é preciso que exista o que organizar. É necessário que haja diversidade e tensão criativa e não unilateralidade e unidimensionalidade, como ocorre em situações de "pensamento único" ou de "fim de linha". Não pode haver auto-organização sem circularidade. Embora não inteiramente confirmada pelo curso da História, a ideia de progresso continua a ser a grande impulsionadora da ilusão de sustentabilidade com unilateralidade. Essa ilusão será tanto maior quanto maior for a incapacidade das pessoas de perceber que sustentabilidade é incompatível com unilateralidade. A suposta sustentabilidade

---

[15] FRIEDRICH HAYEK. Entrevista a Guy Sorman. In: *Os verdadeiros pensadores de nosso tempo*. Rio de Janeiro: Imago, 1989, p. 193.

com unilateralidade se baseia na ilusão de que a ciência, a tecnologia e, agora, também os "pensamentos únicos" resolverão todos os nossos problemas. Não existe sustentabilidade sem diversidade.

> ### O capitalismo e a autorregulação
>
> Volto a insistir em uma observação que fiz na introdução deste livro: o fato de contestarmos os excessos do capitalismo atual não deve nos levar automaticamente para o polo oposto. É possível um capitalismo que não se baseie na lógica binária e, portanto, no unilateralismo e na irresponsabilidade social. Porém, para praticá-lo é preciso que pensemos de maneira integradora, que aprendamos a aplicar os princípios da circularidade e da autorregulação, dos quais a metáfora da "mão invisível" do filósofo escocês Adam Smith (1723-1790), criador dos fundamentos da economia, é uma das precursoras.
>
> O liberalismo é a base ideológica do capitalismo. Para Adam Smith, os governos não deveriam reprimir o egoísmo, pois as nações se tornariam pobres se dependessem unicamente da caridade e do altruísmo. A ideia de supressão do egoísmo e sua substituição pelo altruísmo é típica da lógica binária, embora não tenha sido exatamente isso que Smith quis dizer. É um equívoco semelhante ao de querer substituir sem mais nem menos a competição pela cooperação: *ou* uma coisa *ou* outra. A eliminação do altruísmo e sua substituição pelo egoísmo é uma manifestação dessa lógica.
>
> Acontece, porém, que os seres humanos não são exclusivamente egoístas nem de todo altruístas. Por isso, não são só competidores nem só cooperadores. As duas dimensões coexistem em todos nós, e a predominância de uma ou de outra depende da interação de múltiplos fatores e hoje, como veremos adiante, a neurociência começa a apresentar evidências disso.
>
> No capitalismo maduro, as principais funções do Estado seriam: (a) moderar os excessos da dimensão egoísta; garantir a educação, a saúde, a livre concorrência, a segurança social; evitar monopólios; proporcionar uma estrutura jurídica que zele pelo respeito aos contratos e à propriedade; (b) moderar os excessos praticados em nome do altruísmo: populismo/demagogia, assistencialismo, clientelismo.

A História já demonstrou que o Estado socialista maduro é, até que se prove o contrário, uma quimera. Por outro lado, se dependermos do que hoje se considera "competitividade" como pensamento único, também não haverá um capitalismo desenvolvido. Para entender melhor o porquê disso, voltemos à fórmula vista anteriormente:

$$\text{Competitividade} = \text{Competição} \rightleftarrows \text{Cooperação}$$

Ou:

$$\text{Competitividade} = \text{Autointeresse} \rightleftarrows \text{Heterointeresse}$$

Quando a fórmula está completa, a competitividade é, de modo realista, a competência do conviver. Não propõe o egoísmo unilateral nem idealiza o altruísmo incondicional. O diálogo entre os dois opostos está nas setas. Eis o que Adam Smith, ao ver as coisas em termos coletivos, chamava de "mão invisível", que na prática se manifesta pelos resultados das interações incessantes entre as pessoas e as instituições por elas criadas.

Até agora, porém, tudo isso são ideias que a prática cotidiana não pode realizar, dado o nosso condicionamento por um modelo mental que nos reduziu a polarizações. Já sabemos que, quando as fórmulas acima se tornam incompletas pela eliminação de um de seus termos, tornam-se também incompatíveis com a realidade. No mundo natural, não existe competição pura nem cooperação pura. Existem competição e cooperação: ora predomina uma, ora prevalece a outra. Toda comunidade, humana ou não, inclui antagonismos e cooperação. Quando a dinâmica entre esses dois polos se rompe, a convivência se torna incompetente e precisa ser imposta pela via autoritária e será, portanto, insustentável. Num primeiro instante, ela até pode parecer justificável, como ocorre hoje em dia com a competição predatória dos mercados, mas com o tempo as consequências danosas da unilateralidade inevitavelmente aparecem.

O mal-estar reinante em uma sociedade é sempre uma manifestação de sua insustentabilidade. Quanto maiores as tentativas de negá-lo, seja por meio de estratégias de marketing político, seja por outros modos de convencimento público, mais dolorosa será a sua derrocada final. Os exemplos históricos são inúmeros. A implosão da União Soviética é o mais recente, mas de modo algum o único.

A pensadora inglesa Beatrice Webb disse certa vez: "Não existe algo parecido com opinião pública espontânea. Tudo tem de ser fabricado por um centro de convicção e energia."[16] Eis aqui um exemplo típico de psicologia behaviorista: condiciona-se a mente coletiva, põem-se as suas subjetividades em uma "caixa preta" e pensa-se que o controle assim conseguido é inabalável. Mas trata-se de um engano. As subjetividades existem, e é justamente o fato de ocultá-las numa "caixa preta" que produz o mal-estar coletivo que cedo ou tarde explodirá em busca de alívio. A própria proclamação da falsa autossustentabilidade contém a sua negação. Governos sem oposição não podem se sustentar. O mesmo vale para a cooperação sem competição e vice-versa. A unilateralidade leva sempre à insustentabilidade e à desorganização.

Já vimos que outra peculiaridade – talvez a mais desalentadora – do nosso condicionamento pela lógica binária é o fato de que a grande maioria das pessoas não o percebe. Elas não se dão conta de que estão condicionadas. A experiência cotidiana mostra que, quanto mais nos repetimos, quanto mais insistimos em não mudar nosso modo de pensar, mais nos tornamos incapazes de perceber a arma-

---

[16] BEATRICE WEBB. Cit. por John Micklethwait e Adrian Wooldridge. Para os conservadores, missão cumprida. *O Estado de S. Paulo*, 23 maio 2004.

dilha em que caímos. Por isso, por mais que pareça ser incômodo e desafiador, é preciso falar sobre o nosso condicionamento. É necessário denunciá-lo, para mostrar que ao lado dos benefícios que ele produziu, há também sérios problemas, alguns dos quais acabamos de examinar brevemente. Foi o que observou Goethe, em uma frase muito significativa: "Basta que alguém se declare livre para que logo se sinta condicionado. Se ele ousa se declarar condicionado, sente-se livre."[17]

Incerteza e aversão ao risco

A incerteza é amedrontadora e tende a nos confinar cada vez mais ao concreto. Leva-nos a buscar certezas, muitas das quais inexistentes, e a desenvolver uma aversão exagerada ao risco. Ao pretender fugir da incerteza, muitas vezes estreitamos e obscurecemos nosso horizonte mental. Nessas condições, ao procurar fugir do perigo, afastamo-nos também daquilo que poderia conjurá-lo ou pelo menos atenuá-lo.

Vemos o que estamos condicionados a ver. Não se pode mudar o modo de ver sem mudar o modo de crer, isto é, sem modificar construtos ou modelos mentais, pressupostos, ideias arraigadas. Mas não é em geral o que fazemos. Ignoramos ou fingimos ignorar que não existe conhecimento totalmente objetivo ("ver para crer") nem conhecimento de todo subjetivo ("crer para ver").

O conhecimento resulta de um diálogo entre o percebedor e o percebido. O crer e o ver estão em relação circular. Nossa estrutura mental se constrói por meio desse diálogo. Se não suspendermos ao menos temporariamente nossas crenças, pressupostos e ideias arraigadas, essa circularidade permanecerá emperrada e nossa estrutura não mudará. Se não a modificarmos, jamais perceberemos algo novo e pouco ou nada aprenderemos. Nada mudará, portanto, nem em nós nem no mundo que construímos e pelo qual somos construídos.

O mundo que criamos é um produto de nossa forma de pensar. Se formos conservadores, quanto mais nossa rigidez se mostrar ineficaz e pouco prática para o aprendizado, mais insistiremos em mantê-la, o que, convenhamos, não é nada prático. Em geral, quanto menos percebemos que o nosso conservadorismo nos torna limitados, mais nos proclamamos pessoas pragmáticas. Confundir conservadorismo com pragmatismo talvez seja o modo mais eficaz de bloquear o aprendizado. Quando insistimos em nos definir como pessoas "práticas", com os "pés no chão" e "avessas a filosofias e utopias", não percebemos que com essas definições já nos mostramos adeptos da atual filosofia e utopia unilateral e mecanicista que a cada dia se volta mais contra nós mesmos.

---

[17] GOETHE. *Máximas e reflexões*. Op. cit., p. 170.

A ansiedade diante da incerteza e do risco vem da percepção limitada e mecânica da mente condicionada. Essa postura tende a levar as pessoas a se iludir e a imaginar que os riscos diminuirão se forem negados ou ignorados. Mas a realidade é outra: ao evitar o risco, diminuímos nossa consciência dele, mas o sentimento continua no inconsciente. O risco conscientemente percebido pode ser negado e camuflado. Pode-se fingir não percebê-lo. Mas não se podem evitar as manifestações da presença, no inconsciente, da instabilidade e da incerteza. Elas costumam se manifestar como ansiedade ou mal-estar indefinidos.

Por mais que pensemos que não dependemos dos outros, continuamos a depender deles da mesma forma, inclusive do ponto de vista biológico. Como o cultural e econômico não são separados do biológico, a incerteza continuará a nos afetar. Seguirá alimentando o estresse e seus efeitos, quer queiramos quer não. Portanto, de nada serve o autoengano, do qual a aversão paranoica ao risco é uma das manifestações. Além de ter eficácia duvidosa, as estratégias de tentar ignorar a incerteza e o risco não conseguem diminuir o estresse e não nos livram de pagar o seu preço. Quando maior a negação, maior o estresse e, portanto, maior o custo. Quanto mais esforços fizermos para tentar negar a realidade, mais ela se mostrará tal como é. Negar os problemas (tentar "matematizá-los" além de um determinado limite, por exemplo) não os afasta nem os submete aos nossos interesses.

4

A Realidade Fragmentada (II)

A humanidade que um dia, com Homero, foi objeto de contemplação para os deuses olímpicos, hoje o é para si mesma. Sua alienação de si própria atingiu um grau que a faz viver sua própria destruição como uma sensação estética de primeira ordem.

(Walter Benjamin)

O importante é percebermos que nosso modo habitual de pensar e perceber não é o único possível, nem tampouco um que venha acontecendo há muito tempo. É o modo pelo qual passamos a pensar, pelo qual passamos a perceber.

(Owen Barfield)

Vejamos mais um exemplo da prevalência do pensamento linear em nossa cultura: a visão de mundo tecnocrática, segundo a qual a razão mecânica/utilitarista deve ter sempre a primazia. Mais uma vez, escolhi um caso já antigo, para mostrar que pouco ou nada mudou em nosso modo de perceber o mundo, tentar entendê-lo e lidar com ele. Refiro-me a uma argumentação de Herman Kahn.

A racionalidade irracional

Herman Kahn foi um destacado "guru" do Hudson Institute, famoso *think tank* conservador nos EUA. Tecnocrata e "futurólogo" (aliás, grande parte de suas previsões para o ano 2000 não se realizou), ele declarou, na época da guerra do Vietnã, simpatizar com o horror e a aversão dos públicos americano e europeu diante de imagens de televisão que mostravam pilotos de bombardeiros americanos contentes por ter acertado alvos vietcongues. Apesar disso, argumentou que seria irracional supor que os pilotos se sentissem deprimidos ou culpados por ter matado tantas pessoas (civis, inclusive), pois haviam sido recrutados e treinados exatamente para isso. Nada muito diferente, portanto, do que vemos hoje na televisão em relação aos conflitos armados do momento.

Dado o seu caráter fragmentador, o raciocínio de Kahn permitiu que ele visse a situação em termos binários: nós/eles, amigos/inimigos. Esta é a essência da lógica tecnocrática, que tornou possível justificar a "satisfação" daqueles militares. Para que esse raciocínio faça sentido é preciso dividir tudo, inclusive o ser humano: separar a vida mecânica da não mecânica e negar esta última. Assim, o que horrorizou o grande público produziu o contentamento dos pilotos. No entanto, tal divisão não é tão real quanto se supõe nem tão eficaz quanto se pensa. Como se sabe, há amplas evidências psicológicas de que, nesse caso como em muitos outros, a culpa inconsciente, pessoal e coletiva, permanece e cedo ou tarde é expiada de algum modo.

Os argumentos de Kahn citados estão num livro de John M. Coetzee, escritor sul-africano laureado com o prêmio Nobel e a quem voltarei a me referir neste livro.[1] Essa obra de Coetzee contém duas narrativas que investigam a postura excludente dos colonizadores em relação aos colonizados.

A hegemonia da lógica binária em nossa cultura faz com que raciocínios como o de Kahn justifiquem a violência, americana ou não, no Vietnã ou em qualquer outro lugar e época. Ele assegurou que os pilotos estavam "visivelmente felizes por terem atingido com *napalm* diversos alvos vietcongues". É importante notar que, no trecho citado, Kahn não fala em pessoas além dos soldados americanos. Os demais seres humanos envolvidos foram chamados de "diversos alvos vietcongues". Vistos pela lógica do "ou estão conosco ou contra nós", eram apenas inimigos, pois só mediante um modo de pensar como esse é possível considerar racional que seres humanos destruam seres humanos que, a distância, não podem ser identificados como militares. E que, de lambuja, os que os destroem se sintam contentes com o resultado de suas ações.

Se fosse dado aos pilotos (e a quem os comandava, e ao sistema econômico e político que desde sempre apoia tudo isso) raciocinar não apenas em termos de "ou nós ou eles", mas também em termos de "nós *e* eles", seria mais provável que esses militares se sentissem menos contentes com os seus feitos. Talvez até fosse mais difícil recrutá-los e treiná-los. Eis por que é de grande interesse da cultura atualmente hegemônica manter o predomínio da lógica binária. Seja essa cultura a americana, a vietnamita do norte ou quaisquer outras, já que ambos os lados daquela e de outras guerras se viam, se veem e se verão sempre segundo a polarização amigo/inimigo. Por outro lado, acreditar em polarizações como "americanos maus/vietcongues bons", ou, para ampliar a terminologia, "amigos bons/inimigos maus", seria cair na armadilha do maniqueísmo.

---

[1] Ver JOHN M. COETZEE. *Terras de sombras*. São Paulo: Best Seller, 1997. p. 9. Eis o trecho citado: "Evidentemente, é difícil não simpatizar com os públicos europeu e americano que, ao assistir a filmes de pilotos de bombardeiros visivelmente felizes por terem atingido com *napalm* diversos alvos vietcongues, reagem com horror e repulsa. No entanto, é irracional esperar que o governo dos Estados Unidos recrute pilotos que fiquem tão perturbados pelos danos causados que não consigam cumprir suas missões, ou se tornam excessivamente deprimidos ou arrasados pela culpa."

Assim, para que os soldados, seja de que lado estiverem, possam matar sem culpa ou depressão, é imperioso que se mantenha o fundamentalismo da lógica binária. Ela simplifica as coisas, dificulta a reflexão e faz com que as pessoas achem que é "racional" se destruírem mutuamente.

Daí a importância do pensamento complexo, que se propõe buscar o bom-senso e o equilíbrio, como dizem Morin e Jean-Louis Le Moigne.[2] O bom-senso e o equilíbrio permitem compreender que na vida real não existem amizades puras nem inimizades irreconciliáveis. Permitem também entender que, se não estivessem tão fortemente justificadas pela lógica binária, a competição predatória e a exclusão social não teriam se transformado em práticas toleradas e até mesmo vistas por alguns como "racionais".

O pensamento binário também alicerça a dualidade dominação/submissão: "Obedeço, logo sou bom; desobedeço, logo sou mau." Entre os valores mais caros aos sistemas autoritários, o mais importante é a obediência: obedecer é certo e recompensável; desobedecer é errado e punível. A tarefa do comando é manter essa polarização e, no exemplo dado por Kahn, deixar claro aos soldados – ou aos militantes de qualquer ideologia – que obedecer os torna "bons", "racionais", menos sujeitos à culpa e, não fosse isso bastante, merecedores de elogios e medalhas. Por isso, ele afirmou que os soldados estavam "visivelmente felizes" por ter agido "racionalmente".

No caso de líderes como Gandhi, Martin Luther King Jr. e Nelson Mandela, o modo integrador de pensar levou a atitudes bem diferentes. Mesmo em meio à violência, ao preconceito e à intolerância, em vez de fragmentar, eles procuraram religar: juntar o mecânico e o não mecânico, promover o diálogo de mentes e corações. A principal conclusão a tirar de tudo isso é que a mudança de atitude em relação à responsabilidade social nas organizações humanas, se e quando efetivamente ocorrer, não resultará apenas de exortações, pressões externas e bons propósitos. Para que ela realmente se transforme em ações práticas, será necessário o surgimento de um modelo mental integrador.

O pensamento-ferramenta

Um dos bons estudos sobre a razão mecânica/instrumental é, ainda hoje, o livro de Max Horkheimer, *Eclipse da razão*.[3] Em termos gerais, ele servirá de orientação a este bloco.

Vimos que atualmente, nossa cultura vive a ilusão da razão linear, da objetividade e da quantificação como atitudes preferenciais. Tudo deve ser "lógico", "objetivo" e transformável em números. Quanto mais surgem evidências de que essa posição pretensamente única é inconsistente com o mundo real, mais a re-

---

[2] EDGAR MORIN; JEAN-LOUIS LE MOIGNE. *A inteligência da complexidade*. São Paulo: Peirópolis, 2000.
[3] MAX HORKHEIMER. *Eclipse da razão*. Rio de Janeiro: Labor, 1976.

forçamos. Roger Garaudy escreveu: "Nosso mundo atual é racional até o absurdo. Um 'demônio' de Dostoiévski dizia: 'Eu não tenho o poder de me criar. Tenho o de me destruir.'"[4]

Mas essa constatação não nos deve fazer saltar para o polo oposto, o da irracionalidade. Deve fazer-nos deixar de ser racionalistas e passar a ser racionais. Edgar Morin distingue o racionalismo – que quer reduzir tudo à lógica linear e à objetividade – da racionalidade, que é a razão que se deixa permear pelos sentimentos, emoções e subjetividade. A neurociência, por meio dos trabalhos de António Damásio e outros, já produziu evidências de que é assim que funciona a nossa mente.[5] Como veremos adiante, Damásio foi influenciado principalmente por Espinosa, como Morin o foi basicamente por Pascal.

O racionalismo e sua prática – a racionalização – são exageros da racionalidade. A racionalidade reconhece os limites da razão, dizia Pascal. A racionalização pressupõe uma razão sem limites e, por isso, mostra-se irracional. Como diz Morin, o que pode salvar a racionalidade da racionalização é auto-observação (o autoexame) e a autocrítica. O grande problema, porém, é que em geral a racionalização se faz acompanhar de um culto ao ego e este, como sabemos, é um dos grandes obstáculos à autocrítica. A aversão ao autoexame e à autocrítica potencializam a ojeriza à avaliação e à crítica vindas de fora, e com isso aumentam a repulsa a pôr-se à prova.

O racionalismo é unilateral. Só é sustentável temporariamente e mesmo assim por meio da imposição de seus princípios, o que se costuma fazer especialmente mediante os poderes econômico e militar. A racionalidade é multilateral e se sustenta pelas interações e pela busca do equilíbrio.

O caso "Elza"

A experiência comprova que o racionalismo tende a unilateralizar os seres humanos e os leva a construir um mundo excludente e inóspito.[6] Sua principal ferramenta, a razão instrumental, baseia-se na lógica binária. Com esse fundamento, é habitual imaginar que os fins justificam os meios.

Vejamos um exemplo, registrado por William Waack em seu livro *Camaradas nos arquivos de Moscou: a história secreta da revolução brasileira de 1935*. Trata-se do "caso Elza", ocorrido no Rio de Janeiro. "Elza" era o codinome de

---

[4] ROGER GARAUDY. *Rumo a uma guerra santa?*: o debate do século. Rio de Janeiro: Jorge Zahar, 1995. p. 108.

[5] ANTÓNIO DAMÁSIO. *The feeling of what happens*: body and emotions in the making of consciousness. Nova York: Harcourt Brace Jovanovich, 1999.

– ANTÓNIO DAMÁSIO. *Em busca de Espinosa*: prazer e dor na ciência dos sentimentos. São Paulo: Companhia das Letras, 2004.

[6] MORIN. *La méthode*. 6. Éthique. Op. cit., p. 13 ss.

uma jovem militante comunista suspeita de traição, motivo pelo qual o partido decidiu executá-la. O argumento final para o assassinato, emitido numa carta famosa de Luiz Carlos Prestes, é um exemplo terrível da lógica do "ou/ou". Eis um trecho: "Ou bem vocês concordam com as medidas extremas, e nesse caso já as deviam resolutamente ter posto em prática, ou então discordam. Assim não se pode dirigir o partido do proletariado, da classe revolucionária."[7]

"Elza" foi executada por estrangulamento em 2 de março de 1936. Não contente com isso, o assassino fraturou vários ossos do cadáver para que ele coubesse num saco de aniagem, dentro do qual foi enterrado em cova rasa. Essa história, triste e vergonhosa, é um exemplo claro de como as ideologias tiram proveito do profundo condicionamento de nossa cultura pelo pensamento binário para dominar e manipular as pessoas.

Como diz Morin, possuímos as ideias e elas nos possuem. O racionalismo gerado pelo modelo binário dificulta a abstração, a imaginação e a intuição. Diminui, portanto, nossa capacidade de sair do enquadramento dos dogmas, da gaiola dos conceitos, da prisão das ideologias. Faz aumentar o medo de correr riscos, o que por sua vez é um obstáculo ao aprendizado. A concretude e o simplismo da visão de mundo binária são limitantes, produzem estagnação na mente das pessoas. É o que escreve Myron Kofman: "No momento em que deixou de ser capaz de detectar que o real era penetrado pelo imaginário, o marxismo arruinou-se a si próprio."[8]

Horkheimer chama de razão objetiva a nossa capacidade de perceber os grandes modelos, como a bondade, a beleza e a verdade. De acordo com ele, essa capacidade entrou em eclipse e cedeu lugar à razão subjetiva, que tende a reduzir tudo a números, a planos e ao cálculo. Esse fenômeno nos levou à barbárie do economicismo tecnocrático. A racionalidade foi substituída pelo racionalismo. Segundo Horkheimer, o problema real é esse, e não o representado pelas lutas políticas e polarizações como direita/esquerda. O desprestígio da razão objetiva, que lida com as verdades universais, nos reduziu à simples operacionalidade do cotidiano. Os valores foram reduzidos a preços, e foi segundo esse critério que passaram a ser avaliados os seres humanos e suas vidas. O que era conceitual reduziu-se ao operacional, à funcionalidade. "O que é" reduziu-se ao "como funciona".

Para Horkheimer, a avaliação que fazemos de nossas sociedades depende do tipo de razão que utilizamos para fazê-la. Em sua opinião, questionar a razão subjetiva – que prefiro chamar de racionalismo – é o caminho para uma sociedade verdadeiramente humana. Mas o filósofo tem consciência das dificuldades que

---

[7] WILLIAM WAACK. *Camaradas nos arquivos de Moscou*: a história secreta da revolução brasileira de 1935. São Paulo: Companhia das Letras; Rio de Janeiro: Biblioteca do Exército Editora, 1998. p. 296.

[8] MYRON KOFMAN. *Edgar Morin*: do Big Brother à fraternidade. Lisboa: Instituto Piaget, 1997. p. 90.

esse projeto implica. Entende que o progresso do conhecimento técnico diminui a autonomia das pessoas e, portanto, sua capacidade de resistir ao mecanicismo, à manipulação e ao cerceamento da criatividade e da imaginação. No limite, o excesso de racionalismo pode obscurecer a própria razão.

Sabemos que o racionalismo mais difundido em nossa cultura é o baseado na causalidade imediata. Pode-se chamá-lo de racionalismo de resultados. Seu propósito é lidar com o imediato e o utilitário. A razão de Platão, de Aristóteles, da Escolástica e do idealismo alemão era ampla, abrangente e se destinava a investigar mais os fins do que os meios. Incluía a razão instrumental, mas a via como algo limitado. Foi por essa razão que, páginas atrás, assinalei que o pensamento de Aristóteles não poderia – como foi – ser reduzido à lógica binária.

Já a razão instrumental, que lida mais com a vida mecânica, acabou por predominar sobre a razão universal ou objetiva, que lida com a vida mecânica e não mecânica. Mas nem todos se sentem obrigados a confinar-se num único polo. As pessoas integradoras conseguem, em graus variáveis, entender e praticar o diálogo entre esses extremos. Horkheimer cita Bertrand Russell como exemplo de pensador que era ao mesmo tempo racional e humanista.

Para fechar este bloco, consideremos as fórmulas abaixo:

$$\text{Economia} = \text{Financeiro} \rightleftarrows \text{Social}$$

$$\text{Indivíduo} = \text{Egoísmo} \rightleftarrows \text{Altruísmo}$$

$$\text{Competitividade} = \text{Competição} \rightleftarrows \text{Cooperação}$$

Como foi dito anteriormente, à redução (toda fórmula é redutora) deve seguir-se sempre a ampliação. É o que será feito abaixo em relação às três fórmulas recém mostradas. Vejamos:

- ao longo da história, ideologias como o socialismo e o capitalismo, e as mudanças por elas produzidas, basearam-se na lógica do "ou/ou";
- o socialismo pretendeu apagar das fórmulas os termos "financeiro", "egoísmo" e "competição". Com isso, elas ficaram unilaterais e os processos que expressam se tornaram incapazes de se autorregular;
- a competição predatória pretende apagar das fórmulas os termos "social", "altruísmo" e "cooperação". Com isso, elas também se unilateralizaram e os processos que expressam perderam a capacidade de autorregulação;
- nos dois casos, o resultado foi a unilateralidade. No caso do socialismo, Estado demais. No do liberalismo atualmente em prática (que não é exatamente o proposto por Adam Smith), Estado de menos. Em ambas as situações, a multilateralidade autorreguladora da "mão invisível" se debilitou e ela se tornou unilateral e, lamentavelmente, também armada, violenta e belicosa. Num caso e no outro, quanto mais se fala em sustentabilidade, mais os fatos revelam insustentabilidade.

Simplificação, unilateralidade e bitolamento

Em nossa cultura, a razão é cada vez mais vista como um instrumento simplificador, cuja eficácia é supostamente maior quando são ignorados a subjetividade, os sentimentos e as emoções das pessoas. Essa postura acabou por esvaziar a própria razão, como notou Horkheimer. Hoje, agir racionalmente significa agir como determinam os valores culturais dominantes. Ser racional é agir de modo lógico-linear e, portanto, previsível. É ser bitolado, ajustado, conformado e ter pouca imaginação. É estabelecer sempre a adequação entre meios (processos, atributos) e fins (ganhos, benefícios).

Já a razão universal/objetiva visa a compreender os fins e a determiná-los. Ela seria, segundo Horkheimer, a capacidade do indivíduo de perceber a ordem universal das coisas e, assim, tomar posição diante delas nas instâncias locais do cotidiano. Mas, como vimos há pouco, a razão universal não exclui a instrumental: ela a inclui e complementa.

Os filósofos iluministas do século 18 se colocaram a favor da razão e contra a Igreja. O resultado dessa posição foi a virtual eliminação da ideia de razão universal/objetiva. Restou a razão instrumental/utilitária, o pensamento-ferramenta. Esta consideração nos traz de volta ao que mencionei há pouco: um raciocínio unilateral não pode se autossustentar. Sua desestabilização é sempre uma questão de tempo.

Na modernidade, a escalada do autointeresse logo se tornou a própria base da sociedade. Ela foi e é a grande inspiração do liberalismo, mas teria sido moderada pelos mecanismos autorreguladores já mencionados se a razão coletiva não tivesse se tornado cada vez mais unilateral e excludente. Essa circunstância fez com que a autorregulação da "mão invisível" fosse subvalorizada, por ter sido considerada excessivamente otimista. O resultado foi a concentração só da riqueza, e não da riqueza e do bem-estar social previstos por Adam Smith. Por sua vez, essa unilateralização acabou gerando outra – o marxismo, que passou a fazer parte do cenário em fins do século 19.

A concentração de renda e a exclusão social têm boa parte de suas raízes nessa intensificação do individualismo, a qual, por sua vez, se relaciona à transformação da razão instrumental em pensamento único. Como diz Horkheimer, a razão se transformou em algo crescentemente operacional, ferramental, cuja principal finalidade seria a luta pelo controle da natureza: a natureza dos indivíduos e o mundo natural, o meio ambiente. Tudo isso, convém repetir, seria razoável se não fosse a unilateralidade, que fez com que o *logos* se transformasse num meio de produção material e não, como deveria ser, num meio de produção material *e* saberes plurais. A significação foi substituída pela funcionalidade. As pessoas se transformaram em unidades operacionais, manipuladoras de métodos, técnicas, ferramentas e signos. As que não adotaram esse comportamento passaram a ser vistas como "teóricas", no sentido pejorativo da palavra. Pensar passou a ser considerado algo estranho, oneroso, que faz perder tempo. A linguagem, observou Horkheimer, converteu-se num simples instrumento de veiculação de informações e sua capacidade de produzir conhecimento tornou-se limitada.

Vivemos num mundo cada vez mais simplista. A "ação pura" tende a ocupar o lugar do pensamento. "Concreto" e "operacional" passaram a significar "bom" e "útil". As palavras *pensamento* e *imaginação* passaram a ser vistas quase como sinônimos de "complicação" e "inutilidade". Horkheimer assinala que a formalização e a instrumentalização da razão levaram à debilitação de conceitos como justiça, tolerância, igualdade e felicidade. As palavras que os designam entraram no rol das já mencionadas expressões "decaídas", e as pessoas que as empregam no dia a dia passaram a ser consideradas ingênuas ou piegas.

A razão instrumental está obviamente a serviço do conservadorismo. Nesse sentido, quanto mais conservadorismo mais obscurantismo e vice-versa. Em 1854, o escravagista americano George Fitzhugh saiu-se com esta: "A filosofia está sempre errada e o senso comum sempre certo, porque a filosofia é desatenta e raciocina a partir de premissas estreitas e insuficientes."[9] Convido o leitor a comparar essa tirada com muitas outras dos dias atuais, veiculadas por políticos e líderes de vários países.

A instrumentalização da razão esvaziou-a de seu conteúdo humano. Esse fenômeno implica o esvaziamento do próprio homem, que passou a ser visto como uma coisa, um simples instrumento de produção (e, nesse sentido, um fator de custo), um maquinismo gerador de energia mecânica para a produção industrial. Nos dias atuais, em que o capital não mais necessita tanto do trabalho mecânico para se multiplicar, esse esvaziamento chegou ao auge. A ideia de descartabilidade colou-se às pessoas.

Liderança sem estratégia

A desumanização do pensamento levou à desumanização da ação. Em geral, o raciocínio, inclusive o dos líderes e dirigentes, tornou-se rudimentar, de alcance limitado, sem visão estratégica. Mas o pior é que o raciocínio rudimentar e limitado, quando exercido por dirigentes políticos ou empresariais, não costuma produzir resultados desastrosos limitados. Ao contrário, a observação mostra que quanto mais rudimentar for o raciocínio (e, portanto, quanto mais instrumentalizada for a razão) mais ampliados serão seus efeitos colaterais indesejáveis.

Na razão instrumental, os fins são determinados não à luz de racionalidade, mas por meio da racionalização. O que se busca são resultados imediatos. É a razão da *bottom line*, que faz com que se nivelem por baixo os vários tipos de produção humana, com prejuízo para os que se originam da reflexão. A razão

---

[9] Ver HORKHEIMER. *Eclipse da razão*. Op. cit., p. 33.

instrumental sustenta que os fins justificam os meios, dada a sua linearidade e sua orientação pela lógica de causalidade simples. Como nela os fins são determinados não pela racionalidade, mas mediante racionalizações e pela lógica utilitária, os meios também seguem esse critério. E assim a vida passa a ser vista como um processo produtivo, operacional, mecânico e quantitativo. Vive-se não para conhecer a si mesmo, aos outros e ao mundo, mas para desconhecer a si mesmo, alienar-se dos outros e separar-se do mundo.

Daí as ideias de "cada um por si" e de que o ser humano não faz parte do mundo natural. Nessa linha de raciocínio, se uma ditadura for conveniente para satisfazer aos interesses políticos e econômicos de um determinado grupo, ela será automaticamente justificável. Como se sabe, há até quem elogie as ditaduras, porque nelas as decisões são unilaterais, vêm de cima para baixo, não passam pelas instituições parlamentares e, assim, seriam supostamente "mais rápidas" e "mais simples". A história antiga e recente de muitos países, inclusive o Brasil, contém exemplos desse fenômeno. A atitude "realista" da razão instrumental exclui muito da realidade humana e dos direitos a ela ligados.

"Realismo", autointeresse e coisificação

Do ponto de vista da razão instrumental, "realista" é aquele que satisfaz seu autointeresse. Essa realidade racionalizada pouco ou nada tem a ver com a razão universal. Horkheimer nota que o progresso e a hegemonia da razão instrumental destruíram as concepções de mundo religiosas, mitológicas e mesmo as racionais.

Ainda restam traços dessas ideias, que, no entanto, tendem a apagar-se cada vez mais se continuarem confinadas à área humanista do conhecimento. Nossa postura tende a se tornar cada vez mais "adulta", mais "séria" e mais "prática". E também mais cínica, pois nossas necessidades mais ligadas aos sentimentos e às emoções não podem ser satisfeitas pelo pragmatismo mecanicista nem pela pretensa exatidão da concepção de mundo unilateralmente tecnocientífica.

Para a razão instrumental, uma ação só é considerada racional quando se destina a algo definido como "útil". Os valores estéticos, as emoções e os sentimentos são em geral tidos como "irracionais". Do ponto de vista mecânico e utilitário, eles pouco significam, não têm uma finalidade óbvia, não produzem "resultados concretos" e redutíveis ao cálculo. Numa viagem, por exemplo, o que interessa é a chegada, o ponto final. O que se vive no trajeto é irrelevante.

A exemplo de vários outros autores, Horkheimer fala de como as pessoas hoje são virtualmente incapazes de perceber que as obras de arte são meios de compreensão do mundo, pois foram transformadas em objetos aos quais se atribuiu o valor econômico como dimensão única. A emoção oriunda do contato com essas obras agora se explica apenas pelo prazer do consumo e da apropriação. A arte e seus resultados foram dissociados. A parte julgada menos importante foi relegada ao âmbito do entretenimento e da "cultura", e a parte considerada importante foi apropriada pela economia e transformada em coisa mercantil. Esse fenômeno ocorre mesmo com manifestações artísticas abstratas, como a música. Horkheimer dá como exemplo a música erudita, e mostra que o público mediano dos dias atuais só consegue apreendê-la como entretenimento ou pretexto para reuniões sociais. Essa atitude vale para todas as artes. O que elas representam como meio de compreensão de mundo está além do entendimento da maioria, mesmo dos que se dizem seus admiradores.

Os artistas passaram a ser vistos como produtores de mercadorias, cujo conjunto constitui a indústria cultural. Desde Horkheimer, e mesmo antes dele, as observações sobre esse fenômeno e outros semelhantes pouco têm contribuído para ao menos atenuá-lo. E pouco contribuirão, se não forem acompanhadas de esforços para ao menos diminuir nosso condicionamento.

A transformação das ideias em coisas faz parte do mesmo fenômeno que coisifica (reifica) as pessoas. Todos sabemos que essa circunstância produz, em especial nos ambientes de trabalho, um clima de frieza e impessoalidade. Seus efeitos colaterais são bem conhecidos e entre eles está a insensibilidade social, raiz da irresponsabilidade social. A vida é reduzida ao cálculo e à administração. Calcula-se e administra-se não apenas o que pode e deve ser calculado e administrado, mas também o que não pode nem deve sê-lo.

É claro que há momentos em que devemos ser pragmáticos e instantes em que não precisamos ser assim. No entanto, as pessoas excessivamente pragmáticas não têm se mostrado capazes de exercer essa flexibilidade, mesmo porque a própria atitude pragmática é o principal empecilho para tanto. Sob esse ponto de vista, a vida se desenrola como um protocolo experimental de laboratório. Não interessa o que as pessoas pensam e sentem, o que importa é seu comportamento observável: o que elas fazem, como "funcionam". A impessoalidade e o individualismo estão claramente ligados a esse modo de pensar. Tudo isso junto compõe a base do anti-intelectualismo. Compreende-se assim por que, na opinião dos tecnocratas, são tão importantes as imagens padronizadas e as ideias estereotipadas, cujo objetivo é cercear a reflexão e impedir a percepção de alternativas. Nesse sentido, o "pensamento único" é também o pensamento mínimo. Mínimo e repetitivo. Para ele é preciso reduzir as pessoas à ação, afastá-las da reflexão, da avaliação de seus pensamentos e ações, enfim, desligá-as delas próprias.

O pragmatismo exacerbado define o que classifica como resultados "concretos" e imediatos como expressões da verdade. O verdadeiro é o que funciona segundo expectativas e planos que, como acabamos de ver, não são vistos como ideias mas como coisas. Essa posição reduz tudo ao esperado, ao previsível. Ser "prático" tornou-se sinônimo de ser "verdadeiro", "adequado" e "bom". Mas também, como amiúde revela a experiência, pode ser sinônimo de visão curta e raciocínio tosco. A razão instrumental com frequência se volta contra a racionalidade, como acontece quando governos ditatoriais perseguem, torturam ou assassinam artistas, cientistas e intelectuais. Enfim, a razão rudimentar é esperta (não confundir com inteligente): sabe que só pode se manter hegemônica pela redução de tudo aos seus rudimentos.

Individualismo, individualidade e competição predatória

O individualismo é mais uma das múltiplas manifestações da lógica do "ou/ou". Horkheimer observa que, quando cada indivíduo só pensa em si mesmo, retira-se da ação política e deixa de participar das atividades comunitárias, a sociedade tende a regredir à lei da selva. Concordo com a ideia, mas não com a expressão "lei da selva", que é inadequada, pois no mundo natural não existe competição predatória e unilateral, e sim circularidade entre competição e cooperação. A competição predatória como atitude sistemática é própria dos humanos. Portanto, melhor seria dizer que o afastamento da ação política e da visão comunitária leva ao darwinismo social, que impede o desenvolvimento da individualidade (isto é, o exercício da identidade pessoal, sem que isso signifique o distanciamento do convívio social) e favorece o individualismo (o autointeresse exagerado, que aliena as pessoas do convívio social). Quando a individualidade degenera em individualismo, as pessoas saem da competência e entram na competição predatória.

Nada mais distante da individualidade e da solidariedade do que o individualismo. Em seu nome, a competição predatória globalizou-se e a competência permaneceu localizada. Devido à baixa ou perda da percepção desse fenômeno, as pessoas têm seu futuro cada vez mais determinado por ditames globais em prejuízo dos saberes e competências locais. Hoje, essas determinações globais são cada vez mais financeiras, quando deveriam ser socioeconômicas sem desprezar o lado monetário. A economia passou a determinar as políticas públicas, quando o correto seria que estas e aquela deveriam determinar-se mutuamente. Só uma ampliação da consciência – e, portanto, da compreensão – poderá fazer com que ao menos atenuemos esse estado de coisas.

Já sabemos que a adesão estrita à visão de mundo tecnocientífica é uma das principais manifestações da limitação que nos é imposta pelo sistema de pensamento predominante em nossa cultura. A razão instrumental não consegue lidar com a complexidade do mundo por causa do seu viés simplificador. Trata-se de uma "inteligência muscular", expressão que Moses Aronson[10] utilizou para designar o raciocínio antiintelectual. É claro que a teoria e a prática, o pensar e fazer não se excluem mutuamente, mas a maioria das pessoas tem dificuldade de perceber esse fato.

---

[10] Ver HORKHEIMER. *Eclipse da razão*. Op. cit., p. 163.

O progresso "obrigatório"

A chamada ideia de progresso é outra das manifestações do nosso condicionamento pelo modelo mental cartesiano. Trata-se de uma típica manifestação da linearidade do nosso raciocínio, que nos leva a pensar que é "obrigatório" seguir sempre em frente sem nunca retroceder. Essa unidirecionalidade nos faz incorrer em vários equívocos e cair em várias ilusões. Um desses enganos é não refletir sobre o pensamento. Achamos que o pensamento só pode seguir um rumo sequencial, retilíneo: começo, meio e fim. A partir daí, começa uma nova sequência, e assim por diante. Não costumamos pensar sobre o nosso pensamento, e por isso ele tende a se repetir e não se renova como poderia.

Eis por que não conseguimos nos livrar de modelos mentais arraigados. O resultado é sempre o mesmo: mesmice e repetição. Repetimos os acertos por acumulação. E repetimos os erros também por acumulação. Da mesma forma, achamos que o tempo é linear: passado, presente e futuro. Encerrado um período ou linha de tempo, passamos ao que costumamos chamar de "uma nova fase" ou "um novo período histórico": o que passou, passou. Quando voltamos ao passado, é quase que na condição de estrangeiros, de alienígenas. É como se ele não continuasse vivo e atuante em nossos processos inconscientes.

Como fazemos em relação ao pensamento, não costumamos pensar sobre o nosso passado a não ser em circunstâncias especiais como nas psicoterapias. Mas em geral não retrocedemos, porque estamos convencidos de que todo avanço é necessariamente bom e todo retrocesso é inevitavelmente mau. Por isso, pouco aprendemos com as experiências passadas. Nas poucas vezes em que o fazemos, o retorno é feito mediante os mesmos construtos mentais, o que nos faz repetir sem perceber sempre os mesmos acertos e erros. Afinal, estamos convencidos de que o dia de amanhã será sempre melhor do que o de hoje. Essa é a essência da chamada ideia de progresso.

Aldous Huxley[11] critica a ideia de progresso e a define como a teoria de que é possível ganhar sempre sem nada perder; de que só nós somos capazes de compreender o significado da história e, assim, podemos prever o futuro; que por isso os fins justificam os meios e que, portanto, estamos autorizados a passar por cima de tudo e de todos em nome dos nossos objetivos. Nessa linha de pensamento, a busca do progresso justificaria o extrativismo, o colonialismo, a invasão e a ocupação de países ditos "primitivos", com a consequente desorganização de suas culturas e a rapinagem de seus recursos naturais. Huxley lembra que não devemos perder de vista a frase de Marx: "A força é a parteira do progresso", e diz que ele bem poderia ter acrescentado que o progresso é o parteiro da força.

Mais uma vez, lembremos que nosso condicionamento nos leva a repetir sempre a mesma cantilena: "Se você critica a ideia de progresso é porque está

---

[11] ALDOUS HUXLEY. *O macaco e a essência*. Rio de Janeiro: Globo, 1987. p. 106.

contra ela; portanto, é a favor da estagnação ou, pior ainda, da regressão; é um reacionário, um retrógrado." Nada mais equivocado, porém. Criticar a ideia de progresso não é ser incondicionalmente contra ela ou contra o progresso: é partir do princípio de que não há fenômeno sem efeitos colaterais e examinar, junto com os bons resultados do progresso, os seus efeitos indesejáveis e os atos predatórios que ele pretensamente justifica.

Com base em tal exame, é possível estabelecer relações de custo-benefício e avaliar até que ponto o progresso merece esse nome. E também até que ponto e em que circunstâncias ele serve para ampliar o já imenso rol de desgraças e misérias que os seres humanos impõem a si mesmos. Acabamos de mencionar alguns deles: colonialismo; rapinagem; invasões e ocupações militares de países ditos "primitivos"; ditaduras; desrespeito às diferenças, à diversidade e à multiculturalidade, por meio de tentativas de padronizar culturas e apagar individualidades.

Não raro fazemos tudo isso enquanto proclamamos que em nossos domínios reina o maior (porém frequentemente apenas retórico) respeito à democracia e aos direitos humanos. A ideia de progresso nos dá o "direito" de achar que somos desenvolvidos e que os outros são subdesenvolvidos (ou que, eufemisticamente, estão "em desenvolvimento"), e de achar que somos civilizados e os outros são "primitivos". A ideia de progresso é mais um dos modos pelos quais se apresenta a lógica do "ou/ou". Foi ela que permitiu o surgimento dos valores dominantes, do quais muitos tanto se orgulham, e a "missão" ou "construto mental" deles decorrente.

Os "valores determinantes"

Ao criticar esses valores, Roger Martin deu-lhes o nome de "valores determinantes". Ei-los: (a) ganhar sempre; (b) manter o controle; (c) evitar situações embaraçosas; (d) permanecer sempre racional. Trata-se, evidentemente, do nosso conhecido "levar vantagem em tudo", tão condenado, mas nem por isso menos praticado. Essa prática, segundo Martin, é assegurada por meio da "missão" ou "construto mental dominante" derivado de tais valores: (a) *eu*: sei as respostas corretas; (b) *o outro*: é desinformado ou mal-intencionado; (c) *minha tarefa*: fazer com que ele veja as coisas à minha maneira.[12]

Esse é o construto mental dominante em nossa cultura "civilizada" e "democrática". Com base nele, e imbuídos de fervor missionário e "civilizatório", julgamo-nos no dever de levar o "progresso" aos "povos primitivos" dos países "em desenvolvimento". Ou seja: a todos aqueles que queremos controlar e manipular e aos quais desejamos impor o nosso autoritarismo.

---

[12] ROGER MARTIN. *O vírus da responsabilidade*. São Paulo: A Girafa Editora, 2004. p. 51, 165.

No século 20, a ideia de progresso se caracterizou por várias realizações positivas e também por catástrofes memoráveis. As positivas são bem conhecidas e não é necessário enumerá-las. Lembremos, portanto, alguns exemplos de efeitos indesejáveis do progresso: (a) o transatlântico Titanic, considerado insubmersível, e seu naufrágio em 1912 no Atlântico Norte; (b) as usinas nucleares e os acidentes com escape de material radioativo em Three Mile Island (EUA), 1979, e em Chernobyl, na antiga URSS, em 1986; (c) os ônibus espaciais e a explosão da nave Challenger logo após o lançamento em 1986, nos EUA; (d) os submarinos nucleares e o naufrágio do russo Kursk em 2000); (e) as grandes obras de engenharia e o desabamento no terminal 2E do aeroporto Charles de Gaulle em Paris, em 2004; (f) enfim, as "comunalidades" de que já falei na introdução deste livro.

Mais uma vez ressalvo: é óbvio que essa enumeração *não se propõe a condenar o progresso*. Seu objetivo é mostrar a unilateralidade com que ele é encarado e denunciar a unilateralidade dos que, em não poucos casos, nos vendem a ilusão dos avanços supostamente sempre positivos da tecnociência. É indispensável que tomemos consciência de nossa dificuldade de lidar com o auto-engano, o erro e a incerteza.

A ideia de progresso faz parte da mitologia de nossa cultura ocidental que, como sabemos, é fundamentalmente a do patriarcado europeu. Suas principais características, apontadas por Sam Keen, são: (a) obsessão erótica pela máquina; (b) a sensação, a intuição e o sentimento vistos como formas "primitivas" e "imaturas" de percepção; (c) a natureza vista como algo a ser conquistado e dominado; (d) o conhecimento científico e o poder (político, econômico, militar) vistos como os pilares da identidade humana.[13]

Como se sabe, os mitos masculinos e patriarcais da tecnologia, da conquista da natureza e da abundância inesgotável dos recursos naturais, somados à mentalidade extrativista, levaram ao acúmulo de dejetos e à devastação do meio ambiente, entre outros efeitos colaterais. A fé irrestrita na razão e no conhecimento técnico, a hipervalorização do pensamento analítico, a visão da vida como um processo de "solução de problemas" e a crença de que a civilização ocidental é "nobre" e "superior" levaram ao estabelecimento de critérios tecnocráticos pelos quais nossa existência deveria se pautar.

Os critérios de avaliação do progresso já não são as liberdades democráticas e o bem-estar das pessoas. Eles agora são o poder econômico e a riqueza individual. A visão economicista e tecnocrática do progresso passou a ver o racionalismo (não a racionalidade) e o poder como fins em si mesmos.

Por que a ideia de progresso é invariavelmente tida como algo positivo? Para responder a essa questão – em especial nos dias atuais – basta, como já foi mencionado, *to follow the money* e procurar descobrir a quem interessa vender sem-

---

[13] SAM KEEN. *The passionate life*: stages of loving. Nova York: Harper & Row, 1983. p. 23.

pre *novas* descobertas "científicas" e *novas* tecnologias. Descobrir quem lucra com a ilusão de que toda tecnologia nova é necessariamente melhor do que as já existentes. É por essas e outras razões que o filósofo François Châtelet observa que é preciso pensar com muito cuidado sobre a ideia de progresso.

Edgar Morin pondera que o progresso contém o retrocesso, assim como a ordem contém a desordem. Châtelet assegura que foi em nome do progresso que, em especial nas últimas décadas, perpetraram-se as maiores barbaridades e massacres.[14] Como já foi dito anteriormente, a ideia de progresso exige que o tempo seja visto como um fluxo linear (passado, presente e futuro), que avança continuamente e sem possibilidade de retorno. Por essa razão, vários autores notaram que a noção tradicional de que o tempo é circular (como ocorre nas quatro estações do ano) era um obstáculo à ideia de progresso. Por outro lado, a visão sequencial necessária à manutenção dessa ideia foi proporcionada pelo Cristianismo. Segundo Santo Agostinho, a humanidade é composta por um só indivíduo que está presente em todos os que viveram, vivem e viverão. Tal indivíduo se aperfeiçoa (isto é, progride) espiritualmente de maneira contínua ao longo dos milênios: o homem de amanhã será melhor do que o de ontem e o de hoje.

Châtelet observa que as esperanças depositadas no progresso nos séculos 17 e 18 não se cumpriram, pois os homens não foram capazes de lidar com o poder que lhes proporcionou a evolução da tecnociência. Não tiveram essa capacidade porque o progresso, fundamentado no pensamento linear, só pode ser compreendido em todas as suas facetas (as desejáveis e as indesejáveis) por meio de um modo mais amplo de pensar.

A crença arraigada no progresso teme a imprevisibilidade e a desordem e ama o controle, a previsão e a hierarquia. Esse e outros aspectos foram bem examinados em duas obras muito conhecidas: *Admirável mundo novo*, de Aldous Huxley, e *1984*, de George Orwell. Como toda utopia, a ideia de progresso, no fundo, tem propósitos tranquilizadores. Por isso, seu grande objetivo é a previsibilidade, que pretensamente seria conseguida pela matematização do mundo e da vida. Ela deixa de lado o mito e procura o *logos*; busca a racionalização e a repetição e foge da racionalidade e da diferença. Trata-se, portanto, de uma jornada em direção à negação do humano. John Lukacs a denunciou em seu livro *O fim de uma era*,[15] no qual diz que a razão iluminista acabou por materializar e desumanizar a realidade. Nesse sentido, o pensamento complexo não é utópico e sim realista. Não é relativista e sim pluralista. Voltarei a este último argumento.

A jornada para longe do mito e em direção ao *logos* visto como modelo mental único – isto é, a escalada da racionalização em detrimento da racionalidade – só não acabou no racionalismo mais explícito porque a dimensão mítica não pode

---
[14] CHÂTELET. *Uma história da razão*. Op. cit.
[15] LUKACS, John. *O fim de uma era*. Rio de Janeiro: Jorge Zahar, 2005.

ser totalmente eliminada da mente humana. Com efeito, a ideia de racionalidade pura, que propõe a exclusão do humano em nome da razão mecânica, é também um construto mitológico. Pode-se tentar expulsar o humano do homem, mas não se consegue expulsar o homem do humano.

A instrumentalização do mundo

Num texto importante e bem conhecido, Jürgen Habermas[16] examina a tese de Herbert Marcuse, que afirma que a tecnologia instrumentaliza nossa existência. A princípio, ela parece ser libertadora, pois facilita a nossa vida mecânica. No entanto, ao se transformar cada vez mais num fator determinante de como devemos viver, acaba sendo um empecilho à liberdade. Ao instrumentalizar tudo, termina por instrumentalizar também o ser humano. Max Weber sustenta que a racionalização da sociedade, isto é, seu funcionamento baseado de modo predominante na lógica linear, vem da institucionalização da ideia de progresso. A ciência e a técnica modificaram as instituições sociais e produziram o que Weber chamou de "desencantamento do mundo". Para Marcuse, a racionalização não leva à racionalidade e à vida social. Em vez disso, ela implanta nas sociedades uma forma imperceptível de dominação política, o que, por sua vez, conduz à dominação da natureza e também da sociedade. A razão técnica ou instrumental é uma ideologia, e sua aplicação leva à dominação da natureza e do ser humano.[17]

O resultado é a sujeição ao produtivismo. Tudo é feito para convencer as pessoas de que o produtivismo e o pretenso domínio da natureza lhes proporcionarão uma vida melhor. Ao se deixar levar por essa ilusão, elas perdem a percepção de que estão sob controle. Por fim, convencem-se de que é impossível alcançar a autonomia e a autodeterminação. Dessa maneira, em vez de ser uma energia produtiva, a técnica se transforma numa força repressiva.

Habermas critica esse ponto de vista de Marcuse e também algumas posições de Theodor Adorno e Walter Benjamin que, como ele próprio, fazem parte da Escola de Frankfurt. Sua crítica consiste em observar que não é possível modificar a técnica atual e substituí-la por outra, enquanto não se conseguir modificar a natureza humana e o trabalho humano. Para ele, só quando os homens conseguirem se comunicar e reconhecer a legitimidade uns dos outros, será possível que se comuniquem com a natureza de um modo não extrativista.

O texto de Marcuse mencionado é de 1964. O de Habermas é de 1968. Como fiz antes com outros exemplos, retomo-os agora, depois de tantos anos, para mostrar que em essência nada mudou nesse particular. Quanto à Escola de Frankfurt,

---

[16] JÜRGEN HABERMAS. *Técnica e ciência como "ideologia"*. Lisboa: Edições 70, 2001.
[17] HERBERT MARCUSE. *One-dimensional man*: studies in the ideology of advanced industrial society. Londres: Routledge, 1994.

apesar de alguns de seus pontos de vista já não se aplicarem à época atual, vários deles continuam válidos.

Tudo isso visto, um requisito fundamental permanece insatisfeito: para que nos comuniquemos melhor, é preciso que deixemos de pensar de maneira tão fragmentadora, tão excludente. Habermas foi profético quando escreveu que as sociedades industriais avançadas se dirigem para o controle do comportamento das pessoas, principalmente por meio de estímulos externos. Hoje, sabemos que a primeira força produtiva é o progresso tecnocientífico. Sabemos também que a tecnologia em si não garante a melhoria das condições de vida das pessoas, nem qualitativa nem quantitativamente. Sozinha, ela não consegue satisfazer às necessidades do ser humano considerado em sua inteireza.

Habermas é um defensor da "modernidade crítica" e se opõe ao controle das relações sociais por meio de modelos simplificadores, racionalistas e instrumentais característicos da "modernidade sistêmica". Mencionei essas duas concepções de modernidade no início deste livro. Em seu empenho, Habermas procura aplicar a racionalidade de Kant às ciências sociais, e afirma que o capitalismo tardio garante a sua hegemonia pela despolitização a que conduz as pessoas. Desse ânimo despolitizador, faz parte o esvaziamento sistemático de todos os conhecimentos que não sejam estritamente necessários à manutenção da vida mecânica. Aos poucos, as pessoas se transformam em homens de lata.

O homem de lata

Em seu romance *O cavaleiro inexistente*,[18] Italo Calvino criou uma metáfora que pode ser utilizada para contar de outro modo a historia das culturas tecnocientífica e humanista e a relação entre elas.

A ação se passa na França, na época de Carlos Magno. A história fala dos paladinos do reino, guerreiros que batalhavam em seus cavalos, protegidos por armaduras. Logo nas primeiras páginas, Carlos Magno passa em revista a tropa perfilada em suas montarias. Cada cavaleiro, ao ver que o imperador parava por um instante à sua frente, abria a viseira do elmo e se identificava. Carlos Magno dizia-lhe algumas palavras de encorajamento e passava ao seguinte. Até que um deles disse quem era, mas não levantou a viseira. O imperador perguntou-lhe por que ele não mostrava o rosto e recebeu a resposta: "Porque não existo, majestade!"

O enredo continua e narra as peripécias desse cavaleiro, sempre impecável em sua armadura branca. Movimentava-se e se destacava nos campos de batalha por sua valentia. No entanto, nada existia dentro da carapaça de metal. Numa dessas andanças, ele acaba no castelo da bela Priscila, que o seduz e o leva para a cama. Conversam a noite inteira. O cavaleiro se desfaz em retórica,

---

[18] ITALO CALVINO. O cavaleiro inexistente. In: *Os nossos antepassados*. São Paulo: Companhia das Letras, 1997. p. 365-488.

mas é claro que nada acontece além disso. Ao amanhecer, ele se vai com seus companheiros, e logo as damas de companhia e as criadas correm até Priscila para saber o que ocorrera. Mas ela, espertamente, nada fala sobre o acontecido nem sobre o não acontecido.

A história do Cavaleiro Inexistente ilustra a dicotomia "como funciona/ como é". Da maneira como se apresenta, o cavaleiro funciona mecanicamente, mas não como um ser humano total. Porém, se apenas existisse como um organismo, mas não como um ser humano completo, continuaria unilateralizado. Na metáfora de Calvino, a armadura representa o lado "funcional", técnico, fabricante e fabricado. Equivale à nossa vida mecânica. Mas o fato de dentro dela nada existir traduz a insuficiência do humano não mecânico. É o caso de perguntar: quantos cavaleiros inexistentes conhecemos? Com quantos deles interagimos no nosso dia a dia? Ou, mais importante ainda: o quanto de cavaleiro inexistente há em nós mesmos? Até que ponto nos limitamos a funcionar no sentido mecânico da palavra e deixamos de ser, no sentido mais amplo da expressão?

Já em fins do século 19, nos EUA, os transcendentalistas americanos, entre os quais Ralph Waldo Emerson, propunham o progresso do homem por meio da disciplina intelectual e moral aliada aos avanços da ciência e da técnica. Nossa concepção atual de poder, porém, ignora ou põe em plano secundário as humanidades. É, portanto, unilateral e utilitarista e imediatista. Nessas condições, a longo prazo nos tornaremos cada vez mais ignorantes, pois nossos saberes só são adequados para o curto prazo. Cedo ou tarde nosso poder será tomado por outros, equipados com novos saberes – também válidos apenas a curto prazo, é claro.

E o mesmo processo ocorrerá com eles, pois o racionalismo vê o conhecimento como simples "vantagem competitiva" e não como a essência da vida e da condição humana. Por isso o progresso, sua velocidade e sua suposta irreversibilidade precisam ser a todo momento questionados pela reflexão. Se negarmos isso a nós mesmos, não teremos por que nos queixar – como costumamos fazer – de suas consequências danosas, aliás produzidas por nós mesmos. Já vimos que no plano prático a predominância da cultura tecnocientífica sobre a humanista se manifesta, entre outros modos, pelo predomínio da dimensão econômico-financeira sobre o domínio político-social. A utilização autoritária da tecnociência reforça esse predomínio.

As duas culturas

Outra manifestação deletéria da prevalência do pensamento linear-cartesiano em nossa cultura foi a separação dos saberes. Sabemos que é tradicional a divisão do conhecimento em duas grandes culturas, a tecnocientífica e a humanista ou das humanidades. É também tradicional a primazia que se deu à primeira, especialmente a partir do século 17. Hoje, o conhecimento tecnocientífico é também privilegiado pela economia. Essa é a tese de Karl Polanyi,[19] para quem o capitalismo é uma perversão histórica, pois nele as relações sociais são estabelecidas pelas relações econômicas. Antes, as transações econômicas permeavam as relações sociais. No capitalismo, as relações de mercado sobrepujam a solidariedade, a equidade, a reciprocidade, as relações e os deveres comunitários – a amizade, enfim.

Em suas linhas gerais, essa também é a tese de Ferdinand Tönnies, um dos inspiradores dos primeiros tempos da Escola de Frankfurt, o já mencionado movimento filosófico alemão que começou na década de 1920. Em sua obra *Comunidade e sociedade*, de 1887, Tönnies já alertava para a perda da intimidade, da solidariedade e de valores como honra, respeito pelo passado e pela tradição, e sua substituição pelos valores da sociedade, basicamente pragmáticos e impessoais.

O conceito de duas culturas surgiu em 1959. Naquele ano, Charles Percy Snow publicou um pequeno livro, *The two cultures and the scientific revolution*, que tem o mesmo título de uma conferência dada por ele na universidade inglesa de Cambridge. O livro se tornou famoso e tem merecido sucessivas reedições, algumas delas com revisões e acréscimos do autor.[20] A conferência de Snow abordou o que ele considerava um dos grandes problemas de nossa época: a oposição entre as culturas científica e humanista ou, mais exatamente, a hostilidade entre os intelectuais literários (os humanistas) e os que se dedicam às ciências naturais. O crítico literário americano Edmund Wilson não apenas concordava com a existência dessa animosidade, como também observou que em algumas comunidades acadêmicas ela partia principalmente dos humanistas. E registrou que as duas áreas se acusavam mutuamente de encastelar-se em sua respectiva especialidade e, com isso, não percebiam mais nada além delas.[21] A esta altura, já conhecemos bem a monotonia da lógica do "ou/ou", que aqui mais uma vez reaparece sob a forma da dicotomia *ou* humanistas *ou* cientistas.

Apesar de ter denunciado a divisão, Snow colocou-se ao lado dos humanistas. Não percebeu que a causa mais profunda dessa polarização é nosso condicionamento pela lógica binária que, nesse caso, se manifestou pela separação entre a consciência poética e a consciência lógica. Ainda assim, seu livro é importante pelas controvérsias que provocou e pelas ideias novas que produziu. Ele tornou evidente, sobretudo, que o antagonismo entre as culturas científica e humanista não era e não é uma simples rixa acadêmica. Já naquela época, Snow havia percebido que a reaproximação das culturas afastadas (o que hoje Morin chama de religação dos saberes) era um empreendimento de grande importância e não menor dificuldade.

---

[19] KARL POLANYI. *A grande transformação*: as origens da nossa época. Rio de Janeiro: Campus, 2000.

[20] C. P. SNOW. *The two cultures*. Cambridge: Cambridge University Press, 1998.

[21] Ver JEFFREY MYERS. *Edmund Wilson*: uma biografia. Rio de Janeiro: Civilização Brasileira, 1997.

Antes de Snow, Horkheimer já observara que a divisão do conhecimento em ciências e humanidades era obra da organização das universidades e de algumas escolas filosóficas. De acordo com ele, "as ciências físicas são dotadas da chamada objetividade, mas esvaziadas de conteúdo humano; as humanidades preservam o conteúdo humano, mas só como ideologia, às expensas da verdade".[22]

Ainda de acordo com Horkheimer, o papel da literatura, da arte e da filosofia é compreender e procurar identificar e expressar o significado das coisas e da vida; dirigir-se à realidade e dialogar com ela. Enfim, ser "a voz de tudo o que é mundo": buscar o *logos* e sua expressão num mundo cujo significado desapareceu; restaram apenas formas vazias e o viver foi substituído pelo sobreviver. Um mundo em que as pessoas que procuram significados são pejorativamente chamadas de "utópicas" e "emocionais".

O embrutecimento de nossa inteligência fez com que aumentasse a indiferença em relação à violência, à exclusão social e mazelas semelhantes. Não há mais espaço para o pensamento autônomo, para aquilo que Aristóteles chamava de "contemplação teórica". Com tudo isso, desaprendemos como compreender a nós mesmos, os outros e o mundo. A divisão e a separação das culturas só fez piorar esse quadro. Do lado da tecnociência, as preocupações se voltam para o objetivo, o concreto, o funcional. É o predomínio da quantidade, da mensuração, da previsão e do controle. Para a maioria das pessoas em nossa cultura, essa é virtualmente a única maneira de perceber o mundo e lidar com ele. Deixou-se de lado o conhecimento humanístico, que emerge da interação das pessoas, de suas trocas de experiências e de todas as vivências que produzem *insights*, significados, ideias novas. É aqui que se inserem a filosofia, as artes, a literatura. É o domínio do subjetivo, do qualitativo, da busca da convivência com a incerteza e a imprevisibilidade.

As duas filosofias

Há vários pontos de contato entre a gênese das duas culturas e a questão das duas filosofias. De modo geral, pode-se dizer que as duas formas básicas de pensar (a linear e a sistêmica) podem ser identificadas como predominantes em duas abordagens filosóficas, respectivamente, a analítica e a continental. A filosofia analítica, inicialmente mais desenvolvida na Inglaterra, mas com não poucos adeptos no continente europeu, é mais ligada à lógica linear-binária. Orienta-se mais para a linguagem e a lógica. A continental se volta mais para a razão e para a história das ideias e está mais próxima do pensamento sistêmico, embora de modo algum essa correlação deva ser tomada de maneira esquemática. Da mesma forma, a ela não se devem atribuir juízos de valor. Seja como for – e sempre

---

[22] HORKHEIMER. *Eclipse da razão.* Op. cit., p. 86.

de modo geral – o modelo lógico-linear influenciou mais a cultura da tecnociência e o sistêmico foi mais importante para a cultura humanista. Em termos filosóficos, pode-se também dizer que na cultura tecnocientífica o pensamento predominante é a filosofia analítica, e que na cultura humanista predomina a filosofia continental.

Falemos um pouco sobre essas duas grandes e importantes correntes de pensamento. A filosofia analítica não é um sistema filosófico unificado, mas um modo de pensar, uma tendência. Os filósofos analíticos buscam, principalmente por meio da lógica linear-aristotélica, a clareza, a nitidez e a exatidão. Sua abordagem utiliza amplamente as matemáticas e se insere no âmbito das ciências naturais. Historicamente, alguns dos pensadores mais destacados dessa corrente são Bertrand Russell, Gottlob Frege, Ludwig Wittgenstein (em sua primeira fase), Willard Quine e Rudolf Carnap.

A filosofia continental tem uma base eminentemente francesa e alemã. Pode-se dizer que seu "pai fundador" foi Hegel. Outras figuras de destaque são os que vieram depois de Kant, Kierkegaard, Schopenhauer, Marx e Nietzsche: Husserl, Heidegger, Merleau-Ponty, Sartre, os filósofos da Escola de Frankfurt (Horkheimer, Benjamin, Fromm, Habermas), Michel Foucault e Edgar Morin. É claro que nesse grupo se inclui o espanhol Ortega y Gasset, que, aliás, antecipou várias das ideias de Heidegger. Por outro lado, a filosofia de Schopenhauer (e também a de Heidegger, embora ele não tenha admitido isso) tem influências não ocidentais.

A filosofia continental é mais existencial, relativa ao ser. A analítica é mais ligada à prática, ao fazer. No primeiro caso, a questão básica a ser respondida é: quem somos e por que estamos aqui? No segundo, é: para que estamos aqui? A filosofia continental se liga mais à consciência poética (muito presente em Heidegger, por exemplo) e ao âmbito literário (Sartre é um exemplo destacado). Suas preocupações se voltam mais para o social, o cultural, o histórico. Sempre em termos gerais, pode-se dizer que a filosofia analítica é o pensamento da mente mecânica, do mundo empírico, voltada para a prática e para a resolução de problemas. Como a continental, ela não é um sistema filosófico unificado, mas uma tendência de pensamento mais ligada às ciências "exatas" ou "duras". Por isso tem sido – embora algumas vezes impropriamente – acusada de aridez e de ser menos profunda do que a continental, talvez por provir da tradição lógica que vai de Aristóteles a Hume e a Kant.

É um engano e um esquematismo classificar as duas filosofias pelo critério exclusivamente geográfico. Se é verdade que a filosofia analítica se desenvolveu de modo importante na Inglaterra, também é certo que filósofos analíticos de destaque são originários do continente europeu. Frege e Carnap, alemães, estão entre eles. De todo modo, não há dúvida de que a predominância de uma determinada filosofia em certas regiões deixou marcas indeléveis, como se vê no exemplo abaixo.

Valores e objetos

Um exemplo interessante da diferença entre a filosofia analítica e a continental (isto é, entre a filosofia anglo-americana e a do continente europeu), vista por meio de seus resultados culturais, está em uma pesquisa citada por Theodore Zeldin em seu livro *Conversação*.[23] Foram estudados conflitos (basicamente discussões) ocorridos entre crianças que brincavam e jogavam. Em 31% das crianças italianas, as brigas se deviam à divergência de crenças e opiniões. Isso só aconteceu em 6% das crianças americanas. Entre estas, os motivos principais das desavenças eram os objetos e os materiais dos jogos. O estudo concluiu que, no caso das crianças italianas, a ênfase recaía sobre o estilo de competir e não sobre a necessidade de ganhar, como acontecia entre as americanas. As italianas davam mais valor à participação no processo do que a seu resultado.

O *imprinting* e a linguagem

Se, ao se referir seja ao que for, alguém faz constantemente a pergunta: "O que isso tem a ver comigo, com minha vida e meu trabalho?", essa insistência em geral mostra que ele está muito condicionado pelo pensamento linear-binário. Tal condição está ligada à dificuldade de ampliar a percepção e perceber "o que está por trás". Em grande medida, ela varia segundo a capacidade de resistência ao *imprinting*.

A ideia de *imprinting* ajuda a explicar muitos dos fenômenos até agora descritos e muitos dos que serão examinados ao longo destas páginas. Essa expressão foi primeiramente utilizada por Konrad Lorenz, o pai da etologia, para designar a marca indelével deixada nos animais recém-nascidos por suas primeiras experiências. Morin a usa em relação aos humanos e sustenta que entre nós o *imprinting* é inicialmente imposto pela família, depois pela cultura da sociedade e continua na vida adulta: "[O *imprinting*] inscreve-se no cérebro desde a primeira infância, pela estabilização seletiva de sinapses, inscrições primeiras que marcarão irreversivelmente a mente individual em seu modo de conhecer e agir."[24]

O *imprinting* inicial é reforçado pela aprendizagem e dessa maneira elimina todos os demais métodos, conhecimentos e modos de pensar e agir. Portanto, claro está que em nossa cultura ele é basicamente determinado pela lógica binária. Como diz Morin, as crenças e as ideias não são apenas produções de nossa mente: são também "seres" mentais, que têm vida própria e o poder de possuir-nos. A seu ver, o *imprinting* é seguido por uma normalização. Esta, por sua vez, reprime tudo aquilo que tenta contestar normas, verdades, "certezas" e tabus da socieda-

---

[23] THEODORE ZELDIN. *Conversação*. Rio de Janeiro: Record, 2001. p. 64-66.
[24] MORIN. *La méthode 5*. L' humanité de l'humanité. L' identité humaine. Op. cit., p. 283.

de. A combinação entre o *imprinting* e a normalização resulta no conformismo cognitivo. O *imprinting* e a normalização se reproduzem geração após geração.

Quando falo em condicionamento pelo pensamento linear-binário, não o aponto como uma condição absoluta, mas como uma circunstância que nos leva a uma inclinação, a uma tendência. Mas não devemos esquecer que a cada inclinação corresponde uma contrainclinação, que a cada cultura corresponde uma contracultura, que a cada tendência corresponde uma contratendência.

É claro que, conforme o nosso grau de condicionamento, tendemos a nos fixar em certos referenciais. Por isso, é importante esclarecer que muito antes de se falar em globalização, tentativas de homogeneização cultural, "pensamento único" e coisas do estilo, nós, humanos, já estávamos profundamente inclinados a buscar a repetição e a fugir da diferença, e essa condição, é óbvio, gera a padronização.

O *imprinting* é claramente baseado nesse mecanismo, e nele a linguagem desempenha um papel fundamental. Isso significa que ela muitas vezes impede que tenhamos acesso a nossas experiências, as quais poderiam nos levar a ver a nós mesmos, os outros e o mundo de novas maneiras, que, por sua vez, nos levariam a reformular nossa linguagem. Se essa reformulação ocorresse, o círculo vicioso poderia ser interrompido. Assim, se não modificarmos nosso modo de empregar a linguagem (o que, por seu turno, exige mudança nos modos de sentir e pensar), nossas narrativas sobre como existimos no mundo continuarão sempre as mesmas. "O mundo continuará desumano, se não for constantemente comentado pelos seres humanos", escreveu Hannah Arendt.

Seres humanos com estrutura mental modificada podem construir um mundo diferente. O mundo que construímos com a linguagem balizada pelo *imprinting* do modelo mental binário tende a nos tornar cada dia menos humanos. Quando falou em "desencantamento do mundo", Max Weber se referiu exatamente a isso. Trata-se da escalada da doença do pensamento, de que fala David Bohm. Se continuarmos a sentir, pensar e falar da mesma maneira, tudo isso refluirá sobre nós e fará com que construamos nosso mundo sempre da mesma forma.

Contudo, não há sentido em pretender mudar a linguagem sem mudar a estrutura que a produz. Como já foi dito, as línguas do tronco indo-europeu têm uma sintaxe linear – sujeito, verbo e complemento –, que se opõe à sintaxe analógico-visual dos ideogramas do chinês, por exemplo. As línguas do tronco indo-europeu foram desenvolvidas para expressar a presença de um sujeito que, com a pretensão de ser um observador não participante do processo que observa, quer explicá-lo "objetivamente". Não se trata de uma linguagem feita para expressar o diálogo sujeito-objeto, mas para garantir que a existência e as características do objeto sejam reduzidas às peculiaridades e à conveniência do sujeito. Dizemos: alguém fez isso ou aquilo. E logo vem a pergunta: quem fez isso ou aquilo? Quem foi o sujeito da ação e da frase que a descreve? Nossa linguagem só fala de um sujeito que se dirige a um objeto, que se relaciona com um objeto. Não é capaz de expressar o diálogo sujeito-objeto, isto é, a participação do observador nos fenômenos que ele observa por meio da inserção, nesse diálogo, de sua subjetividade e de seus sentimentos e emoções.

Portanto, nossa linguagem não tem a capacidade de expressar o diálogo entre o sujeito e o objeto, o observador e o observado. Ela só consegue falar de um sujeito que se dirige a um objeto, de um movimento unidirecional. Não é capaz de expressar a circularidade, a interação, a participação do observador no fenômeno que observa; pois isso, exige que tal observador inclua nessa relação seus sentimentos, emoções e subjetividade.

Morin[25] observa que nossa mente é ao mesmo tempo o centro da submissão e da liberdade. Na primeira hipótese, as causas são a hereditariedade e a herança cultural, isto é, os *imprintings* que delas recebemos. No segundo caso, a liberdade surge porque algumas pessoas conseguem, com graus variáveis de sucesso, questionar os elementos que levam ao *imprinting*. São os indivíduos resistentes a esse fenômeno, que em geral têm mais facilidade para pensar de modo integrador.

O pensamento complexo ajuda a ampliar a resistência ao *imprinting* e esta, por sua vez, abre ainda mais as portas ao pensamento complexo. A capacidade de resistir ao *imprinting* reforça uma conclusão fundamental: a de que liberdade é, em essência, a liberdade de pensamento. Morin aponta algumas circunstâncias que ajudam a libertar a mente e que, portanto, auxiliam a desenvolver o pensamento integrador: (a) capacidade de autoaprendizagem; (b) capacidade de questionamento; (c) capacidade de desenvolver estratégias de conhecimento; (d) capacidade de detectar e evitar erros; (e) capacidade criadora e inovadora; (f) capacidade de autoquestionamento, de incluir-se em suas próprias reflexões, de autoconhecer-se e autojulgar-se; (g) consciência moral. Essas características têm dupla utilidade: identificam as pessoas resistentes ao *imprinting* (isto é, as pessoas integradoras) e apontam as principais habilidades que elas precisam aperfeiçoar para aumentar essa resistência.

É óbvio que tal aperfeiçoamento não visa a transformá-las em indivíduos "iluminados" ou dotados de supostos "poderes especiais", mesmo porque o pensamento integrador busca melhorar a percepção, o aprendizado e a autonomia das pessoas e faz parte desse esforço identificar os charlatanismos e denunciá-los. Trata-se, portanto, de pensar tudo de novo. Mas pensar diferente, sair do padrão habitual.

A pouca ou nenhuma resistência ao *imprinting* leva ao aprofundamento dos condicionamentos, à alienação, à submissão e à perda da criatividade. É, assim, uma condição limitante. Por outro lado, uma postura de resistência radical ao *imprinting* pode se associar a comportamentos anti-sociais, o que também limita a liberdade e a criatividade. Em outras palavras, a aderência excessiva ao *imprin-*

---

[25] Id., ibid., p. 261.

ting produz rigidez e esclerose. A resistência radical a ele leva à desordem e à desintegração.

Questionar a linearidade e a binariedade de nossa linguagem escrita e falada: essa foi a conquista suprema de alguns dos grandes autores da literatura de ficção, como James Joyce, Shakespeare e Kafka. A grande literatura mostra que, mesmo com a utilização de uma linguagem linear como a dos idiomas do tronco indo-europeu, é possível expressar a subjetividade, os sentimentos e as emoções. De certa maneira, a literatura das línguas desse tronco contraria a ideia de que nossa linguagem está limitada a seus usos operacionais/instrumentais. Ela consegue veicular também a subjetividade, os sentimentos e as emoções, apesar de sua estrutura ser pouco adequada para esse fim.

A literatura faz isso desde sempre, o que contraria a ideia de que a linguagem deve confinar-se à aridez de seus usos operacionais/instrumentais. Trata-se, pois, de uma realização extraordinária: veicular o subjetivo e o emocional por meio de um instrumento pouco adequado para essa função. Tal conquista é obviamente muito antiga. Tão antiga quanto o nosso condicionamento, o qual muitas vezes faz com que a maioria das pessoas veja a literatura apenas como entretenimento, e não como um meio de autoconhecimento e conhecimento de mundo. Essa função é também desempenhada pela palavra falada, por meio das artes populares e das tradições orais.

Para Félix Guattari, as "melhores psicanálises" foram feitas por escritores, poetas e dramaturgos como Joyce, Proust, Goethe, Antonin Artaud e Samuel Beckett.[26] Esqueceu-se de mencionar Shakespeare, considerado por muitos (o crítico literário Harold Bloom, por exemplo) como talvez o mais arguto dos conhecedores da mente e do comportamento humanos – e um dos precursores da psicanálise. Segundo Bloom, nas peças shakespearianas se encontram as bases de não poucos dos *insights* de Freud.[27]

Em relação ao mundo corporativo, é importante destacar alguns pontos. Stephen Denning tem um importante estudo sobre o uso da técnica de narrativas nas empresas, em especial no que se refere à liderança.[28] Paul Corrigan publicou um interessante estudo sobre as peças de Shakespeare e o *management*, no qual destaca temas relacionados à liderança.[29] Também merece menção a iniciativa

---

[26] GUATTARI. *As três ecologias*. Op. cit., p. 18.

[27] HAROLD BLOOM. *O cânone ocidental*: os livros e a escola do tempo. Rio de Janeiro: Objetiva, 1995. p. 357-378.

_____. *Como e por que ler*. Rio de Janeiro: Objetiva, 2001. p. 198.

_____. *Onde encontrar a sabedoria*. Rio de Janeiro: Objetiva, 2005. p. 128-129-134.

[28] STEPHEN DENNING. *O poder das narrativas nas organizações*: um guia para líderes sobre o uso da técnica de narrativas. Rio de Janeiro: Elsevier: Petrobras, 2006.

[29] PAUL CORRIGAN. *Shakespeare na administração de negócios*: lições para gerentes e executivos que ambicionam atuar como verdadeiros líderes no mundo de hoje. São Paulo: Makron Books, 2000.

de Jim Fisher, professor da Rotman School of Management, da Universidade de Toronto, que há tempos trabalha em sala de aula as peças de Shakespeare como *cases* organizacionais. "Leia qualquer uma das peças de Shakespeare", diz Fisher, "transporte-as para uma empresa moderna e verá que ele teve mais *insights* do que quase todo mundo sobre as motivações humanas".[30] Para ele, a própria essência da liderança é revelada na peça *Henrique V*. E outra peça, *Macbeth*, trata o tempo inteiro de política organizacional: mostra com clareza o empenho do vice-presidente executivo em tirar o emprego do presidente – e toda a trama concebida e praticada para conseguir isso.

Eis por que dou destaque à literatura, em suas diversas manifestações, como um dos bons meios de construir pontes entre a tecnociência e o conhecimento humanista. Se a palavra já habita esses dois domínios – embora em um e no outro seja usada de modos diferentes –, ela é o meio natural para atenuar essas diferenças e diminuir esse distanciamento.

Fundamentalismos e fanatismos

Segundo Morin, as crenças "oficiais", as doutrinas hegemônicas e as verdades estabelecidas produzem estereótipos cognitivos, ideias adotadas sem exame, crenças não contestadas, absurdos triunfantes, rejeição de evidências e, por fim, conformismos cognitivos e intelectuais. Nessa linha de pensamento, as ligações entre os fundamentalismos, as ortodoxias, os maniqueísmos, os conservadorismos, os autoritarismos, a cultura do patriarcado, os fanatismos e o nosso condicionamento pela lógica linear-binária são mais que evidentes. Por isso, é de admirar que esse assunto em geral não receba a atenção que merece.

Em sua origem, a expressão *fundamentalismo* significa a adoção rigorosa de doutrinas cristãs baseadas na interpretação literal da *Bíblia*. Essa tendência começou nos EUA, em fins do século 19 e princípios do século 20, com um movimento protestante que se opunha à conciliação da doutrina cristã com a filosofia e a ciência modernas. No entender desses religiosos, a *Bíblia* contém a palavra de Deus e o que ela diz deve ser tomado ao pé da letra. Eis o literalismo bíblico. A ninguém é permitido desobedecer à palavra divina. Desde o início, o fundamentalismo protestante americano recebeu muitas adesões. A partir de 1920, ele vem se firmando como uma grande força política no país, o que é especialmente verdadeiro nos dias de hoje, nos quais tem proporcionado as bases para algumas facções políticas conservadoras.[31]

---

[30] Ver MATTHEW FOX. Interview with a leadership guru: Jim Fisher. *Rotman Magazine*, Spring/Summer 2005. p. 10-13.

[31] B. BEIT-HALLAHMI. "Fundamentalism". Disponível em: <http://groups.yahoo.com/group/evolutionary-psychology/message14551>. Ver também B.BEIT-HALLAHMI. Fundamentalism. In: J. KRIEGER (Ed.). *The Oxford companion to politics of the world*. Oxford: Oxford University Press, 2001.

Atualmente, o fundamentalismo é um fenômeno global que, apesar de suas variantes, mantém características que não diferem de região para região. Além disso, deixou de ser um fenômeno somente religioso. Suas manifestações podem ser encontradas na política, na economia, nas ciências, na filosofia e em outros domínios. De modo geral, pode-se dizer que no Ocidente ele se estendeu além do plano religioso por causa do pluralismo de crenças, da liberdade de escolha religiosa e da separação entre Igreja e Estado. No Oriente, porém, especialmente em regiões em que predomina o Islamismo, o fundamentalismo ainda guarda traços profundamente religiosos, ou melhor, político-religiosos, em especial nos países em que não há separação entre Igreja e Estado.

É importante que fique bem claro que muitos líderes religiosos importantes, inclusive islâmicos, condenam a exacerbação dos fundamentalismos. Assim, criticá-los e, em particular, criticar a ideologização fundamentalista não equivale a opor-se à religiosidade das pessoas em geral nem a contestar essa ou aquela religião em particular. Da mesma forma, questionar alguns aspectos da cultura americana não significa ser antiamericano e pró-islâmico. E vice-versa. Pensar dessa maneira seria, obviamente, uma atitude fundamentalista.

A unilateridade dos fundamentalismos exacerbados, seja qual for a sua natureza, é tal que eles se tornaram virtualmente impermeáveis à reflexão, ao debate, ao exame, ao questionamento. É como se tivessem adquirido o monopólio da verdade. Com sua pretensa incontestabilidade, proporcionam às pessoas crédulas um certo grau de proteção contra algumas condições que elas mais temem, mas que fazem parte da essência da condição humana: a incerteza, a impermanência, a aleatoriedade, a imprevisibilidade – a insegurança, enfim.

Os fundamentalismos se atêm à lógica do "ou/ou". Com isso, ignoram as posições intermediárias, a pluralidade de alternativas, os matizes. Como já foi dito, esse simplismo costuma produzir uma falsa sensação de estabilidade, clareza e segurança. O bem e o mal parecem nítidos, o certo e o errado parecem cristalinos. Daí a tendência de seus seguidores ao conservadorismo e à grande resistência à mudança. As ideias fundamentalistas são sedutoras e aliciantes justamente porque procuram manter as pessoas naquilo que os americanos chamam de "zona de conforto". E, como se sabe, o melhor meio de conservá-las assim é ser sentencioso e convincente, enfim, dizer às pessoas o que elas querem ouvir, o que as mantém num estado de obediência, passividade e sub-responsabilidade.

Os fundamentalistas abominam a dúvida, a inquirição, a investigação. Seu objetivo é permanecer e fazer com que seus seguidores permaneçam num estado de mesmice. Para tanto, as pessoas são alimentadas e realimentadas com ideias pétreas e inegociáveis. Como diz Morin, as pessoas possuem as ideias e, retroativamente, são por estas possuídas. Essa circularidade em geral impede o diálogo e, portanto, a negociação. De início, como já vimos, a inegociabilidade se restringia a princípios religiosos. A seguir, porém, ela se estendeu a praticamente todos os domínios da vida humana. Em muitos casos, o que era inegociabilidade se transformou em intolerância, preconceito, aversão às diferenças, à pluralidade, ao diálogo e a tudo o que é novo. O mundo e a vida passaram a ser vistos em termos de tudo ou nada, bem e mal, certo e errado, a favor e contra, nós e eles. Esse radicalismo levou ao aumento da dificuldade de descontextualizar, de pensar fora de padrões estabelecidos de cima para baixo. O resultado foi o confinamento ao bitolado, ao previsível, ao literal. A postura do *"ou uma coisa ou outra"*, do *"ou é ou não é"* exclui a abertura, a flexibilidade e a busca de alternativas.

Os mitos da cultura popular e religiosa são contos por meio dos quais procuramos compreender o que não pode ser explicado pela ciência. Os fundamentalismos os literalizaram, tomaram-nos ao pé da letra. Um exemplo é a atual tentativa de adoção do criacionismo (que se baseia no literalismo bíblico e sustenta que a origem do Universo e da vida é fruto da ação divina) nas escolas de educação infantil, em lugar da teoria evolucionista, de cunho laico. A disputa entre criacionistas e evolucionistas não diz respeito a questões científicas, mas à religião e também à rejeição a tudo o que sai do tradicional.

Vários dos autores que escrevem sobre o assunto argumentam que, em muitos casos, a ojeriza fundamentalista ao moderno se manifesta na prática pela aversão a tudo o que é ocidental. No entanto, quem adota essa posição se esquece de que há séculos, bem antes de se falar em fundamentalismos, a civilização ocidental vem tentando impor seus valores e sua cultura a povos não ocidentais. Para tanto, como se sabe, utilizou e ainda utiliza com frequência o poder econômico e a força das armas. Tudo isso mostra como a lógica binária – base dos fundamentalismos – está profundamente alojada no pensamento e nas práticas de muitos dos que a condenam. *Não percebemos que estamos condicionados; também não nos damos conta de que projetar esse condicionamento nos outros não nos livra dele.*

O chavão "vocês estão errados e nós temos a verdade; venham para o nosso lado" é um exemplo típico da lógica do "ou/ou" e seu principal efeito obscurantista. Quem o adota se esquece de que o outro lado tem o direito de fazer o mesmo. Ignorar esse direito faz parte da postura dos fundamentalismos, que por isso mesmo praticam o preconceito, o autoritarismo e a negação dos outros não alinhados. Esse simplismo tende a estreitar e a obscurecer nosso horizonte mental. Tende a fazer-nos pensar que aquilo em que acreditamos é a única coisa que merece fé e tudo o mais deve ser excluído. A estreiteza leva à intolerância, que leva à aversão à diversidade e à multiculturalidade.

"Ou comigo *ou* contra mim"

A postura "ou/ou" tem uma faceta paranoide: quem não está comigo está contra mim. A experiência tem mostrado que daí a atitudes extremadas a distância pode ser muito pequena. O terrorismo é um exemplo lamentável. Líderes religiosos de destaque já chegaram à conclusão de que a intolerância dos fundamentalismos é incompatível com a diversidade e, portanto, com a liberdade de religião. Ela é também incompatível com a democracia. Nessa mesma linha, é interessante notar que, nos dias atuais, o "pensamento único" do fundamentalismo mercadista tem com frequência resultado em ações antidemocráticas. Um exemplo é a postura de países que, ao mesmo tempo em que condenam o autoritarismo islâmico, apóiam ditaduras.

O ânimo excludente da lógica do "ou/ou" nos induz a pensar segundo um padrão bem conhecido: os fundamentalistas são sempre *eles*, jamais *nós*. É claro que esse tipo de raciocínio é uma projeção: vemos e condenamos o fundamentalismo dos outros, nunca o nosso. Isso tem feito com que não poucas pessoas se convençam de que a postura fundamentalista é coisa de orientais, mais exatamente de islâmicos. Nada mais equivocado. Não nos esqueçamos de que o preconceito é a essência do fundamentalismo, esteja ele onde estiver.

Falamos em fundamentalismo como se fôssemos imunes a ele. Falamos em condicionamento como se nós próprios não estivéssemos condicionados. No entanto, quando nos damos conta de que a lógica fundamentalista (a nossa e a dos outros) é muito anterior ao movimento cristão americano (o chamado movimento protestante transdenominacional), ficamos perplexos. Descobrimos que aquilo que hoje se chama de fundamentalismo é, desde sempre, uma das inúmeras manifestações do nosso condicionamento pela lógica binária. E então passamos a tentar negar essa descoberta, porque percebemos que ela impede que continuemos na acomodação e na passividade habituais. Assim, mais uma vez se torna claro que opor-se aos fundamentalismos é muito diferente de opor-se à religiosidade ou às religiões, algumas delas também vítimas dessa unilateralização.

Muitos já disseram que o processo democrático não deve servir de pretexto para que a maioria se dispense de assegurar os direitos das pessoas cujos votos foram vencidos. Nesse sentido, a economia liberal – como aliás queriam seus primeiros propositores – não deveria deixar de incluir um Estado que cuidasse do bem-estar dos vencidos pela competição do mercado. Sem isso, os vencedores – tanto os das eleições democráticas quanto os da competição do mercado – cedo ou tarde perderão sua sustentabilidade. Aliás, no mundo atual em muitos casos esta só se mantém a título precário e mediante coerções artificiais impostas pelo poder econômico, militar ou uma combinação de ambos. Nada mais distante da espontaneidade auto-reguladora da "mão invisível" de Adam Smith. A posição "ou vencedores ou vencidos", resultante da visão fundamentalista, é por isso mesmo antidemocrática – por mais democratas que se autoproclamem os que a adotam e praticam. Em sua intolerância à diversidade, os fundamentalistas de todas as latitudes, inclusive os "de mercado", buscam homogeneizar a mente, o comportamento e os planos de vida das pessoas. Nesse sentido, o "pensamento único" da "nova economia" é tão fundamentalista quanto as posturas que condena nos fundamentalismos não ocidentais.

Neste ponto, convém voltar à questão do patriarcado, apontar e exemplificar algumas de suas peculiaridades. Já tratei desse aspecto em outro livro,[32] ao qual remeto os leitores. Neste texto, prefiro apresentar ideias semelhantes vindas de outros autores. Steve Falkenberg,[33] por exemplo, aponta as principais características do patriarcado, concentradas em três grandes áreas: (a) o racismo e os *apartheids*; (b) a subjugação das mulheres; (c) a repressão sexual. Vejamos alguns exemplos, do próprio Falkenberg.

O racismo. Os fundamentalistas islâmicos têm aversão aos judeus e estes, num viés político, respondem na mesma moeda. O casamento inter-racial é punível com a morte. Os fundamentalistas cristãos também condenam os casamentos inter-raciais e alguns proclamam a supremacia branca. Neste particular (e no campo científico), mesmo entre brancos há iniciativas de exclusão. É o que ocorre, por exemplo, com a ideia de eugenia.[34]

A subjugação das mulheres. Os fundamentalistas islâmicos veem as mulheres como uma propriedade (não nos esqueçamos de que a apropriação é uma das principais características do patriarcado). Acreditam que elas vão para o céu por meio da procriação e da criação dos filhos. Os fundamentalistas mórmons tradicionais designam as jovens para casamentos polígamos e elas não têm direitos nem são consultadas a esse respeito. Os fundamentalistas cristãos não costumam ordenar mulheres como ministros religiosos, embora haja exceção para missionárias em países estrangeiros. As mulheres não podem ser professoras de homens e devem submeter-se aos seus maridos.

Repressão sexual. Os fundamentalistas islâmicos sustentam que a obrigação da mulher é servir ao seu marido. As comunidades fundamentalistas não admitem o sexo antes do casamento e o punem com severidade. Para os fundamentalistas mórmons, o líder (o patriarca) controla tudo o que se refere à sexualidade. Como no caso anterior, o sexo fora do casamento é punido com grande rigor. O Vaticano condena métodos anticoncepcionais como a camisinha e a pílula, o que evidentemente é um modo de controle patriarcal da sexualidade feminina. Os fundamentalistas cristãos preconizam penas de prisão e multas para quem transgredir as normas relativas à sexualidade e favorecem leis que proíbem o sexo entre homossexuais, mesmo em suas casas.

De todo modo convém notar que, seja qual for o contexto, as coisas podem mudar. O fato de nem sempre elas mudarem com a rapidez que desejamos não significa impossibilidade de mudanças. Sabe-se, por exemplo, que os cruzados

---

[32] MARIOTTI. *As paixões do ego*. Op. cit., p. 39 ss.

[33] STEVE FALKENBERG. What is fundamentalism and why is it so dangerous?. Disponível em: <www.newreformation.org/fundamentalism.htm>. Acesso em: 2002.

[34] EDWIN BLACK. *A guerra contra os fracos*: a eugenia e a campanha norte-americana para criar uma raça superior. São Paulo: A Girafa Editora, 2004.

dizimaram 30.000 muçulmanos e judeus quando tomaram Jerusalém em 1099. De lá até os dias atuais, houve mudanças na postura de cometer barbaridades em nome de Deus, antes comum na Igreja. Isso significa que também podem ocorrer mudanças entre os fieis de outros credos. Afinal, cumpre ter sempre em mente que: (a) para o bem ou para o mal, somos todos humanos; (b) o curso na história não é linear. Assim, nada garante que as limitações do modelo mental prevalente em nossa cultura persistam para sempre. Vejamos alguns exemplos.

Homens artificiais

Quanto mais pensamento linear, mais maniqueísmo; quanto mais maniqueísmo, mais intolerância, quanto mais intolerância mais agressividade. Como já foi dito e repetido, a lógica binária é simplista e simplificadora. Ao tentar negar a complexidade do mundo natural – e também do cultural – ela procura impor seu simplismo às pessoas, e o faz muitas vezes por meio da criação de estereótipos. Um deles foi o *Homo sovieticus*, o homem médio idealizado da antiga União Soviética. Esse indivíduo padronizado deveria, segundo Alexander Zinoviev, viver de acordo com a lógica da "entropia social" da ideologia marxista. Ao contrário do que possa parecer, o termo *entropia* nesse contexto é positivo: designa um âmbito social que supostamente proporcionaria aos cidadãos meios de defesa que iam da autoproteção política à sobrevivência biológica. Dessa combinação de circunstâncias emergiria uma grande estabilidade, uma vida confortável e bem-sucedida. Tudo isso, é claro, mediado por um pensamento altamente racionalizado.

O curso da história, porém, mostrou que essa "estabilidade" (especialmente sob Stalin) na verdade traduzia um modo de vida cujas principais características eram o controle centralizado de todos os aspectos da vida, a propaganda enganosa (Sartre, por exemplo, deixou-se enganar; Morin não) e o terrorismo de Estado. A mentira e o medo se tornaram uma regra durante os anos da era Stalin: o que se dizia não correspondia ao que se fazia, e o policialismo estatal produzia imobilidade em vez de estabilidade.

No entanto, convém observar que hoje, na economia globalizada, o medo, a insegurança e o terror também fazem parte do nosso cotidiano, embora tenha havido melhorias em termos de liberdade de expressão.

A contrapartida capitalista do *Homo sovieticus* é o *Homo economicus*, um personagem igualmente estereotipado e racionalizado. Seu *modus operandi* básico consiste em manter-se o mais bem informado possível em termos de oportunidades de negócio. Sua visão de mundo é mais próxima do estruturalismo do que do humanismo: ele se orienta mais pelas estruturas e instituições do que pelas relações interpessoais. Suas escolhas e decisões se baseiam mais em critérios utilitários, com os quais procura satisfazer seus interesses. O bem-estar dos outros não figura entre as suas prioridades.

O *Homo economicus* é tido como racional. Para atender aos seus interesses, segue critérios utilitaristas. Nesse sentido, melhor seria defini-lo como racionalista, dado que sua pretensão à racionalidade se exerce pela repressão dos sentimentos e emoções – os seus e os dos outros. Com isso, ele vive em termos de custos-benefícios materiais, como se o cálculo se aplicasse da mesma forma a todos os aspectos da vida.

Como se sabe, na condição de modelo de pessoa o *Homo sovieticus* se extinguiu com o fim da União Soviética. Quanto ao *Homo economicus*, hoje há evidências científicas – algumas das quais serão apresentadas no último capítulo deste livro – de que sua "racionalidade" (ou melhor, seu racionalismo) é mais um construto da "sabedoria convencional" do que uma realidade. Em termos de características gerais, tanto o *sovieticus* quanto o *economicus* são simplificações, estereótipos só possíveis por meio do reducionismo próprio do pensamento linear. Já sabemos que a redução ao particular, ao fragmento, é um simplismo; a redução ao geral, à totalidade, também o é. Particularizar demais é tão reducionista quanto generalizar demais. Mudam os polos, mas a intenção é a mesma: fugir da complexidade do mundo por meio da simplificação.

Generalizações como o *Homo sovieticus* e o *Homo economicus* caem naquilo que Sergio Paulo Rouanet chama de "distorção holística".[35] Já estudei esse tema num ensaio.[36] A "visão holística" é tão reducionista quanto a cartesiana. Aquela reduz pela totalização, esta pela fragmentação. Ambas ignoram que entre as polaridades há uma tensão criativa que existe por causa das contradições, dos paradoxos, da pluralidade, enfim, das situações em que o "ou/ou" é rudimentar demais para compreender o mundo real. Tanto a atomização quanto a totalização podem levar a generalizações abstratas. Rouanet – inspirado em Morin – diz que a "distorção holística" vê o todo como um conjunto homogêneo e, assim, impede que percebamos as interações entre o todo e as partes. É evidente que isso dificulta a percepção de que a harmonia do todo inclui rivalidades, conflituosidades, concorrências.

---

[35] SERGIO PAULO ROUANET. "Os terríveis simplificadores". *Folha de S. Paulo*, 4 jan. 2004.
[36] HUMBERTO MARIOTTI. Riduzionismo, "olismo" e pensiero sistemico e complesso. *Elites* (Itália), 3: 58-67, 2003.

5

A Visão do Conjunto

Não existe nenhuma possibilidade de existência separada e autônoma.
(Alfred North Whitehead)

Nós somos mais sábios do que pensamos.
(Ralph Waldo Emerson)

Em meu livro *As paixões do ego*, já falei sobre o pensamento sistêmico. Agora, volto ao assunto por outros ângulos. Procuro destacar certos pontos-chave e estabelecer algumas correlações. O fato de este volume dedicar relativamente pouco espaço a esse modo de pensar de modo algum implica que ele não seja importante. O pensamento sistêmico é importante e tem sido extensamente estudado por muitos autores. Tais estudos incluem obras sobre como levá-lo à prática, entre as quais textos brasileiros. Já o pensamento linear em si é relativamente pouco estudado, circunstância que procurei ao menos atenuar nas páginas anteriores e continuarei a fazer nas seguintes.

A visão sistêmica

O modelo linear-cartesiano é estrutural. Baseia-se no estudo dos componentes separados e em sua identificação. O modelo sistêmico é não linear. Baseia-se no estudo de conjuntos, padrões e totalidades.

Os sistemas vivos são sistemas autoprodutores, ou seja, produzem as suas próprias células e tecidos. Eles se auto-organizam com o objetivo de ampliar ao máximo sua sustentabilidade, isto é, seu equilíbrio em relação a si mesmos e ao meio ambiente. Assim, a sustentabilidade não é a conservação e a sobrevivência de uma parte isolada de um determinado sistema. É a conservação e a sobrevivência do sistema inteiro: a preservação do todo, de suas partes e das relações entre as partes entre si e destas com ele. A sustentabilidade das partes só pode existir se houver a sustentabilidade do todo no qual elas estão contidas. A vida dos indivíduos só será sustentável se também o for a vida da sociedade e a do ambiente.

Portanto, é fundamental aprender com os processos sistêmicos da natureza. Isso deveria ser fácil, pois nós, humanos, temos tais processos em nossos organismos. Mas nossa cultura predominantemente cartesiana nos afastou dessa visão abrangente. Precisamos reaprendê-la.

O pensamento sistêmico surgiu no começo do século 20, mais exatamente a partir da década de 1920. E o fez, entre outras coisas, por meio da biologia, da noção de organismo elaborada por Kurt Goldstein, um psiquiatra que se destacou por sua abordagem orgânica do estudo da afasia.[1] Goldstein estudava os sintomas desse distúrbio, relacionando-os à totalidade do organismo, o que incluía a personalidade dos indivíduos. Seu livro mais conhecido *The organism* (*O organismo*) surgiu em 1933.[2]

A abordagem global de Goldstein à estrutura orgânica questionou as ideias redutivistas que viam o organismo como um conjunto de órgãos e não como um sistema. Daí a postura habitual de lidar com sintomas isolados. Goldstein influenciou decisivamente a obra de Fritz Perls, o criador da gestalterapia, e também outras figuras importantes como Maurice Merleau-Ponty, Georges Canguilhem e Ernst Cassirer. No entanto, a visão de Goldstein ainda estava distante do pensamento complexo. Outros pioneiros do pensamento sistêmico foram Wolfgang Kohler e Kurt Koffka, introdutores da psicologia da Gestalt (não confundir com a gestalterapia de Perls) e também de muitas das bases do pensamento ecológico.

Desde o início, portanto, ficou claro que a visão sistêmica é valiosa para diferentes áreas do conhecimento. Essa vocação interdisciplinar viria a se tornar especialmente manifesta na década de 1940, quando surgiu a cibernética. A interdisciplinaridade e a transdisciplinaridade também figuram entre os alicerces do pensamento complexo: traduz a ideia de interdependência, da necessidade de religação e do diálogo entre as disciplinas. No mundo natural, ocorre algo semelhante. A noção de cadeias alimentares foi a primeira metáfora utilizada pelos ecologistas para ilustrar a ideia de interdependência dos seres vivos entre si e deles com o ambiente. Essa metáfora evoluiria depois para o conceito de rede. Na economia, de modo análogo, o conceito de cadeias produtivas está em evolução para o conceito de rede, e para tanto vem sendo importante a contribuição da Internet.

---

[1] Em neurologia, afasia é a perda da capacidade de expressão pela fala, escrita ou sinais. É também a perda da capacidade de compreender a palavra escrita ou falada. A causa principal é uma lesão cerebral. Não há alteração dos órgãos vocais.

[2] GOLDSTEIN, Kurt. *The organism*. Nova York: Zone Books, 1995.

A cibernética surgiu nos EUA, ao longo de uma série de conferências promovidas pela Fundação Josiah Macy Jr.[3] A partir de 1942, intelectuais de várias procedências geográficas e diferentes áreas de investigação começaram a se reunir com regularidade. Esses eventos interdisciplinares congregaram, entre outros, o fisiologista Warren McCulloch, o psicólogo social Kurt Lewin, os antropólogos Gregory Bateson e Margaret Mead, o matemático Norbert Wiener e o físico Heinz von Foerster.

"Cibernética" vem do grego *kibernetike*, que significa "navegador" ou "piloto". Relaciona-se à expressão latina *gubernator*, e daí vêm *governor* em inglês e "governador" em português. O mais provável é que essa palavra tenha aparecido pela primeira vez em *República*, de Platão. Na metáfora platônica, pilotar uma embarcação é comparável a governar uma comunidade. Depois de Platão, Aristóteles usou *kibernetike* com esse sentido: governar é como pilotar uma comunidade humana. No século 19, o físico francês André Marie Ampère fez o mesmo: para ele, a futura ciência do governo deveria ser chamada de "cibernética".

O sentido atual do termo *cibernética*, dado por Wiener,[4] introduziu a expressão no sentido que ela tem hoje, com o objetivo de unificar as ideias apresentadas e discutidas nas conferências Macy. Segundo esse autor, a cibernética é a arte da comunicação e do controle dos seres humanos, máquinas e animais. Pode ser definida como a ciência dos sistemas de controle. São sistemas que se autorregulam, se autoproduzem e se auto-organizam. Por isso, são capazes de adaptar-se às constantes mudanças do ambiente em que estão, o que lhes permite manter-se estáveis diante dessas variações.

Isaac Newton descrevia o Universo como um mecanismo de relojoaria, no qual tudo funcionaria de modo predeterminado. Wiener imaginou um Universo no qual a ordem convive com a desordem. Num dado momento, a ordem perceptível deriva do intercâmbio de informações entre todas as coisas existentes, do infinitamente pequeno ao infinitamente grande. O universo tende à entropia, ao caos, à desordem. Os sistemas que se opõem à entropia, que a negam (sistemas negentrópicos ou antientrópicos), seriam ilhas de organização em meio a um oceano de desordem. Mais tarde, Morin desenvolveria e aperfeiçoaria essas ideias, com a concepção da tríade ordem-desordem-organização.

O conceito fundamental da cibernética é a circularidade (*feedback*), isto é, a retroação sistêmica ou retorno do efeito sobre a causa com realimentação desta. Trata-se de uma ideia fundamental para a compreensão da autorregulação e de outras concepções que se desenvolveram posteriormente, como a autoprodução e a auto-organização. Tais conceitos permitem entender a dinâmica dos sistemas

---

[3] Ver JEAN-PIERRE DUPUY. *Nas origens das ciências cognitivas*. São Paulo: Editora Unesp, 1996. Nesse livro, o autor conta com minúcias a história da cibernética e dos primeiros momentos do pensamento sistêmico.

[4] NORBERT WIENER. *Cybernetics, or control and communication in the animal and the machine*. Cambridge, Massachusetts: Massachusetts Institute of Technology Press, 1948.

e também, como veremos adiante, as aplicações práticas das ferramentas conceituais do pensamento complexo. A retroalimentação é fator de melhoria dos sistemas, tende a reestruturá-los e permite que eles se autorregulem e se auto-organizem num nível mais evoluído de complexidade.

A cibernética fala de dois tipos de *feedback*. O primeiro é a autorregulação, na qual uma tendência é equilibrada por seu contrário. Eis alguns exemplos conhecidos e muito citados: (a) a interação entre a glicose que entra na corrente sanguínea, oriunda da metabolização dos alimentos, e a insulina, elaborada pelo pâncreas. Tal interação determina, a cada instante, a taxa de glicose no sangue (a glicemia); (b) o equilíbrio dinâmico de veículos de duas rodas, como bicicletas e motocicletas; (c) a pilotagem de automóveis, navios e aviões.

O segundo tipo de *feedback* é o de autorreforço, no qual as partes de um sistema se fortalecem mutuamente para obter um resultado comum. É o que Morin chama de retroações múltiplas e complexas. Eis alguns exemplos, também muito conhecidos e citados: (a) esforços comunitários que culminam em conquistas políticas e/ou econômicas; (b) a "mão invisível" reguladora dos mercados, de Adam Smith, que se manifesta pelas interações de oferta e procura entre as pessoas, grupos, organizações e instituições; (c) fenômenos complexos e disseminados que tendem a aumentar em progressão geométrica, como epidemias, as neuroses coletivas, o pânico e a desertificação de áreas em função de agressões ao meio ambiente.

Até agora, falei na cibernética em seu, digamos, "estado puro". Com o tempo, as formulações de Wiener – em si já matematizadas – foram cada vez mais apropriadas pela mentalidade produtivista da nossa cultura. O principal objetivo dessa apropriação foi produzir a ilusão de controle e levá-la às últimas consequências. Criou-se a ilusão de que pelo fato se pensar de modo sistêmico, abrangente, e de levar em consideração as ligações entre as partes constitutivas dos sistemas, seria possível exercer um domínio quase absoluto sobre coisas, pessoas e processos.

Nada mais enganoso, porém. O pensamento sistêmico, utilizado isoladamente e com fins mecânico-produtivistas, produziu "modelagens", previsibilidade e quantificação, o que aliás é útil. Entretanto, o grande equívoco foi a não percepção de que essas reduções limitaram as potencialidades da visão sistêmica e fizeram com que ela se transformasse em mais uma fonte de produção de automatismos. Com isso, o pensamento sistêmico teve muito reduzido o seu potencial estratégico e inovador. Em vez de diferença, passou a produzir repetição. Utilizado dessa forma, ele funciona como mais uma ferramenta da razão mecânica. Quando é usado exclusivamente com tais finalidades, o pensamento sistêmico amplia a ilusão de que podemos controlar uma infinidade de variáveis. Faz aumentar o equívoco de que o controle e a modelagem que conseguimos exercer sobre contextos imediatos de espaço e tempo são automaticamente extensivos a âmbitos maiores e mais complexos.

Essa cultura do domínio, da previsão e da mensuração tem gerado muitas das grandes catástrofes registradas pela História, especialmente nos últimos tempos. Vimos que a metáfora de Wiener já figurava nos *Diálogos* de Platão, mas esse filósofo recomendava que se levasse em conta o maior número possível de variáveis. O objetivo básico de Wiener (que era um cientista a quem não faltava cultura humanística) e, principalmente dos que vieram depois dele, era quantificar as variáveis, matematizá-las ao máximo. Numa palavra: reduzi-las à *mathesis universalis* cartesiana.

No fundo, com a ilusão do controle o que o homem procura é afastar-se de si mesmo e colocar-se fora do mundo. Para tanto, ele busca atribuir causas (especialmente causas externas, simples e imediatas) a tudo e tudo explicar em termos "objetivos", isto é, localizados fora dele. Dessa maneira, imagina que não participa dos fenômenos que observa e, portanto, não se sente responsável por eles. Quanto mais indesejáveis e desastrosas forem as consequências de suas ações ou omissões, maior será a necessidade de atribuir-lhes causas externas e "objetivas": debitá-las na conta dos "bárbaros", dos "inimigos", dos "estrangeiros", dos "infiéis" – dos outros, enfim.

No entanto, não é sempre assim que as coisas funcionam no mundo real. É claro que na prática reduzir o número de variáveis é uma postura razoável, sensata e recomendável. Os timoneiros dos navios e os pilotos dos aviões não poderiam controlar suas máquinas sem essa providência, que inclui, por exemplo, tomar conhecimento das previsões meteorológicas. Ainda assim, é irracional e insensato e não recomendável pensar que é possível eliminar *todas* as variáveis. É certo que os timoneiros e os pilotos pilotam, exercem controle; mas não é menos certo que eles também são pilotados e controlados: pelas variações do tempo, pelas turbulências, pelas calmarias e por todas as demais variáveis da atmosfera e do mar.

A pilotagem não é um fenômeno unilateral. É uma propriedade emergente, que nasce da interação entre as ações do piloto e as variáveis da máquina e do ambiente; entre as intenções e ações do piloto e a incerteza, a aleatoriedade e a imprevisibilidade do mundo. Não existe causalidade linear nos mundos natural e cultural: os efeitos sempre retroagem sobre as causas e as realimentam. O piloto pilota e é pilotado; o líder lidera e é liderado. Pensar sistêmico não é exercer totalmente o controle. Pensar complexo, muito menos. Mas o que até agora aprendemos sobre isso ainda é pouco.

Falemos agora sobre a teoria dos sistemas. Como foi dito, as teorias sistêmicas incluem duas grandes vertentes. Segundo o *Cambridge Dictionary of Philosophy*, a teoria dos sistemas é o estudo transdisciplinar da organização abstrata dos fenômenos. Investiga os princípios comuns a todas as entidades complexas e os modelos que podem ser usados para descrevê-las. Foi elaborada em 1940 pelo biólogo austríaco Ludwig von Bertalanffy.[5] Seu objetivo era chegar a uma visão da

---

[5] LUDWIG VON BERTALANFFY. *General systems theory*. Nova York: Georges Braziller, 1968.

totalidade por meio de um viés abrangente, oposto ao do mecanicismo cartesiano. Além disso, convém acrescentar que Bertalanffy concebeu a teoria geral dos sistemas também como um meio de interligar diferentes disciplinas cientificas.

Para Bertalanffy, os seres vivos são sistemas abertos. Convém esclarecer o que isso significa, e para tanto tomemos como ponto de partida uma conhecida definição de sistema: "É um conjunto de componentes com identidade própria mas interligados, que interagem em busca de um objetivo comum."[6] Os sistemas abertos estão em intercâmbio constante com o ambiente, onde estão outros sistemas que lhes são iguais, superiores ou subordinados. Os sistemas ditos fechados não têm entradas nem saídas para o ambiente. Tudo o que neles acontece se resume aos seus componentes. Os sistemas abertos são autônomos e autossustentáveis, mas dependem das trocas que fazem com o ambiente para manter essa autonomia. São ao mesmo tempo autônomos e dependentes. Já sabemos que essa condição Morin chamou de paradoxo autonomia-dependência ou autonomia dependente, que constitui a característica por excelência dos sistemas complexos, como veremos adiante.

Complexidade não é complicação

Comecemos retomando a bela definição de Marco Aurélio: "Considera sempre que o Universo é um organismo vivo, que possui uma única substância e uma única alma; e que todas as coisas estão submetidas a uma só percepção desse todo; que tudo é movido por um único impulso e tudo toma parte em tudo o que acontece. E repara quão intrincada e complexa é essa trama." O pesquisador francês Jöel de Rosnay[7] assinala o que ocorre quando múltiplos elementos interagem e surgem múltiplas circunstâncias. De um lado, podem aparecer turbulências que, ao ultrapassar um determinado limite, conduzem à anarquia e daí à dissociação. De outra parte, o processo pode seguir a direção oposta e acabar numa ordem rígida, com posterior esclerose e morte. Numa terceira possibilidade, pode formar-se uma zona de interseção entre a ordem e a desordem, e dela podem emergir estruturas organizadas, os fenômenos emergentes. Esses são sistemas complexos, que contêm em si a possibilidade da ordem e da desordem. É o caso dos ecossistemas e dos sistemas culturais humanos: os grupos, as organizações e as instituições. Apesar de nossas tentativas, não é possível eliminar a complexidade. Explicações simplistas, quantificações, fórmulas ou esquemas conceituais limitados só fazem alienar-nos da questão. Por outro lado, é um equí-

---

[6] GEORGES LAPASSADE. *La bioenergia*: ensayo sobre la obra de W. Reich. México: Gedisa Mexicana, 1983. p. 104.

[7] JÖEL DE ROSNAY. *O homem simbiótico*: perspectivas para o terceiro milênio. Petrópolis, Vozes, 1997. p. 65 ss.

voco pensar que a complexidade de um sistema é determinada pela quantidade de seus componentes. Na verdade, não é assim. O que determina a complexidade de um sistema não é o número de partes de que ele é composto, mas a dinâmica das relações entre essas partes. Quando mais complexo for um sistema (ou seja, quanto mais frequentes e intensas forem as interações de suas partes), maior será a sua complexidade, a qual se manifesta por sua maior capacidade de interagir com o ambiente em quem ele está situado.

Os sistemas complexos são mais capazes de se adaptar às mudanças ambientais. Daí a expressão *sistemas complexos adaptativos*. Inversamente, os sistemas menos complexos são complicados e tendentes à entropia. Os sistemas complexos adaptativos lidam bem melhor com a diversidade, a incerteza e as mudanças: produzem diferença. Os sistemas complicados não conseguem lidar bem com a diversidade, a incerteza e as mudanças: produzem repetição em vez de diferença, dada a sua pouca flexibilidade.

A ordem total implicaria a impossibilidade do aparecimento de algo diferente dela. O mesmo vale para a desordem total. Em ambas as hipóteses, não poderia surgir nada de novo. Para que surgisse algo diferente da desordem total, seria necessário que ela contivesse um mínimo de ordem. Para que surgisse algo diferente da ordem total, seria preciso que ela contivesse um mínimo de desordem. Desse modo, a ordem e a desordem formam um par de opostos que são simultaneamente antagonistas e complementares. São, portanto, interdependentes. Um não consegue se impor definitivamente sobre o outro, pois precisa dele para existir e por isso o abriga em seu seio em estado latente. Assim, a complexidade resulta do antagonismo (mas também da complementaridade) entre a ordem e a desordem, e isso constitui uma evidência de que uma não pode ser reduzida à outra. O antagonismo entre as duas não pode ser resolvido numa síntese: ele precisa necessariamente se manter. Assim são os sistemas complexos.

Complexidade não é complicação

É importante assinalar que Morin estabelece a diferença entre complexidade e complicação. Como já foi mencionado, muitas pessoas confundem esses dois termos, o que dificulta a compreensão do que é complexidade e do que é pensamento complexo.

Para contornar essa dificuldade, Morin costuma utilizar uma metáfora. Imaginemos dois novelos de lã iguais. Um deles é dado a um gato. O outro é entregue a uma pessoa que sabe tricotar. Depois de algum tempo, veremos que o novelo dado ao gato se transformou num emaranhado desordenado e caótico. O que foi entregue à pessoa que sabe tricotar se transformou em uma malha, isto é, uma estrutura ordenada. O novelo do gato resultou em complicação. O da pessoa que faz tricô transformou-se em complexidade. Com efeito, o termo *complexo* vem do latim *complexus*, que significa "o que está tecido junto".

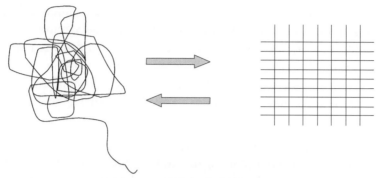

Complexus = o que está tecido junto

Diagrama 4

A complicação não é o oposto da complexidade nem vice-versa. O novelo que se tornou complicado pela ação do gato pode ser desembaraçado e tecido para formar uma malha. A malha tricotada (que é uma estrutura complexa) pode ter um de seus fios puxado, desfazer-se e produzir a complicação vista no caso do novelo entregue ao gato. A complicação traz em si, em estado latente, a possibilidade de produzir complexidade. E esta, da mesma forma, traz em si em estado latente a complicação. São condições em equilíbrio dinâmico, cujo desequilíbrio pode ocorrer a qualquer momento como resultado de múltiplos fatores. A ordem não é o oposto inapelável da desordem nem vice-versa. Do mesmo modo, a saúde não é o oposto irredutível da doença nem vice-versa. Cada uma traz em si, em estado latente, o seu contrário.

Tudo o que foi dito pode ser expresso de outra maneira (e talvez com mais clareza) pela literatura. Lembremos um trecho do livro *As cidades invisíveis*, de Italo Calvino. Nessa obra de ficção, o autor cria diálogos entre o imperador chinês Kublai Khan e seu embaixador Marco Polo. Como era costume na época, os imperadores mandavam que os embaixadores percorressem os seus domínios em viagens de inspeção. Na volta, deveriam relatar o que haviam observado. Na ficção de Calvino, eis um dos diálogos entre Polo e Khan:

Marco Polo descreve uma ponte, pedra por pedra.

"Mas qual é a pedra que sustenta a ponte?", pergunta Kublai Khan.

"A ponte não é sustentada por esta ou aquela pedra", responde Marco, "mas pela curva do arco que estas formam."

Kublai Khan permanece em silêncio, refletindo. Depois acrescenta:

"Por que falar das pedras? Só o arco me interessa."

Polo responde:

"Sem as pedras, o arco não existe."[8]

---

[8] ITALO CALVINO. *As cidades invisíveis*. São Paulo: Companhia das Letras, 2001. p. 79.

O universo dos paradoxos

A complexidade do mundo e a da vida se apresentam de inúmeras formas. Entre as mais frequentes estão os paradoxos, situações de impasse, circunstâncias nas quais os contrários não podem ser conciliados, mas mesmo assim precisam permanecer juntos. Os paradoxos começam em nós próprios, humanos, seres ao mesmo tempo racionais e irracionais. Fazemos tudo para aparentar que somos sempre guiados pela razão, mas a experiência e as descobertas da neurociência mostram que nossas percepções começam com as emoções. Somos ambíguos e vivemos a todo momento situações incertas, indefinidas, circunstâncias que nossa lógica habitual gostaria de eliminar mas continuam presentes – e de nada adianta fingir que elas não existem.

Saber lidar com os paradoxos é saber lidar com a indefinição, a incerteza, a instabilidade – com a complexidade, enfim. Esse é o nosso desafio cotidiano. Como foi dito há pouco, de nada adianta fingir que a incerteza e a imprevisibilidade não existem. Pior ainda é pensar que elas só existem fora de nós. Esse é um equívoco muito frequente: projetar nos outros uma ambiguidade que seguramente existe neles, mas que também com certeza existe em nós. É indispensável, portanto, que aprendamos a lidar com a nossa própria ambiguidade, que com frequência se manifesta como hesitação e dificuldade de tomar decisões. Para tanto, porém, é preciso aprender a lidar com os fatores há pouco referidos. É necessário integrá-los, aprender a pensar também de modo inclusivo e não apenas de maneira fragmentadora, segundo o padrão da nossa cultura.

O pensamento complexo visa a juntar coisas, pessoas e situações, para que de sua interação surjam ideias novas. Mas procura fazer isso sem perda da condição de individualidade, da singularidade de cada coisa e situação. Costumo repetir que estas são expressões e situações óbvias, e que, portanto, teoricamente não haveria necessidade de mencioná-las. Infelizmente, porém, a experiência mostra que quanto mais óbvias são as coisas, mais difícil é a sua percepção.

Aliás, a negação do óbvio é uma das principais características da chamada sabedoria convencional. Um exemplo é nossa tendência a evitar as ideias que contrariam nossas convicções mais arraigadas. Em geral, nosso primeiro impulso é não levar em consideração aquilo com que não concordamos. A princípio, essa parece ser uma atitude lógica e coerente: se nos sentimos desconfortáveis, não pensamos duas vezes: eliminamos o desconforto, fugimos dele o mais rápido possível. Ao fazer isso, com frequência perdemos boas oportunidades de perguntar a nós mesmos: se nossas ideias, convicções e pontos de vista são tão corretos e sólidos, por que temos tanto receio de pô-los à prova? Muitas vezes, é necessário dar atenção a pessoas e ideias das quais discordamos com veemência. Tal atitude produz um cotejo de opostos, o qual, por sua vez, estabelece uma tensão criativa, da qual podem emergir ideias e soluções que dificilmente surgiriam de outra maneira. Esse talvez seja um dos aspectos menos compreendidos da aprendizagem.

É óbvio, mas por isso mesmo precisa ser repetido: pôr-se à prova é um poderoso instrumento de autoeducação. Saber distinguir uma situação problemática (que precisa ser resolvida) e um paradoxo (com o qual devemos aprender a conviver) exige que pensemos para além da lógica binária. A questão dos opostos simultaneamente antagonistas e complementares é um dos principais fundamentos do pensamento complexo. Saber reconhecê-los e aprender com eles é enriquecedor. Nietzsche, um dos precursores desse modo de pensar, dizia que há sempre um pouco de loucura no amor e sempre um pouco de razão na loucura. Esse fato se tornou especialmente claro pelo exemplo da vida e obra de líderes como Gandhi e Mandela: há conflitos que não podem nem devem ser resolvidos pela eliminação de um dos lados em disputa. Aproximá-los gera uma tensão da qual podem emergir ideias novas, que seriam perdidas no caso do afastamento de um dos polos litigantes ou da eliminação física de um deles.

Em nossa cultura, criou-se uma situação na qual, se os referenciais (crenças, valores, bases conceituais, pontos de vista) de duas pessoas em relação a um determinado assunto forem diferentes, o que é perceptível e claro para uma é imperceptível e obscuro para a outra, embora não haja modificações no assunto ou objeto percebido durante a observação. Essa é a lógica que muitas vezes utilizamos como proteção contra o desconforto causado por aquilo que está em constante mudança – isto é, a vida.

Na metáfora de Edgar Morin,[9] o pensamento cartesiano pretendia pescar a ordem que se supunha existir na natureza. O resultado de sua aplicação foi que eram pescados não os peixes, mas as espinhas. Por outro lado, o pensamento sistêmico permitia pescar o peixe inteiro, mas ocultava as suas partes constitutivas. Já o pensamento complexo permite ver a totalidade (o peixe), as partes (as espinhas) e, mais do que isso, possibilita incluir o que não pode ser pescado: o mar. Portanto, o pensamento complexo corrige os excessos e o unilateralismo dos dois modos anteriores e permite reuni-los, observar a dinâmica de suas interações e aprender com ela. Trabalha na ligação, mas sem perder o contato com os polos.

O mito grego de Ícaro ilustra os maus resultados da incompreensão dessa complementaridade:

Nem muito alto, nem baixo demais

Dédalo, pai de Ícaro, era um artesão habilidoso. Ambos viviam na corte do rei Minos, na ilha de Creta, e lá se envolveram em múltiplas peripécias e acabaram na prisão.

Decidiram fugir, e para isso Dédalo construiu com muitas penas dois pares de asas e disse a Ícaro: "Vamos voar juntos. Mas não voe muito baixo, porque os salpicos das ondas do mar podem molhar suas asas, elas ficarão muito pesadas e você cairá. Também não voe muito alto, pois o Sol derreterá a cera que une as penas, as asas se soltarão e você cairá."

Ícaro não seguiu a orientação paterna: voou alto demais, perdeu as asas e caiu.

---

[9] EDGAR MORIN. *Ciência com consciência*. Rio de Janeiro: Bertrand Brasil, 1998. p. 275.

Tudo isso nos leva de volta à questão das duas culturas. Em relação a elas, cabem aqui algumas considerações a respeito da origem das ideias de Edgar Morin sobre o pensamento complexo. Tais ideias estão espalhadas em sua extensa obra, mas seu núcleo é constituído pelos seis volumes a cujo conjunto o autor deu o título de *O método*. Numa entrevista,[10] ele resume a gênese de seu pensamento. *O método* começou a ser imaginado quando ele cumpria um período de estudos no Instituto Salk de Pesquisas, na Califórnia, em 1969-1970. Nessa época, conheceu a teoria dos sistemas e entrou em contato com a obra dos autores fundamentais do pensamento sistêmico. Heinz Von Foerster, John Von Neumann, Norbert Wiener e Gregory Bateson foram os principais.

Os primeiros momentos da história do pensamento sistêmico fizeram com que Morin se desse conta da organização dos seres vivos. A seu ver, para melhor conhecê-la era preciso criar um método para o estudo da complexidade. Um método que juntasse disciplinas tradicionalmente separadas em dois amplos domínios: (a) as ciências "duras" ou exatas, predominantemente baseadas no pensamento linear-binário-cartesiano; (b) as ciências humanas, mais orientadas pela busca de ligações entre as coisas e os fenômenos, pela procura da compreensão dos contextos, por uma visão de mundo mais abrangente, enfim.

Essa visão ampla havia sido inicialmente formalizada por Wiener. No entanto, a "complexificação" do pensamento sistêmico só foi consolidada quando Morin o fez interagir com o pensamento linear. Tal interação produziu o que ele chamou de pensamento complexo. A dialógica entre os pensamentos linear e sistêmico é vista por ele como uma circularidade ou anel (*une boucle*, em francês): "Um anel recorrente: do humano ao natural e do natural ao humano." Isto é, uma ligação entre as ciências exatas e as humanidades, que tem como base o conceito de organização ou sistema.

A partir de 1972, Morin começou a trabalhar no primeiro dos seis volumes de *O método*. O tomo inicial trata essencialmente da natureza, o segundo da vida, o terceiro do conhecimento, o quarto das ideias. O quinto é uma antropologia filosófica e retoma ideias dos anteriores. O sexto fala sobre ética. O pano de fundo de tudo isso é a relação ordem-desordem-organização. Daí surgiram muitas conclusões importantes. Vejamos um exemplo. Para Morin, a mente não é uma superestrutura, algo que está acima do cérebro: é uma propriedade emergente, que se origina da relação sempre circular entre o cérebro dos seres humanos e as culturas por eles criadas. Para lidar com tantas ideias, oriundas de fontes tão diversas, o pensamento complexo precisou necessariamente ser sucessivamente multidisciplinar, interdisciplinar e transdisciplinar. Precisou descobrir instrumentos de religação, que permitissem rejuntar conhecimentos há tanto tempo separados e dispersos. A esse projeto, como já vimos, ele deu nome de religação dos saberes.

---

[10] EDGAR MORIN. Harmonia dos extremos. Entrevista. *Folha de S. Paulo*, 9 maio 2005.

A visão moriniana de complexidade e pensamento complexo é eminentemente influenciada pela filosofia continental e pela cultura da Europa Latina, sem, no entanto, deixar de levar em consideração as ciências "duras" e a filosofia analítica anglo-americana. A tudo isso convém acrescentar que, desde a década de 1960, Morin convive com frequência com a cultura de vários países da América Latina, inclusive a do Brasil. Aqui existem vários centros de estudo do pensamento complexo inspirados em sua obra, com os quais ele mantém contatos regulares.

O pensamento complexo e a filosofia

Já sabemos que a concepção moriniana de pensamento complexo tem seus fundamentos na cibernética e na teoria dos sistemas. Mas é preciso compreender que, na qualidade de um pensador com raízes na filosofia continental, Morin deu a seus estudos uma sofisticação filosófica e literária que nem sempre é encontrável nas demais escolas que estudam a complexidade. Por isso, é interessante recuar um pouco mais no tempo e buscar outras fontes de seu pensamento, entre as quais se destacam as filosofias de Montaigne, Hegel, Espinosa, Pascal, Kant e Nietzsche. Tenho pesquisado a influência desses autores na escola latina do pensamento complexo. É um trabalho ainda em progresso, do qual já emergiram considerações sobre Espinosa e Pascal.

Espinosa: a razão complexa

Baruch de Espinosa (1632-1677) é um pensador da racionalidade. Para muitos, talvez o maior de todos. Comecemos com uma breve exposição de suas ideias sobre a mente, a natureza e o corpo. Em seu *Tratado teológico-político*, ele escreve que o bem maior é o conhecimento da união da mente com a Natureza: se a mente (ou alma, ou espírito, ou *mens*) não é separada do mundo natural, o homem também não o é. O imanentismo espinosano influenciou pensadores como Marx, Nietzsche, Freud e Erich Fromm e cientistas como Francisco Varela, Gregory Bateson e António Damásio. Dessa influência, Bateson tirou não só a inspiração para várias de suas teorias, como também o título de um de seus livros, *Mente e natureza: uma unidade necessária*. Com Einstein não foi muito diferente. Certa vez, perguntado se acreditava em Deus, ele respondeu: "Acredito no Deus de Espinosa, que se revela na harmonia ordenada do que existe."[11]

Assim, de acordo com Espinosa, a mente está unida à Natureza. No entanto, como ela quase sempre está distraída, não percebe essa condição. Ao procurar compreender essa união, seguramente damos os passos adequados para sair da alienação: a compreensão da ligação mente-natureza é fator de autoconhecimen-

---

[11] Ver JOHN LUKACS. *O fim de uma era*. Op. cit., p. 125.

to. Comentando a obra de Espinosa, Bertrand Russell escreveu que as paixões nos tornam distraídos. Por isso, dificultam nossa visão racional da totalidade, isto é, a descoberta daquilo que existe em nós que nos liga ao todo, e também daquilo que nos afasta dele, produz e mantém a aparência de separação.[12]

Descartes deixou pelo menos duas questões sem solução filosófica. A primeira é a relação entre Deus e o mundo. A segunda é a relação entre o corpo e a mente. Espinosa não conseguiu solucionar totalmente o segundo problema, mas resolveu o primeiro por meio do conceito de substância única. A ideia de substância já existia em Aristóteles. Descartes retomou-a e concebeu a dualidade das substâncias: *res cogitans* (a coisa pensante, a alma) e *res extensa* (a coisa extensa, o corpo).

Espinosa unificou as duas substâncias cartesianas. A alma é o "modo pensamento" da substância única. O corpo é o "modo extensão" dessa mesma substância. Na *Ética*, ele diz que a mente é a ideia do corpo. Tudo o que existe é ao mesmo tempo corpo e ideia – ou, como se diz em termos de pensamento complexo, opostos ao mesmo tempo antagônicos e complementares. A alma e o corpo são manifestações ou atributos paralelos da mesma substância. Espinosa vê a relação entre corpo e mente como um paralelismo. Essa ideia seguramente influenciou Varela, que: (a) definiu a mente como o cérebro em funcionamento; (b) cunhou o raciocínio já mencionado: a mente faz parte do cérebro; o cérebro faz parte do corpo; o corpo faz parte do mundo; logo, a mente faz parte do mundo (isto é, da Natureza).

Espinosa afirma que tudo o que ocorre no pensamento tem sua contrapartida na extensão e vice-versa. É o que Morin chama de dualidade na unidade – a unidualidade. Aristóteles, grande inspirador de Espinosa, dizia que o ente é uno e múltiplo ao mesmo tempo. É a teoria da analogia, da passagem de um modo de ser a outro: do uno ao múltiplo e vice-versa, numa dinâmica circular. Eis o que Morin chama de *unitas multiplex*, a unidade na multiplicidade. Se pensarmos assim, as coisas aos poucos se tornam mais claras, o que não acontece quando se pensa em termos de "*ou* isso *ou* aquilo".

De acordo com Espinosa, o corpo é uma máquina complexa que funciona por meio de estados de movimento e repouso (ou de velocidades e lentidões, como prefere dizer Gilles Deleuze). Ele é composto de partículas menores, que funcionam da mesma forma. Por isso, o organismo não pode ser visto como um simples conjunto de órgãos: seu equilíbrio interno é alcançado por meio de mudanças constantes, que interagem e se harmonizam com modificações também incessantes do ambiente. Em outros termos, o que acontece no corpo repercute no ambiente (onde estão, é claro, outros corpos) e vice-versa.[13] Dois séculos depois, o fisiologista francês Claude Bernard escreveria que as condições da vida

---

[12] BERTRAND RUSSELL. *Historia de la filosofía occidental*. Madrid: Espasa Calpe, 1995. v. 2, p. 190.
[13] Ver MARILENA CHAUI. *Espinosa*: uma filosofia da liberdade. São Paulo: Moderna, 1995. p. 54.

não estão nem no organismo nem no meio exterior, mas nos dois ao mesmo tempo. Esse lado espinosano antecipador da biologia tem sido observado por vários comentadores.

Acabamos de ver que Espinosa concebe o corpo como um sistema composto de subsistemas e situado dentro de um sistema maior. Ao se expressar assim, ele se antecipa também à etologia, o estudo do comportamento dos animais e do modo como eles se adaptam ao ambiente. Segundo Deleuze,[14] a etologia se aplica também aos seres humanos, pois nenhum ser vivo pode ser compreendido sem que se levem em consideração suas relações com o meio ambiente. Dessa forma, para esse filósofo francês, a *Ética*, obra principal de Espinosa, não é uma moral, mas uma etologia.

Falemos agora sobre o conceito de autoprodução. Sabemos que nosso corpo se regenera incessantemente: produz seus próprios elementos constitutivos, autoproduz-se por meio de suas relações com o ambiente. De acordo com Espinosa, "o corpo é uma individualidade dinâmica e intercorpórea".[15] Não por acaso, essa é uma das ideias básicas do pensamento complexo. Em livro já mencionado,[16] também falo sobre o conceito de intercorporeidade. Não existimos sozinhos: estamos em interação constante com os outros e com o mundo. Na condição de seres vivos, somos modos finitos da substância única espinosana. Quando pensamos na finitude como um fato da vida – e não apenas como o fim de tudo –, percebemos que somos vulneráveis e frágeis e o mundo também o é. É o que chamo de interfragilidade.

Espinosa sustenta que Deus é a causa de si próprio, produz a si mesmo. É autoprodutor. Portanto, pode-se dizer que a realidade se autoproduz. Nessa linha de raciocínio, produtor e produto se identificam. Como diz Morin – revelando com isso seu lado espinosano –, o produtor produz o produto que, por sua vez, o produz. Na linguagem da cibernética, quando falamos em circularidade, queremos dizer que os efeitos retroagem sobre as causas e as realimentam. Esse, como veremos adiante, é o operador cognitivo fundamental do pensamento complexo. Se Deus é a causa de si mesmo e de tudo o que existe, não há criação, há autoprodução. Os efeitos não são finalidades, objetivos ou possibilidades das causas. Não são "o que vem depois": fazem parte delas. Na terminologia do pensamento complexo, dizemos que causa e efeito estão numa relação circular. Se usarmos a expressão *pensamento integrador*, utilizada pela Escola de Toronto como sinônimo de pensamento complexo, diremos que as causas e os efeitos estão integrados.

A ideia espinosano de autoprodução reapareceu no fim do século 18 num texto de Kant, *Crítica da faculdade do juízo*. Nesse livro, ele diz que os organismos vivos são totalidades autoprodutoras: cada parte deles existe por meio de sua

---

[14] GILLES DELEUZE. *Espinosa*: filosofia prática. São Paulo: Escuta, 2002. p. 130.
[15] Ver CHAUI. *Espinosa*: uma filosofia da liberdade. Op. cit., p. 55.
[16] MARIOTTI. *As paixões do ego*: complexidade, política e solidariedade. Op. cit., p. 316.

relação com as demais e assim é composto o todo, o qual, por sua vez, existe em função das partes e por meio destas. A relação todo-partes é circular, recursiva:

"Quando um órgão *produz* as outras partes (por consequência cada uma produzindo reciprocamente as outras), não pode ser instrumento da arte, mas somente da natureza, a qual fornece toda a matéria aos instrumentos (mesmo aos da arte). Somente então e por isso poderemos chamar a um tal produto, como ser *organizado* e *organizando-se a si mesmo*, um *fim natural*".[17]

Assim, Kant refere-se ao organismo como um todo que se autoproduz.[18] No entanto, antes dele e de Espinosa já existia a ideia de autoprodução, esboçada em Aristóteles e sugerida pelos filósofos estóicos e por Sêneca. Mas nenhum deles falou explicitamente de Deus como a causa de si mesmo (*causa sui*). Somente Plotino, expoente do neoplatonismo – período que encerrou a filosofia grega antiga –, havia falado em autocausalidade no sentido de autoprodução.[19] Para esse filósofo, o Princípio é a causa de si mesmo, é o seu próprio ato: "Nele, a *poiésis* é pura *energeia*".[20]

No cotidiano, observamos que os efeitos ou produtos podem ser – e frequentemente são – exteriormente diferentes de suas causas ou de seus produtores. Mas as diferenças se limitam aos modos, isto é, às maneiras de apresentação: em termos de características, de atributos, é da essência dos efeitos fazer parte das causas, pois sua substância fundamental é única. É o que afirma Chaui, referindo-se a Espinosa: "Separar o produtor do produto é aceitar a incompreensibilidade divina, o mistério da criação e o mistério da Natureza. É ser vítima da superstição."[21] Dessa forma, conhecer algo *sempre* por meio de seus efeitos seria admitir que estes são separados das causas. Seria pensar em termos de causalidade linear e, assim, negar a complexidade do mundo natural. Espinosa sustenta que conhecer é conhecer pelas causas. Conhecer pelas causas é compreender a autoprodução. Deus (ou a Natureza) não é sem causa, como queria Descartes: Ele é a causa de si mesmo, o que equivale a dizer que a natureza é autoprodutora. Essa uma das teses fundamentais do pensamento complexo.

Pascal: o gênio da dialógica

Em muitos dos escritos de Morin há menções a Pascal, a começar pela conhecida passagem que se refere às relações entre o todo e as partes. Lembremos

---

[17] EMMANUEL KANT. *Crítica da faculdade do juízo*. Rio de Janeiro: Forense-Universitária, 1995. p. 216.

[18] Ver STUART KAUFFMAN. *At home in the universe*: the search for the laws of self-organization and complexity. Nova York e Oxford: Oxford University Press, 1995. p. 274.

[19] Ver MARILENA CHAUI. *A nervura do real*: imanência e liberdade em Espinosa. São Paulo: Companhia das Letras, 2000. p. 763.

[20] *Idem, ibidem*. p. 766.

[21] CHAUI. "Espinosa, vida e obra". Op. cit., p. xiv.

o conhecido fragmento pascaliano: "Sendo todas as coisas causadas e causantes, ajudadas e ajudantes, mediatas e imediatas, e todas se mantendo por um laço natural e insensível que liga as mais afastadas e as mais diferentes, tenho como impossível conhecer as partes sem conhecer o todo, assim como conhecer o todo sem conhecer particularmente as partes."[22]

Em termos de hoje, pode-se dizer que essa frase contém alguns dos conceitos fundamentais do pensamento complexo ou a ele relacionados. Exemplos: (a) a circularidade causa-efeito, isto é, a retroação do efeito sobre a causa (*feedback*); (b) o princípio de Mach que diz, em essência, que a inércia de um corpo é determinada por sua relação por todos os corpos do Universo. Pascal sustenta que a natureza ama a unidade e a procura até mesmo por meio da junção de coisas que na aparência estão muito distantes umas das outras. O princípio de Mach se refere exatamente a isso; (c) o princípio hologramático, enunciado por Morin e David Bohm, que diz que as partes estão no todo mas o todo também está em cada uma de suas partes. Aliás, segundo Pascal – aqui influenciado por Santo Agostinho – a humanidade deve ser vista como um único ser humano, que se mantém ao longo do tempo e aprende sem cessar.

Estão ligadas a todas essas noções algumas ideias atualmente muito mencionadas. Lembremos três delas: (a) a tolerância, da qual fala Jürgen Habermas; (b) a hospitalidade, que segundo Jacques Derrida vai além da tolerância; (c) a ética do acolhimento, baseada na ideia de *holding environment* (ambiente de apoio), introduzida pelo psicanalista inglês Donald Winnicott. Daí a necessidade de respeitarmos a diversidade biológica, a multiculturalidade e a pluralidade de comportamentos. Nada disso é incompatível com a existência de princípios organizadores e com a possibilidade de vários tipos de ordem.

O que Pascal chama de razão é basicamente o método silogístico de Aristóteles, que ele considera limitado e limitador. E assim é porque Aristóteles não leva em conta que, além da razão (*raison*), existem também as emoções, o coração (*coeur*). Daí a conhecida frase "o coração tem razões que a razão desconhece", cuja versão completa requer o acréscimo de mais cinco palavras: "Sabe-se disso em mil coisas."[23] O *coeur* é intuitivo; por meio dele ocorre a percepção instintiva, direta e imediata dos princípios.

É pascaliana (e também espinosana) a ideia de que nossas percepções do mundo começam como emoções e depois assumem a forma de sentimentos. Foram essas as conclusões a que também chegou o neurocientista António Damásio, da Universidade de Iowa, EUA. Segundo Damásio, as emoções se incluem entre os mecanismos básicos de regulação da vida. Seus estudos clínicos e experimentais fizeram-no concluir que elas são fenômenos que acontecem no corpo. Já os

---

[22] PASCAL. *Pensamentos*, 199 (72).
[23] *Idem, ibidem.* p. 423 (277).

sentimentos ocorrem, para usar a sua expressão, "no teatro da mente".[24] Mas esses achados de clínica e laboratório – observa Damásio – não nos devem levar à falsa conclusão de que corpo e mente são separados. Seguindo Espinosa, Damásio sustenta que se trata de modos diferentes de apresentação de uma mesma substância.

A essas percepções iniciais (as emoções) Pascal chama de "conhecimento dos primeiros princípios". Em sua opinião, o conhecimento da verdade nos chega não só pela razão, mas também pelo *coeur*, isto é, por meio das emoções e dos sentimentos. É pelo coração, não pela mente racional, que tomamos conhecimento desses "primeiros princípios" ou "verdades principais". O conhecimento proporcionado pelas emoções e sentimentos é mais firme do que o obtido pela razão. Mas o *coeur* pascaliano nada tem a ver com as paixões, que o filósofo condenava enquanto propunha o desapego. O *coeur* não é uma inclinação afetiva: é uma inteligência, um modo de percepção que nos leva ao conhecimento global, imediato, intuitivo. A razão explica, o coração compreende. Mas uma e o outro não se excluem, fertilizam-se mutuamente: o coração constrói a base sobre a qual a razão deve se apoiar. A fé pertence a esse âmbito.

Pascal influenciou Morin também no que se refere à dialógica. A propósito, convém relembrar aqui a diferença entre dialógica e dialética, que algumas pessoas têm dificuldade de entender e muitas outras imaginam inexistente. Paul Valéry, por exemplo, caiu nesse equívoco quando escreveu que Pascal havia escolhido ser vago a ser exato.[25] Na realidade, Valéry parece ter confundido pensar com clareza com pensar exclusivamente segundo o raciocínio binário. No mesmo engano incorreram outros comentadores da obra pascaliana.

Mas a diferença existe, sim, e a ideia de dialógica é apresentada com clareza em várias passagens dos *Pensamentos*. Na dialética, como se sabe, o processo se dá por meio da tríade tese, antítese e síntese. A síntese é a resolução, o resultado do embate entre a tese e a antítese. Desse modo, pode-se dizer que a contradição se resolve mediante uma espécie de negociação que leva a um acordo. O choque entre os opostos é solucionado pelo surgimento de uma terceira figura.

Já na dialógica não é possível chegar a uma resolução, pois as características dos contrários tornam o confronto inegociável, e por isso eles precisam conviver num diálogo sem fim. Um dos critérios, talvez o mais eficaz, para fazer essa distinção é a *duração* do diálogo. Na dialética, ele é temporário, tem início, meio e fim. Na dialógica, precisa continuar indefinidamente.

Morin assim define a dialógica: "Unidade complexa entre duas lógicas, entidades ou instâncias complementares, concorrentes e antagonistas, que se nutrem uma da outra, completam-se, mas também se opõem e se combatem. [...] Na

---

[24] ANTÓNIO DAMÁSIO. *Em busca de Espinosa*: prazer e dor na ciência dos sentimentos. São Paulo: Companhia das Letras, 2004. p. 35-36.
[25] Ver ALBERT BÉGUIN. *Pascal*. México: Fondo de Cultura Econômica, 1989, p. 24.

dialógica, os antagonismos persistem e são constitutivos das entidades ou fenômenos complexos."[26] Trata-se, portanto, de opostos ao mesmo tempo antagonistas e complementares como os princípios masculino e feminino, a razão e a emoção ou, como escreveu Nietzsche, o apolíneo e o dionisíaco.

Essa interação produz conflitos, mas também gera criatividade: a razão do apolíneo precisa da emoção do dionisíaco e a recíproca é verdadeira. Nas palavras de Pascal: "Nem a contradição é a marca da falsidade, nem a não contradição é a marca da verdade."[27] Em suma, a dialógica é um modo de fazer com que os paradoxos não apenas sejam admissíveis, mas uma forma de perceber as ideias novas que muitas vezes deles emergem. É o que diz Gérard Lebrun, para quem o objetivo da dialógica não é solucionar contradições, mas tornar os paradoxos pensáveis: "Pascal é 'dialético' somente na aparência e numa primeiríssima aproximação. Certamente, sua estratégia é de tal ordem que combina proposições que parecem excluir-se."[28]

No entanto, lidar com paradoxos (e não há nada mais paradoxal do que o ser humano e suas sociedades) é coisa de que não gostamos, porque nos confronta com a inevitabilidade da dúvida, da incerteza, da dificuldade de estar sempre no controle. Nossa cultura nos persuadiu de que podemos dominar *sempre* a natureza, inclusive a nossa própria. Forneceu-nos incontáveis instrumentos de autoengano para manter-nos convencidos disso, mesmo nas circunstâncias em que somos (é o que acontece diariamente) postos diante de evidências de que esse domínio está muito longe de ser tão completo quanto desejamos. Com efeito, não tem sido outra a função da chamada "ideia de progresso".

Entre ser *sempre* fortes ou *sempre* fracos, optamos ingenuamente pela primeira hipótese: queremos ser *sempre* fortes, controladores, racionais e "exatos", mesmo quando tudo à nossa volta nos mostra que somos fortes *e* fracos (não uma coisa *ou* outra), e que há momentos e circunstâncias em que é preciso aceitar o erro e a ambiguidade. Aceitá-los e reconhecer que eles também são meios de autoconhecimento, que nos ensinam a tolerância (não confundir com permissividade), a moderação (não confundir com auto-repressão), o senso de ridículo (não confundir com timidez) e a assertividade (não confundir com individualismo). Meios que nos ensinam, enfim, a sabedoria de viver, que inclui isso tudo mas a nada disso pode ser reduzida.

Eis uma das grandes descobertas de Pascal: ele mostra que os opostos simultaneamente antagonistas e complementares são parte inescapável da condição humana. Esse é também um dos principais fundamentos do pensamento complexo, na concepção de Edgar Morin. Pascal vê em nossa condição a coexistência de grandeza e miséria, e entende que a corrupção humana é inseparável da grande-

---

[26] EDGAR MORIN. *La méthode. 5*. Op. cit. 2001. p. 281.
[27] PASCAL. *Pensamentos*. 177 (384).
[28] GÉRARD LEBRUN. *Pascal*: voltas, desvios e reviravoltas. São Paulo: Brasiliense, 1983. p. 75-76.

za humana. São condições opostas, mas estão sempre lado a lado. A grandeza do homem é sua faculdade de pensar, sua fragilidade é sua miséria: "O homem não é senão um caniço, o mais fraco da natureza, mas é um caniço pensante."[29]

A ideia da ambiguidade do ser humano fez de Pascal um precursor do pensamento existencial e influenciou, por exemplo, Albert Camus e sua filosofia do absurdo. Na condição de caniço, de junco (um *roseau pensant*), o ser humano torna-se grande quando reconhece a sua miséria – o que deveria impedi-lo de se mostrar arrogante, prepotente e predatório pela supervalorização dessa mesma grandeza. A compreensão dessa ambiguidade requer que aprendamos a lidar com essa e muitas outras contradições não solucionáveis pela dialética. Já vimos que, quando o diálogo de duração limitada não soluciona uma contradição, é preciso levá-lo adiante: não desistir dele, perpetuá-lo enfim. Essa é uma forma de lidar com a incerteza e a instabilidade e de aceitar diferenças.

A estratégia pascaliana consiste em ir até onde for possível com o pensamento lógico-sequencial e, por fim, questionar os pressupostos que orientam esse raciocínio. Questionar não os argumentos, mas o modelo mental em que eles se baseiam.[30] Em outras palavras, examinar o passo a passo para mostrar que o equívoco está nos pressupostos, nos juízos prévios – os quais, como propunha Montaigne, deveriam ser suspensos ao menos momentaneamente, para que algo de novo pudesse surgir e ser aprendido.

De acordo com Pascal, o ser humano não pode ser somente grandeza, como queria Epicteto (um estoico dogmático), ou apenas miséria, como afirmava Montaigne (um cético que, como acabamos de ver, propunha como meio de conhecimento a suspensão dos juízos sobre todas as coisas). Entre os opostos Epicteto e Montaigne, Pascal ficava com o paradoxo: o homem não é grande *ou* miserável; ele comporta grandeza *e* miséria: "O homem conhece-se na pessoa de Cristo, o homem-deus, imagem do acordo dos contrários que o constitui."[31]

Assim, no entender de Pascal, no caso do ser humano a oposição entre grandeza e miséria não é dialética, pois não há como resolvê-la. Ela é dialógica e ajuda a compreender a ambiguidade inerente à nossa condição. Trata-se, como escreve Denis Huisman, de "verdades que parecem incompatíveis mas que não deixam de invocar-se mutuamente".[32] Para esse autor, a dialógica pascaliana põe no lugar da sequência racional uma rede na qual se entrecruzam diferentes linhas de interpretação. Da linearidade às redes; portanto, estamos em pleno âmago do pensamento complexo, como o concebeu e formulou Morin, que, no entanto, não inclui em seu pensamento a religiosidade característica de Pascal. Morin segue

---

[29] PASCAL. Op. cit., 200 (347).
[30] ALBAN KRAILSHEIMER. *Pascal*. Lisboa: Dom Quixote, 1983. p. 60-61.
[31] *Entretien avec M. de Sacy sur Epictète et Montaigne*. In: MONIQUE LABRUNE; LAURENT JAFFRO. *A construção da filosofia ocidental*: gradus philosophicus. São Paulo: Mandarim, 1996. p. 393-394.
[32] DENIS HUISMAN. *Dicionário dos filósofos*. São Paulo: Martins Fontes, 2001. p. 750.

Pascal e se deixa influenciar por ele, mas só no tocante à dialógica contida em sua antropologia filosófica. Convém insistir nesse ponto: ao utilizar a dialógica aprendida com Pascal, ele busca antes de mais nada estabelecer a alimentação mútua entre contrários inconciliáveis pela dialética. Na impossibilidade de uma síntese que supere a contradição, a tensão entre os opostos se mantém e dela surgem fenômenos novos: as propriedades emergentes.

A compreensão da dialógica fez de Pascal um "filósofo do paradoxo", um pensador que afirma que a verdade é sempre a junção de opostos e que o ser humano é paradoxal, simultaneamente grande *e* pequeno e, como vimos, forte *e* fraco.[33] A confusão que muitas vezes se faz entre a existência de opostos simultaneamente antagônicos e complementares e o irracionalismo é um dos problemas que muitas pessoas enfrentam para a compreensão e aceitação do pensamento complexo. Não é fácil aceitar a ideia de que nem sempre aquilo que ultrapassa a lógica clássica é irracional. Por outro lado, é também difícil entender que a pretensão de racionalizar tudo é uma manifestação de irracionalismo.

Nesse sentido, denominar Pascal de "filósofo do paradoxo" faz justiça à sua perspicácia, pois em boa parte de seus *Pensamentos* ele recusa o raciocínio binário sem cair na racionalização nem na irracionalidade. Em questões religiosas, porém, às vezes ele cai na lógica binária preponderante nos monoteísmos. Nessas ocasiões, a lógica do "ou/ou" aparece em seus textos, nos quais há passagens como a que afirma que a religião cristã "é a única a ter razão".[34] Afora exceções como essa, a fragmentação típica do binarismo não faz parte dos *Pensamentos*, obra em que mais de um comentador vê uma unidade, uma ordem implícita em sua aparente desordem.

O pensamento complexo aplicado aos negócios e à administração

Há quem afirme que sociedades como as nossas, cujos valores fundamentais são quase exclusivamente tecnoeconômicos, são incompatíveis com o desenvolvimento humano. Em tais sociedades, as grandes corporações se tornaram as instituições mais destacadas. Para Joel Bakan,[35] a atual hegemonia dessas organizações é um dos fenômenos mais importantes da história moderna. A seu ver, essa importância infelizmente nem sempre se manifesta de modo positivo. Bakan utilizou a classificação de tipos de personalidade da Organização Mundial de Saúde, e chegou à conclusão de que as grandes corporações podem ser enquadradas no diagnóstico de personalidades psicopáticas (sociopáticas).

---

[33] CHAUI. "Pascal, Vida e Obra". Op. cit., p. 19.
[34] PASCAL. *Pensamentos*, 808 (245).
[35] JOEL BAKAN. *The corporation: the pathological pursuit of profit and power.* Nova York, Free Press, 2004.

No entanto, esse assunto não pode nem deve ser encarado de maneira unilateral e maniqueísta. Condenar logo de saída o universo da economia e dos negócios é fácil demais. Além de incorrer no simplismo de apontar bodes expiatórios, em geral essa atitude traduz pouca disposição para refletir sem pressa sobre determinadas questões. Se a tese de Bakan é verdadeira em alguns casos, por outro lado nas empresas existe um apreciável potencial para a reforma do modelo mental predominante em nossa cultura. Examinemos, pois, os dois lados da questão, a começar pelo argumento de Bakan.

Hoje, como sempre, o objetivo principal das empresas é produzir lucros. Se bem que haja exceções, não são raros os casos em que não há preocupações significativas em relação ao bem-estar dos funcionários, ao desenvolvimento da sociedade ou à preservação do meio ambiente. Embora exista muita retórica "altruísta" sobre esse aspecto, em tais casos predomina a lógica do "ou/ou" – base do jogo de soma zero que, por sua vez, fundamenta a divisão, a separação e a exclusão típicas do darwinismo social. Nessa ideologia, o desrespeito à diversidade e à individualidade (não confundir com individualismo) é a regra. Tal atitude corrói o próprio sistema, que tende a se tornar insustentável, como ocorreu com o "socialismo real". Mais cedo ou mais tarde, essa insustentabilidade resultará em uma grande ruptura, da qual poderá emergir a polaridade oposta: o estatismo autoritário.

Vejamos agora o outro lado da questão. Se, como quer Bakan, é nas grandes corporações que está o problema, é também nelas que pode estar a solução. Como se sabe, nos dias atuais os núcleos de poder tendem a se deslocar do Estado para as grandes empresas. Mas esse fenômeno pode não ser necessariamente uma distorção, se levarmos em conta as considerações a seguir, algumas das quais já mencionadas de passagem na apresentação deste livro:

1. ao lado das conquistas significativas da ciência e da tecnologia, a hegemonia do modelo mental fragmentador e excludente vem produzindo consequências desastrosas. Entre esses efeitos colaterais estão a devastação do meio ambiente, o aquecimento global, a desvirtuação da democracia, a escalada da desigualdade social e o aumento da pobreza e da exclusão social;
2. assim, é imperioso que esse sistema de pensamento seja reformado;
3. a atual economia de mercado se baseia amplamente nele. Portanto, é pouco provável que ela financie uma educação baseada em ideias que o questionam, como é o caso do pensamento complexo;
4. por outro lado, já existem evidências de que mais cedo ou mais tarde os efeitos colaterais mencionados no item 1 acabarão por interferir negativamente nos resultados econômicos das empresas (em muitos casos, isso já acontece);

5. assim sendo, cedo ou tarde as corporações se verão diante da necessidade de rever posições e passar a investir em modelos mentais que antes consideravam inadequados. Hoje, o pensamento complexo é o mais consistente deles;
6. como os resultados da educação formal só aparecem a longo prazo, as empresas precisam (pois isso é estratégico) preparar desde já seus quadros para lidar os novos desafios;
7. por tudo isso, é óbvio que uma das áreas-chave para um início eficaz da reforma do pensamento são os ambientes corporativos.

Contudo, ainda são poucas as escolas de administração e negócios que já despertaram para esse fato. Por formarem profissionais de quem as empresas esperam criatividade e inovação, as escolas de negócios devem prepará-los para unir o estratégico (que, por definição, tende para o pensamento sistêmico) ao operacional (que, também por definição, tende para o pensamento linear). Prepará-los para ativar o imaginário sem tirar os pés do chão. Para ser visionários sem deixar de ser pragmáticos. De um certo modo, as empresas precisam disso até com mais urgência do que outras instituições. Aliás, há evidências de que algumas organizações longevas e bem-sucedidas seguiram intuitivamente essa trilha.[36] Nesse sentido, as escolas de administração e negócios deveriam se transformar em Escolas de Mentalidades, ou pelo menos abrir espaços significativos para alcançar esse objetivo.

A educação e o desenvolvimento por meio do pensamento complexo devem ter um lugar assegurado nesses espaços. Talvez a visão humanista que dele faz parte possa contribuir para modificar a mentalidade e a carreira dos executivos e líderes de empresas e fazê-los sair desse modelo mental que – não inteiramente por sua responsabilidade – vem se repetindo ao longo do tempo: pessoas muito bem-sucedidas no plano material, mas em muitos casos alienadas da realidade social e infelizes em termos pessoais. Foi o que mostrou minha experiência de longos anos como psicoterapeuta.

De todo modo, no mundo corporativo a teoria da complexidade e as aplicações do pensamento complexo já não são novidade. Em fins da década de 1980, o cientista chileno Francisco Varela – hoje mundialmente conhecido –, que na época trabalhava em Paris, foi convidado a dar uma palestra sobre seus estudos como biólogo e pesquisador em ciência cognitiva no Shell Center de Londres.[37] A solicitação partiu da Royal Dutch Shell Corporation. Ao recebê-la, Varela declarou-se surpreso: o que desejaria uma companhia multinacional de petróleo de um cientista que, entre outros recursos conceituais, utilizava o pensamento complexo? A resposta o deixou ainda mais surpreso: ele havia sido convidado porque

---

[36] Ver ARIE DE GEUS. *A empresa viva*. Rio de Janeiro: Campus, 1998.
[37] FRANCISCO VARELA. *Invitation aux sciences cognitives*. Paris: Seuil, 1988. p. 17.

a Shell, segundo declaração de seus altos executivos, queria conhecer a si mesma na condição de sistema complexo de aprendizagem.

O convite foi aceito. Esse fato estabeleceu o início da profunda influência que Varela – e por meio dele o pensamento complexo – haveria de exercer sobre dirigentes importantes da Shell como Peter Schwartz e, em especial, Arie De Geus, que anos depois publicaria o livro *A empresa viva*, várias vezes citado ao longo deste texto. Essa obra é um marco na história da introdução do pensamento complexo no universo corporativo em geral, e nos estudos de cultura organizacional e suas relações com a liderança em particular. Além disso, lançou os conceitos de organizações de aprendizagem (*learning organizations*) e revigorou a concepção de educação corporativa. No livro de De Geus estão presentes vários exemplos de utilização do pensamento complexo em questões organizacionais, especialmente o operador dialógico e o operador hologramático, importantes instrumentos conceituais dos quais falarei em detalhes adiante.

Também na década de 1980, nos EUA, o Citicorp contratou os serviços do Santa Fe Institute, do Novo México, com o objetivo de ajudá-lo na compreensão da complexidade da situação mundial, especialmente da economia. A base conceitual seria a teoria dos sistemas complexos adaptativos. O Santa Fe Institute é um respeitado centro de estudos de complexidade, teoria do caos e sistemas complexos adaptativos. Em 1988, por meio de Stuart Kauffman, um de seus pesquisadores, esse centro iniciou uma parceria com a consultoria de gestão Ernst & Young. O propósito era mais ou menos o mesmo do trabalho com o Citicorp: aplicar a teoria da complexidade e o pensamento complexo à área da gestão e negócios. Essa associação, denominada Bios Group – Science for Business –, tinha entre seus clientes a Unilever e a General Motors. Posteriormente, o Bios Group foi comprado pela empresa de consultoria empresarial NuTech, entre cujos clientes estiveram organizações importantes como Siemens, Philips, Nasdaq, Procter & Gamble, Southwest Airlines, Wells Fargo, Ford, Bank of America, Daimler Chrysler e o Departamento de Defesa dos EUA.

Ainda nos EUA, os estudos sobre a aplicação da teoria da complexidade às organizações constituem a atividade central do Centro de Estudo de Sistemas Complexos da Universidade de Michigan. Nesse país, funciona também o Highlands Forum, nome dado a um grupo de pessoas oriundas da indústria, governo e instituições universitárias. O fórum trabalha com questões informacionais, é patrocinado pelo Departamento de Defesa e tem utilizado os sistemas complexos adaptativos como fundamento conceitual. A Intel Corporation, também nos EUA, realiza experimentos em ampla escala com simulações em computador para estudar sistemas sociais auto-organizadores.[38]

---

[38] ROBERT AXELROD e MICHAEL D. COHEN. *Harnessing complexity*: organizational implications of a scientific frontier. Nova York: Free Press, 1999. p. xvii ss.

A Business School São Paulo

A Business School São Paulo (BSP) é uma escola de negócios em pós-graduação, cuja missão é qualificar indivíduos e organizações para atuar como líderes éticos no Brasil e no exterior. A escola é pioneira no Brasil nessa área. Há cerca de dois anos, seus fundadores decidiram adotar o pensamento complexo como filosofia básica de ensino da instituição, a ser introduzida gradualmente. No momento, esse modo de pensar e sua metodologia já fazem parte de algumas das atividades regulares da escola. Uma delas é o Grupo de Estudos de Pensamento Complexo Aplicado aos Negócios. Trata-se de uma atividade permanente, que funciona como um laboratório de pesquisas que visa a transformar os conceitos da teoria da complexidade em ferramentas aplicáveis ao universo dos negócios e da administração.

O grupo tem sido frequentado por pessoas de diversas áreas: professores, alunos e ex-alunos da BSP, executivos, psicólogos, médicos, empresários e consultores de empresas são alguns exemplos. A metodologia mais empregada tem sido o estudo de casos empresariais, aos quais são aplicadas os mencionados conceitos e ferramentas. Faz parte do projeto de pesquisas do Grupo acumular experiência com essas aplicações, com vistas à posterior publicação dos *cases* examinados sob a forma de um manual prático – um *fieldbook*, como costumam dizer os autores americanos. Outra área em que o pensamento complexo começa a ser aplicado é o Centro de Desenvolvimento de Lideranças, também da BSP.

Desde a sua fundação, em 1994, a BSP mantém parceria com a Joseph Rotman School of Management, da Universidade de Toronto, com vistas à preparação de executivos por meio de MBA. Essa escola criou e mantém um centro de "pensamento integrador" – nome dado ao que aqui denominamos de pensamento complexo.

A Rotman é hoje um dos mais destacados centros de estudos da teoria da complexidade aplicada aos negócios. Tais estudos vêm sendo conduzidos especialmente no Marcel Desautels Centre for Integrative Thinking, que funciona nessa escola. Numa edição da revista *Rotman Management*, que contém uma série de artigos dedicados a esse assunto, o Prof. Roger Martin observa: "O pensamento integrador é o estilo e liderança que a Rotman School cultivará na próxima geração dos líderes empresariais canadenses. Por quê? Porque os que pensam de modo integrador são claramente mais bem-sucedidos."[39] É interessante registrar que na BSP chegamos à expressão *pensamento integrador* como equivalente a *pensamento complexo* quando ainda não havíamos tomado conhecimento dos estudos da Rotman a esse respeito.

---

[39] ROGER MARTIN. Greetings from the Dean. *Rotman Management*, 3:1, 1999.

A latinidade e o pensamento complexo

A visão de Edgar Morin e associados, entre os quais me incluo, representa a visão "humanista" e "filosófico-continental" – a escola da Europa e da América latinas. Morin é o fundador do que denominei Escola Latina do Pensamento Complexo, que tem ramificações na Itália, Espanha, México e Brasil, entre outros países. Trata-se de uma ampla gama de ideias, cujas aplicações práticas a vários campos da atividade humana (à educação, por exemplo) começam a se tornar conhecidas e aceitas.

O núcleo da abordagem moriniana é a religação dos saberes, isto é, a rearticulação das disciplinas de conhecimento que atualmente estão divididas em especialidades e subespecialidades. Já vimos que tal rearticulação visa especialmente ao estabelecimento de pontes entre as ciências "exatas" e as "humanas", isto é, a rejuntar conhecimentos dispersos.

As diversas escolas de complexidade e pensamento complexo não se excluem umas às outras: são complementares. Por isso, seus estudos e pesquisas têm chegado a resultados muito semelhantes, quando não idênticos. A ideia de complexidade e seu estudo por essas escolas estão em plena evolução, mas ainda estão longe de produzir os resultados de que são capazes. Alguns de seus conceitos ainda não estão suficientemente claros. Porém, os que já atingiram um grau de clareza satisfatório têm proporcionado bons resultados quando postos em prática.

Seja qual for o ângulo pelo qual abordarmos a complexidade, é indispensável ter sempre em mente que ela é, em essência, um modo não linear de manifestação dos fenômenos. Já sabemos que, dada a sua natureza, a complexidade não pode ser compreendida pelo pensamento linear. Esse modo de pensar é incapaz de entender a desordem e a não linearidade, porque é pautado exclusivamente pela ordem e pela linearidade. A complexidade só pode ser adequadamente entendida por um sistema de pensamento aberto, integrador, pluralista e flexível: o pensamento complexo. Ele aceita e procura entender as mudanças constantes do mundo real e não tem a pretensão de negar ou ocultar a contradição, a diversidade e a incerteza, mas procura compreendê-las e aprender a conviver com elas.

Vejamos agora como esses conceitos podem ser postos em prática.

Para começar, repitamos de outra maneira o que já foi dito antes em relação ao fenômeno da liderança: uma das características mais importantes dos líderes é a sua capacidade de perceber que muitas das situações da vida cotidiana não podem ser compreendidas nem resolvidas nos termos do raciocínio binário. Eles se dão conta de que em muitos casos esse modo de pensar não se aplica, embora em outras situações seja indispensável. Percebem intuitivamente o que a maioria das pessoas não consegue notar: que entre duas alternativas aparentemente opostas existem algumas – ou muitas – nuanças e variáveis. Enfim, sabem que muitas vezes pode ser desastroso pensar nos termos simplistas da polarização "ou tudo ou nada" antes de tomar decisões. Quando percebem que nem sempre é possível aplicar esse raciocínio simplificador, os líderes põem em prática a frase de Albert Einstein: "As coisas deveriam ser tornadas tão simples quanto possível, porém não mais simples."[40]

Voltamos, assim, ao ponto central: há limites para a simplificação. Reconhecê-los é saber a diferença entre ser simples e ser simplista. E essa, não por acaso, é também a diferença entre comandar e liderar. Os líderes eficazes sabem que existe um limite para a nossa tendência a simplificar as coisas, as pessoas, as ideias, as organizações e os acontecimentos. Com isso, mostram que têm uma percepção intuitiva que os leva a compreender a complexidade inerente ao mundo e à vida. Tal percepção é uma das habilidades mais valiosas – e talvez menos estudadas – do fenômeno da liderança. Sem medo de errar, pode-se afirmar que ela é decisiva para a tomada de decisões.

Entretanto, como tudo o mais, essa percepção exige que se atenda a um requisito: ampliar a consciência e, com ela, a capacidade de reflexão. Exige que desenvolvamos uma flexibilidade mental que nos capacite a usar modos de raciocínio diversos em circunstâncias diferentes. Precisamos aperfeiçoar nossa capacidade de usar – cada qual nos momentos e circunstâncias em que é cabível – o pensamento lógico-linear, que é predominantemente lógico-operacional, e o pensamento sistêmico, que se vale mais da intuição e é principalmente estratégico.

---

[40] JERRY MEYER; JOHN P. HOLMS. *Bite-size Einstein*: quotations on just about from the greatest mind on the twentieth century. Nova York: St. Martin's Press, 1996. p. 64.

6

É Possível "Curar" o Pensamento?

A elaboração de novas ideias depende da libertação das formas habituais de pensamento e expressão. A dificuldade não está nas novas ideias, mas em escapar das velhas, que se ramificam por todos os cantos da nossa mente.

(John Maynard Keynes)

A nova mentalidade é até mais importante do que a nova ciência e a nova técnica.

(Alfred North Whitehead)

A questão do ego

Quando se fala sobre o ego e o que ele representa para a nossa cultura atual, é necessário levar em conta que se trata de temas que nem sempre são de fácil aceitação. Não que sejam de compreensão difícil: em grande parte dos casos, a resistência a eles se deve mais a uma questão de condicionamento. E não poderia ser de outra maneira: afinal, vivemos num mundo em que predominam as mentes voltadas para o tangível, o quantificável. No entanto, nos últimos tempos ideias, teorias e conceitos assumiram uma nova feição. Estamos numa época em que o abstrato e o intangível assumiram uma importância nunca antes vista.

No plano racional, reconhece-se que o conhecimento é o bem mais valioso dos tempos atuais. Mas isso cria um problema: nós, os "homens práticos", buscamos acima de tudo o que chamamos de "resultados concretos". Não sabemos lidar de modo eficaz com o virtual, o abstrato, o intangível – com aquilo que não pode ser facilmente reduzido a números. Como conviver com o fato de que aquilo a que hoje se atribui mais valor é precisamente algo com que temos tão pouca familiaridade? Esse é o núcleo da questão. Precisamos desenvolver novos modos de pensar e novos valores, para que deles surjam novas práticas. Para tanto, é necessário encarar o ser humano de outras formas, construir um modo ampliado de entender a condição humana. Um modo que comece, é claro, com outras maneiras de ver a nós mesmos.

Para iniciar essa profunda mudança de ponto de vista, o essencial é aprender a pensar de um modo mais abrangente. Esse aprendizado nos permitirá ver de outras formas a vida mecânica, que inclui o cotidiano prático com o qual lidamos por meio da chamada razão instrumental. Já sabemos que, para lidar com esse lado da vida, desenvolvemos o pensamento binário que, em termos práticos, se manifesta por meio das ideologias e da tecnologia.

Michel Serres observa que a relegação das artes e da filosofia (do conhecimento humanístico, enfim) a um plano secundário condenou nossa cultura ao imediatismo, à superficialidade e à supersimplificação. Essa circunstância transformou muitos de nós em indivíduos que se consideram separados do mundo natural. Em páginas anteriores, vimos como essa atitude limitadora nos trouxe um sem-número de problemas. Também vimos que compreender essa limitação é crucial, porque isso permite que possamos ao menos atenuá-la. Entretanto, tal compreensão não pode ser alcançada sem que primeiro entendamos o papel que o ego – expressão que aqui considerarei sinônima de "eu" e *self* – desempenha em nossas vidas.

O círculo da mente

Nossa principal dificuldade para compreender o ego e o seu papel vem da situação indicada há pouco: sempre que saímos do concreto, do tangível, do supostamente mensurável e tentamos trabalhar com o intangível, o abstrato, o não mensurável, faltam-nos instrumentos conceituais. No livro *O poder do mito*, Joseph Campbell utiliza um diagrama para representar a mente[1] baseado na concepção de Platão, que a via como um círculo. Uma linha horizontal divide o círculo em metades desiguais. A parte superior representa a consciência e a inferior, o inconsciente. Um pequeno quadrado representa o ego. Parte dele está no inconsciente, como propõe Freud. O ponto central do círculo – que não é aquele onde está o ego – representa o centro da psique.

Campbell utiliza esse diagrama para mostrar que o ego não é o centro do nosso universo psíquico, como imagina a nossa cultura. Com efeito, hoje se sabe que o ego é uma construção sociocultural, não um componente natural da mente. A ideia de que o ego não é o centro da psique foi introduzida por Carl Jung, criador da psicologia analítica. A noção de que ele não é um componente natural de

---

[1] JOSEPH CAMPBELL; BILL MOYERS; SUE FLOWERS. *O poder do mito*. São Paulo: Palas Athena, 1999. p. 151.

nosso universo mental é muito antiga, mas só veio a se tornar clara nos últimos tempos, graças à ciência cognitiva.

Nossa cultura acredita que o ego é inato e perene. No entanto, há milênios que as tradições filosóficas orientais (e agora, como foi dito, os recentes avanços da ciência cognitiva) sugerem que a mente é uma estrutura difusa, sem um centro definido, que funciona de modo sistêmico, modular, cooperativo. Não existe um núcleo de onde emanam decisões e diretivas. As propriedades da mente emergem do funcionamento da rede de neurônios do cérebro.

Em termos de cultura ocidental, um dos primeiros questionamentos do ego foi proposto por Pascal. Expus as relações entre o pensamento complexo e a filosofia pascaliana num ensaio que agora retomo como base para as considerações a seguir.[2] Pergunta Pascal: "Por que alguém amaria a substância da alma de uma pessoa, abstratamente, e algumas qualidades nela existentes? Isso não é possível e seria injusto. Portanto, nunca se ama ninguém, mas somente qualidades."[3] Esse fragmento dos *Pensamentos* começa com outra pergunta, não menos provocadora: "Onde está então esse *eu*, se não está no corpo nem na alma? E como amar o corpo ou a alma, senão por essas qualidades que não são o que fazem o eu, pois que são perecíveis?"[4]

Em termos de filosofia ocidental, esse talvez tenha sido o primeiro questionamento claro e direto da existência do ego tal como o imaginamos. Tempos depois, no seu *Tratado da natureza humana*, publicado em 1739/1740, o filósofo escocês David Hume – que escreveu essa obra aos 26 anos de idade – propôs uma resposta: "De minha parte, quando entro mais intimamente no que chamo de *mim mesmo*, sempre tropeço em uma ou em outra percepção específica: calor ou frio, luz ou sombra, amor ou ódio, dor ou prazer. Não consigo, em nenhum momento, apanhar a *mim mesmo* sem uma percepção, e jamais consigo observar nada além de percepções."[5]

Essa passagem é famosa. Com ela, Hume nega nossa ideia de "eu" (ego, *self*). Para ele, tudo o que conseguimos observar são nossas percepções e sensações. Jamais observamos o "eu" que, segundo pensamos, seria o sujeito de tais percepções e sensações. Não existe, como imagina a nossa cultura, um ego separado, estabelecido e persistente, uma testemunha fixa diante da qual desfilariam ideias, sensações e percepções. Há milênios as tradições orientais, especialmente o Budismo, já haviam chegado a essa conclusão. E agora, milênios depois delas e séculos depois de Pascal e Hume, a ciência cognitiva também assim concluiu. Em meio à extensa literatura sobre o assunto, lembremos as ideias de três autores.

---

[2] HUMBERTO MARIOTTI. *A razão do coração e o coração da razão: Blaise Pascal e o pensamento complexo*. Disponível em: <www.humbertomariotti.com>. 2005.
[3] PASCAL. *Pensamentos*, 688 (323).
[4] Idem, ibidem.
[5] DAVID HUME. *A treatise of human nature*, I. VI, iv.

Segundo o filósofo e cientista cognitivo americano Daniel Dennett,[6] a dinâmica do cérebro humano é comparável à de uma colônia de cupins, cujo funcionamento organizadíssimo faz supor que exista um comando centralizado, uma "alma", quando na verdade ela resulta da interação de todos os indivíduos da comunidade. Da mesma forma, a "alma" ou o ego humano são somente nomes que designam o resultado do funcionamento da rede de neurônios que compõe o tecido cerebral.

A também filósofa e cientista cognitiva Patrícia Churchland segue a mesma trilha, e afirma que não existe uma "pessoazinha" no cérebro que "vê" uma tela interna de televisão, "ouve" uma voz interior, "lê" mapas topográficos, raciocina, decide como agir, e assim por diante. Para ela, existem "apenas neurônios e suas conexões".[7] Por isso, a inteligência do cérebro não deve ser explicada pela inteligência de um "eu", mas pelo funcionamento do conjunto dos neurônios.

Dados mais recentes e na mesma linha foram apresentados, ampliados e extensamente discutidos por V. S. Ramachandran, diretor do Centro do Cérebro e Cognição da Universidade da Califórnia em San Diego.[8] Em suma, tudo indica que aquilo que existe de fato são os processos do pensamento. O que chamamos de ego é o conjunto dos resultados desses processos.

Em outros termos, a mente individual não tem centro. Faz parte de um grande sistema, que é a totalidade da natureza. Para melhor compreensão desse aspecto, retomo aqui uma conhecida metáfora. Imaginemos que uma pedra seja atirada sobre a superfície calma de um lago. A partir do ponto em que ela afunda, formam-se círculos concêntricos. Todos já fizeram essa experiência ou viram alguém fazê-la. Esses círculos são diferentes uns dos outros e não têm um centro individual. Mas têm um ponto em comum: um centro único, coletivo. Da mesma forma, a mente de um indivíduo não tem um núcleo. Faz parte de uma totalidade. Como ocorre com os círculos concêntricos do lago, o centro de nossa mente individual é o centro de todas as demais mentes. Ele corresponde à instância mental que Gregory Bateson chamava de "mente da natureza", por meio da qual todas as coisas estão ligadas. É da experiência do contato com essa instância comum que emergem os significados compartilhados. No mundo das empresas, esse fenômeno é conhecido pela denominação de *shared mindset*. Ele se manifesta, por exemplo, quando um grupo chega a um consenso, ou quando a coletividade organizacional, depois de interagir com um líder, chega a uma conclusão e se dispõe a colocá-la em prática.

---

[6] DANIEL DENNETT. *Elbow room*: on the varieties of free will worth wanting. Oxford: Clarendon Press, 1983.

[7] PATRICIA CHURCHLAND. *Neurophilosophy*. Cambridge, Massachusetts: Massachusetts Institute of Technology Press, 1986. p. 406-407.

[8] V. S. RAMACHANDRAN; SANDRA BLAKESLEE. *Fantasmas no cérebro*: uma investigação dos mistérios da mente humana. Rio de Janeiro: Record, 2002.

Os círculos da superfície do lago são separados uns dos outros por seu desenho. Os seres humanos são separados uns dos outros por suas peles, no plano biológico, e por suas culturas no plano social. Como indivíduos assim separados podem se comunicar? Por meio daquilo que eles têm de comum: o centro, como no caso dos círculos na água. O centro corresponde à unidade humana. Os círculos correspondem à diversidade humana. Pode haver separação e afastamento, mas não há desenraizamento. Albert Einstein escreveu: "Não existo somente como criatura individual, mas me descubro membro de uma grande comunidade humana."[9]

Para entrar em contato com essa comunidade, é preciso transpor a barreira individual: sair da sua circunferência, no caso dos círculos, e ir além do ego, no caso dos seres humanos. Em ambas as situações, é necessário deixar o periférico, o superficial, o que nos mantém isolados, virtualmente incomunicáveis, e seguir em busca do centro. É por meio da busca de um centro comum, de um significado comum, que indivíduos, grupos, organizações e instituições ultrapassam o ego. Dessa forma, eles se descobrem e se enriquecem mutuamente. Trata-se, enfim, de reconhecer a unidade com o todo sem deixar de lado a individualidade. Essas noções são muito importantes nos estudos de cultura organizacional e suas aplicações ao mundo corporativo.

Identidades e convenções

É claro que não podemos dar à unidade humana um nome próprio e um sobrenome. Não é possível atribuir-lhe um número de identidade. Por outro lado, é evidente que a vida em sociedade exige que tenhamos nome e sobrenome, que possuamos coisas, portemos documentos numerados, sejamos filiados a grupos, organizações e instituições, tenhamos contas bancárias, e assim por diante. Foi para o desempenho dessas tarefas da vida mecânica que as sociedades humanas criaram essa instância separada, pragmática e empírica que chamamos de ego. Uma vez internalizada, ela passou a ser considerada uma dimensão psíquica essencial e indispensável.

Contudo, na mesma medida em que é necessário para os atos da vida mecânica, o ego é insuficiente para lidar com as complexidades da totalidade do psiquismo. No plano superficial, ele é fácil de estabelecer e definir: corresponde à nossa identidade civil/social. Já a identidade coletiva é mais difícil de demarcar. Mas ela também precisa ser estabelecida, porque constitui a condição de nossa participação no mundo social. Daí surgiram as nacionalidades, as classes sociais, as categorias profissionais, e assim por diante. São egos coletivos, tão superficiais e transitórios quanto o individual, mas tão necessários quanto este. Destinam-se especialmente às situações da vida mecânica. Como o ego individual, são inse-

---

[9] ALBERT EINSTEIN. *Como vejo o mundo*. Rio de Janeiro: Nova Fronteira, 1981. p. 14.

guros, frágeis e se afirmam basicamente por meio do concreto, do material, do econômico-financeiro.

Daí o constante conflito entre as nacionalidades, as classes sociais, as categorias profissionais, e assim por diante. A luta de classes mencionada por Marx, por exemplo, é um conflito de egos sociais. Trata-se de uma conflituosidade análoga à que se existe entre os indivíduos. Aos pares, aos grupos e em massa, as pessoas estão sempre discutindo, debatendo, defendendo posições que se identificam com seus egos, sejam os individuais ou os coletivos. Isso acontece porque o ego só pode ser estabelecido e afirmado por meio do pensamento linear: *ou* eu *ou* os outros. Não admite a inclusão, só a exclusão. A fórmula *eu mais você* só pode ser realmente vivida se o modelo linear for complementado pelo sistêmico.

Na qualidade de construto sociocultural universalmente aceito, o ego é análogo aos sistemas de medida, aos logaritmos, à raiz quadrada. Com efeito, Daniel Dennett chegou à conclusão de que, se o separarmos das experiências e da vida dos indivíduos, verificaremos que o ego é apenas um conceito. Um conceito necessário, mas ainda assim um conceito. Dennett o compara ao centro de gravidade: não existe na natureza, mas serve para que compreendamos certos fenômenos da física.

Raiz quadrada, logaritmos, centro de gravidade – todos esses conceitos são indispensáveis. Afinal, precisamos contar, medir, pesar, ter uma identidade social. São atividades da vida mecânica, para as quais necessitamos de instrumentos conceituais – mas isso não quer dizer que tais instrumentos tenham existência própria. No mundo natural não existem milímetros, centros de gravidade e equações de segundo grau. Da mesma forma, não existe nenhum Aristóteles Pereira ou Sócrates da Silva. Existem seres humanos aos quais a sociedade atribui nomes, endereços e identidades civis: existem fenômenos aos quais se atribuem denominações. Tentamos entendê-los e explicá-los por meio de designações, metáforas e analogias.

O ego é como um endereço. É como o número na porta que identifica a casa, mas não é a casa. Não podemos, por exemplo, preencher um cheque para o Sr. Ser Humano. Para isso existe o Sr. Sócrates da Silva. Quando foi gerada, essa pessoa não tinha nenhum nome. Mesmo que seus pais tenham combinado que, caso viessem a ter um filho, ele se chamaria Sócrates, essa foi uma posição deles, pais, e não um atributo essencial do ser humano que nasceria ou nasceu, que viria ou veio ao mundo sem trazer nome algum. Esse nome lhe foi atribuído. Foi Sócrates, como poderia ser Pedro ou João. Esse ser humano recebeu tal ou qual nome porque precisava de um distintivo. Mas Sócrates da Silva não é esse ser humano.

Os nomes e os conceitos são convenções; os seres concretos são realidades existenciais. O ego existe como uma necessidade imperiosa da vida mecânica e da razão mecânica ou, como dizem os burocratas, existe para o desempenho dos "atos de vida civil". Ainda assim, nós o identificamos como centro de nossa psique. Toda a nossa cultura está atrelada a esse tipo de identificação.

Quando acordo a cada manhã e abro os olhos para o mundo, como sei que sou eu mesmo quem acorda e não qualquer outro? Quem ou o que me dá essa certeza, esse referencial? É claro que não é apenas o ego. Ele me dá apenas uma indicação nominal, numérica ou indicativa de minha posição na sociedade: um nome, uma localização física, alguns números e características que estão registrados em meus documentos pessoais. Ele apenas me dá um endereço pragmático, convencional, mas não torna clara a minha relação com o mundo. Esta é bem mais complexa, pois o ser humano é ao mesmo tempo físico, biológico, psíquico, socioeconômico, cultural, ambiental e histórico.

Somos tudo isso simultaneamente: (a) físicos, porque temos um corpo concreto, constituído de elementos químicos, tal como o universo em que existimos; (b) biológicos, porque essa concretude tem vida; (c) psíquicos, porque ela engloba uma mente da qual não pode ser separada; (d) socioeconômicos, porque nos relacionamos com outros seres e não apenas com os humanos e porque desenvolvemos economias; (e) culturais, pois construímos culturas; (f) históricos, pois tudo isso se dá ao longo do tempo; (g) ambientais, porque vivemos num meio ambiente com o qual estamos em constante interação.

Essa é a pessoa que acorda todos os dias de manhã: ela é tudo isso e faz parte desse todo, que, por sua vez, faz parte dela. Uma pessoa não pode ser reduzida a nenhuma dessas dimensões, porque todas se relacionam, se entrelaçam e formam um todo. Cada uma pode ser temporariamente destacada, mas nenhuma por si só é o centro. Nenhuma delas pode ser separada dessa totalidade complexa. Somos todos indivíduos autônomos e, ao mesmo tempo, dependentes.

É claro que o que vale para as pessoas também vale para as organizações por elas criadas. Por isso, uma empresa é, ao mesmo tempo: (a) física, porque inclui um lado concreto: os edifícios, as máquinas, enfim, tudo o que constitui o capital físico; (b) biológica, porque, além de ser constituída por seres vivos, uma empresa necessariamente convive com outras; (c) psíquica, porque toda empresa engloba uma dimensão mental, a qual se costuma denominar *shared mindset*; (d) socioeconômica, porque toda empresa é um fenômeno social que, por sua própria natureza, atua num sistema socioeconômico; (e) cultural, porque toda organização desenvolve uma cultura organizacional que lhe é própria e a distingue das demais; (f) histórica, porque toda empresa ou grupo empresarial tem uma história; (g) ambiental, porque toda empresa vive em um ambiente cultural (o mercado) e porque o conjunto das empresas vive no meio ambiente natural, como todos os grupos humanos.

Uma convenção pode ser nomeada: chama-se João, Pedro, Aristóteles, e assim por diante. Já o ser humano precisa experienciar o mundo, precisa viver. No entanto, no cotidiano muitas vezes nos identificamos com algo que criamos e com isso nos alienamos do que realmente somos. Essa divisão é mais uma das consequências da divisão de nossa mente, que faz com que fragmentemos e polarizemos tudo, a começar por nós mesmos. A vida mecânica é basicamente a vida do ego, a vida da parte isolada, do fragmento. A vida não mecânica, na qual temos de lidar com a complexidade de nossa condição de seres vivos completos, é a vida da totalidade. Elas não podem ser separadas. Há momentos em que uma ou outra adquire relevo, mas de fato não são separadas.

Não existe um mundo das partes (o da vida mecânica) e um mundo do todo (o da vida não mecânica). Eles não são separados como imaginamos. O mundo natural é um todo em que as partes têm importância fundamental. Não existem modos separados de existência. O que há são modos esquizofrênicos de vida que muitas vezes impomos a nós mesmos por meio de nossas culturas. A vida mecânica e a não mecânica mantêm entre si uma relação circular em que uma simultaneamente antagoniza e complementa a outra. O eu e o não-eu são complementares. Assim, ir além do ego não é um modo de negá-lo nem de destruí-lo: é uma forma de compreendê-lo melhor e aprender a lidar com suas reais dimensões. A compreensão desse fato impede que fiquemos, de um lado, dependentes dos valores e apegos egóicos e, de outro, diluídos em uma totalidade que nos aliena da dimensão individual.

É importante notar que "construído", "convencional" e "imaginado" não significam "supérfluo", "desnecessário" ou inexistente". Ao contrário, temos necessidade de inventar, criar, fabular. Precisamos dos mitos. Eles são um poderoso meio de compreensão do mundo. São a linguagem da totalidade e se expressam por meio dos símbolos. Contudo, se nos perdermos neles nos alienaremos de nossa existência. Precisamos da ficção e dos mitos para lidar com a vida, não para fugir dela.

Voltemos à metáfora dos círculos concêntricos na água. Cada indivíduo tem em si mesmo toda a condição humana, como disse Montaigne. Um indivíduo é um ser natural, um ser no Universo – mas é ao mesmo tempo individual e universal. Vive essas duas dimensões, que nele coexistem. Cada círculo é parte de uma condição maior do que ele, que está definida em seu centro. O ponto onde a pedra rompeu a tranquilidade da água parada e a condição humana são aberturas por onde a totalidade se exterioriza e se particulariza, por onde ela se torna patente e individual. Os círculos e os indivíduos são separados, mas ao mesmo tempo estão unidos por uma condição central mais ampla, que os inclui e vai além deles. É por isso é que o ego não pode ser o centro: na qualidade de construto social e cultural, ele está mais na superfície do que na profundidade.

As ondas na superfície do lago desaparecem quando cessa a energia criada pela pedra que caiu. De modo análogo, as pessoas morrem. Contudo, a energia permanece latente na água parada, da mesma forma que existe a possibilidade de nascimento de novas pessoas. Essas latências estão contidas no todo e dele emergem como propriedades novas, ao sabor das inter-relações entre os sistemas naturais. O ego desaparece em certas circunstâncias: o sono profundo, sem sonhos, e os estados meditativos são dois exemplos. No primeiro caso, a pessoa está inconsciente. No segundo, está consciente. Essa é a diferença. De modo geral, todas as vezes que nos aproximamos da experiência e nos afastamos dos discursos sobre a experiência e das tentativas de racionalizá-la, damos um passo para ir além do ego.

O ego é uma parte do sistema, mas julgamos que ele o representa integralmente. Como pode a parte representar o todo, se este não pode ser reduzido a ela? Essa incapacidade é a base da fraqueza egóica. O ego é frágil porque na condição de parte só pode pensar parcialmente. Não pode pensar em termos de sistema, e por isso não é capaz de decidir o que é ou não bom para os outros. Assim, decide sempre em termos do que pensa ser bom para ele próprio.

O ego é uma necessidade social que transformamos em prioridade. Mas a sociedade o molda segundo as necessidades sociais, não segundo as necessidades das pessoas. Os sistemas sociais não estão interessados em que as pessoas cheguem ao autoconhecimento. Seu interesse é que elas cheguem ao conhecimento social, o que em muitos casos pode resultar em diluição na massa, em alienação. Como não pode pensar em termos abrangentes, o ego raciocina sempre com base nas diretivas fragmentadas que recebe de fora. Por isso, muitas vezes acaba dependente das ideias, dos julgamentos e dos preconceitos externos e se deixa alienar.

Autoconhecer-se não significa conhecer a si próprio por meio da introspecção. Significa conhecer-se como indivíduo e também como parte de um sistema, e isso não pode ser feito por meio de um pensamento fragmentado. Há quem diga que a introspecção basta para o autoconhecimento. Mas isso não é possível, porque a mente não é transparente para si mesma: existem conteúdos inconscientes e estes, em muitos casos, só podem ser revelados pelas interações das pessoas.

Pensar que o ego é o centro da psique aliena o indivíduo e tira-lhe a capacidade de entrar em contato com os fenômenos. Como o ego é formado segundo os preconceitos e demais determinantes sociais – aos quais se aliam o medo e a permanente necessidade de confirmação –, os fenômenos serão por ele percebidos segundo esses parâmetros. O ego é indispensável, mas nessa mesma medida pode e deve ser questionado. Como já foi dito, tais questionamentos não visam a eliminá-lo, mas buscam aprender a lidar com ele de modo que seus apegos (que nascem de sua fragilidade) não nos causem tantas dificuldades.

Além do ego

Kant também percebeu que não existe nada na experiência que corresponda àquilo que chamamos de ego. Para esse filósofo, não há nada inerente à experiência que corresponda ao "quem", ao sujeito, ao "eu" dessa experiência. Por isso, ele propôs a existência de uma consciência geral, anterior à experiência, uma consciência cuja função seria nos proporcionar o sentimento da unidade.

Na *Crítica da razão pura*, ele diz que a consciência está em mudança constante, mas não existe nenhum *self* fixo e imutável que seja testemunha desse fluxo de modificações. Em outras palavras, não podemos conhecer a estrutura do ego e isso nos deixa em dificuldades: como podemos nos apegar tanto a algo que conhecemos tão pouco ou que não conhecemos? Para desempenhar essa função, Kant propôs a existência de uma consciência mais ampla: ela seria uma espécie de "guru" impessoal, diferente do ego. Mas não podemos nos identificar com tal consciência, pois ela é metafísica e somos contingentes, corporificados.

Várias das teorias da personalidade propõem o fortalecimento do ego. Na prática, isso muitas vezes faz com que nos tornemos individualistas e nos dediquemos à competição predatória. Ainda assim, é preciso não esquecer que, se a hipervalorização do ego nos traz muitos problemas e dificuldades, sua negação pura e simples não os resolve. Não existe um "eu" percebedor da experiência: o que há é a experiência em si. O sujeito faz parte de suas experiências e, por isso, está com elas no mesmo processo. Não se experiencia o ego, porque a experiência é natural e o ego é um construto social. A experiência se dá sem o ego ou apesar dele.

Uma das consequências mais marcantes do fato de as pessoas identificarem seus egos com seus pontos de vista arraigados é que esse processo acaba por se transformar em uma rígida consolidação de papéis. Cada indivíduo se propõe a permanecer em um determinado papel e não se arrisca a sair dele. Como consequência, os espaços de formação de consensos estão de saída condenados a enfrentar grandes dificuldades, quando não ao fracasso. Muitas vezes, quando aparentemente se deixam convencer, as pessoas o fazem não por estar realmente persuadidas, mas sim porque isso convém a seus interesses. São posições táticas, que devem ser levadas em conta pelos métodos e técnicas de negociação e resolução de conflitos.

A individualidade de cada um de nós reside em nossa existência e se exerce na interação com o todo. Nossa identidade biológica não é parcial e circunstancial como o ego: é total e tem existência concreta. Essa condição se manifesta com clareza na imunologia. Francisco Varela sustenta que o sistema imunológico é uma rede de interações celulares que a cada instante determina a sua própria identidade. O organismo precisa se autoconhecer para sobreviver: caso contrário, não seria capaz de detectar a presença de algo estranho em sua vizinhança ou em seu interior.

As "missões civilizadoras"

A fórmula freudiana "do Id ao Ego" (isto é, o controle dos instintos pela razão) é a retomada de outra, bem mais antiga: "do mito ao *logos*" que, desde Sócrates até os nossos dias, assumiu progressivamente a hegemonia em nossa cultura. Contudo, a experiência mostra que na realidade a relação entre os pensamentos mítico e lógico é circular: um contém e influencia o outro e por ele é influenciado. Com efeito, a observação do cotidiano mostra que os mitos nunca estiveram tão presentes e atuantes como nas sociedades "civilizadas" de hoje: o mito do herói; o mito do "mercado"; o mito da razão; o mito da objetividade e imparcialidade da ciência; o mito do *Homo economicus* que, apesar de cada vez mais questionado, persiste no imaginário das organizações; o mito do progresso, e assim por diante.

A linearidade das fórmulas "do mito ao *logos*" e "do Id ao Ego" sugere a existência de um caminho de mão única, que segue na direção de um progresso garantido. Trata-se do pressuposto básico da modernidade: o futuro será sempre melhor; novas certezas virão e as atuais se consolidarão; a razão, materializada pela tecnociência, resolverá todos os nossos problemas. Mas, em 1756, Voltaire já havia advertido: "Um dia tudo estará bem, eis a nossa esperança / Tudo está bem hoje, eis a ilusão."[10] Essas palavras são uma crítica mordaz à ideia de progresso da modernidade, ao sonho da progressão invariável do não racional ao racional, à trajetória sem retorno do "primitivo" ao "civilizado". Foi dessa linearidade e de suas tintas fundamentalistas que se alimentou o colonialismo clássico e agora se alimentam os neocolonialismos.

Voltemos à expressão do *Id ao Ego*. Vimos que uma das manifestações mais óbvias da hegemonia da lógica binária é sua visão de mundo simplista, racionalista e utilitarista, que se baseia no pressuposto de que a razão deve ter primazia sobre os instintos, os sentimentos e as emoções. Essa noção foi posta em prática principalmente a partir do século 18, o que resultou no chamado "mal-estar da civilização" descrito em 1930 por Freud num ensaio hoje clássico.[11] Nesse texto, ele sustenta que o progresso tem um alto preço: a repressão dos instintos e a eclosão do sentimento de culpa. Para que haja civilização, é preciso que haja repressão. Nessa linha, a proposta da psicanálise é trazer o Id à tona e colocá-lo sob controle.

Em outro ensaio, Freud afirma que o objetivo do método psicanalítico é fortalecer o Ego: "Os esforços terapêuticos da psicanálise elegeram um ponto de ataque. [...] Onde era o Id, deve ser o Ego. É um trabalho de civilização, como a drenagem do Zuiderzee."[12] (Zuiderzee era uma enseada na Holanda da qual fazia parte o lago Ijsselmeer, em cujas margens fica a cidade de Amsterdã.)

Trata-se, portanto, de submeter o instintual/natural ao cultural/civilizatório: *ou* natureza *ou* cultura. É o que Freud havia sugerido num ensaio anterior (de 1927), "O futuro de uma ilusão", no qual afirma que nossa cultura "compreende todo o saber e o poder conquistados pelos homens para conseguir dominar as forças na Natureza e extrair os bens naturais com que satisfazer as necessidades humanas".[13] Nessa frase está uma das características básicas do pensamento linear: a separação sujeito-objeto, aqui manifestada pela ideia da separação homem/natureza e a consequente mentalidade dominadora e extrativista do co-

---

[10] VOLTAIRE. *Poema sobre a catástrofe de Lisboa* (1756).

[11] SIGMUND FREUD. *El malestar en la cultura y otros ensayos*. Madri: Alianza Editorial, 1973. p. 7-88.

[12] SIGMUND FREUD. "Nuevas aportaciones al psicoanálisis (continuación de introducción al psicoanálisis). 4. La división de la personalidad psíquica". In: Freud, Sigmund. *Obras completas*. Madri: Editorial Biblioteca Nueva, 1948. v. 2, p. 824.

[13] FREUD. "El porvenir de una ilusión". Id., ibid., v. 1, p. 1277.

lonialismo. É claro que hoje não faltam textos em que os autores procuram, por meio de racionalizações e outros recursos retóricos, relativizar essas passagens da obra freudiana. Procuram, enfim, demonstrar que "não era bem isso" que ele quis dizer. Mas não são convincentes e, sobretudo, não têm a clareza dos trabalhos do criador da psicanálise.

A História mostra que, por meio de suas diferentes manifestações, o colonialismo tem levado a visão de mundo linear-cartesiana aos povos rotulados de "primitivos" pelos colonizadores. Esse fenômeno em muitos casos tem destruído a riqueza e a complexidade dessas culturas. Mas esse ânimo dominador não isenta os colonizadores de, por sua vez, serem dominados por seus condicionamentos. A "certeza" de que têm sempre as respostas corretas os impede de perceber os efeitos colaterais muitas vezes catastróficos de seu mecanicismo. Impede-os também de perceber que as "certezas" estão entre os piores empecilhos ao aprendizado. Nas palavras do historiador Boris Fausto, "quem tem tanta certeza de suas convicções, não pode entender e respeitar a convicção do outro – condição indispensável da vida democrática".[14]

De todo modo, para justificar a apropriação, a pilhagem e o extrativismo, criou-se o conceito de *mission civilisatrice* (missão civilizadora). Essa ideia parte do princípio de que existem raças e culturas superiores, as quais têm mais clareza sobre seus objetivos. Tais raças e culturas são "mais civilizadas", o que lhes dá o "direito" de colonizar as raças e culturas "inferiores" e "primitivas". Como se vê, sempre a mesma dualidade: superior/inferior, civilizado/primitivo. Com esse conceito, procura-se dourar a pílula e "enobrecer" o sentido de intervenções cujos objetivos reais eram e são a apropriação, o extrativismo e a rapinagem. Nesse contexto, é muito citada a novela de Joseph Conrad *The heart of darkness* (*O coração das trevas*), que é uma denúncia do colonialismo e serviu de base para *Apocalypse now*, o filme de Francis Ford Coppola sobre a intervenção americana no Vietnã.

O coração das trevas

A história de *The heart of darkness* se passa no Congo, em fins do século 19. É instrutivo recordar uma cena em que um personagem branco vê seis prisioneiros negros em fila, andando em sua direção. Todos estão subjugados por coleiras de ferro, das quais saem correntes que os atrelam uns aos outros. Quando chegam perto do observador, este relata que um dos condutores dos presos, "com um grande sorriso branco e canalha e um rápido olhar para seus prisioneiros, pareceu querer tomar-me como parceiro da sua excelsa missão. Afinal, eu também fazia parte da grande causa que inspirara aquele justo e nobre comportamento".[15]

---

[14] BORIS FAUSTO. "A ditadura do relativismo". *Folha de S. Paulo*, 12 maio 2005.
[15] JOSEPH CONRAD. *Heart of darkness. And selections from Congo diary*. Nova York: The Modern Library, 1999. p. 18-19.

O conceito de *mission civilisatrice* é originalmente francês. Seu objetivo era justificar a disseminação da cultura e da influência francesas no estrangeiro, em especial na África do Norte. Entretanto, seu propósito real era racionalizar a política expansionista do colonialismo. A ele seguiu-se a ideia de *rayonnement* ("iluminar o caminho para os outros"). As "missões civilizadoras" pretendiam e ainda hoje pretendem instilar nos colonizados e neocolonizados os valores e as práticas da "mãe pátria" dos colonizadores. Foram e são lastreadas por uma combinação em que o poder econômico e a força militar aparecem em graus variáveis, mas nunca de todo ausentes.

Por trás de tudo isso está o padrão da atual economia de mercado: para que alguém ganhe, alguém tem de perder. A lógica binária alimenta esse jogo e é por ele alimentada. Entretanto, o fato de essa circularidade ser perversa não significa que o capitalismo deva ser invariavelmente predatório. Há outras formas de entendê-lo e praticá-lo, e é delas que hoje falam economistas de renome, entre eles os Prêmios Nobel Amartya Sen e Joseph Stiglitz. No plano geopolítico, há também significativos esforços de compreensão, como se vê no exemplo a seguir.

É possível "curar" o fanatismo?

Como curar um fanático?, pergunta o escritor israelense Amós Oz.[16] Aqui a utilização da palavra *curar* pressupõe que o fanatismo (que pode ser definido como a lógica do "ou/ou" levada às últimas consequências) tem muito de patológico, se não o for inteiramente. Nessa ordem de ideias, pode-se dizer que o fanatismo é também o maniqueísmo levado ao extremo: é o resultado do casamento do simplismo com a irracionalidade.

O excesso de sombra produz cegueira. Muitos dos seres que vivem em cavernas ou em profundezas abissais são cegos. O excesso de luz também cega, como acontece nos casos de exposição a raios e clarões súbitos e muito intensos. O unilateralismo incondicional também obscurece a visão, como ocorre com facções opostas que pensam de modo radicalmente binário: nós somos o lado do Bem; os outros são o lado do Mal. Segundo o lado em que estiverem, eles podem ser chamados, como se faz hoje, de "Grande Satã" ou "Eixo do Mal".

Esse tipo de simplismo é clássico. Por exemplo, em cada período histórico Marx via a História em termos de oposições binárias: na Antiguidade, a humanidade se dividia em homens livres e escravos; na Idade Média, em senhores e servos; nos tempos modernos, em burguesia e proletariado. Stalin e Hitler viam o mundo em termos de Bem e Mal. Do lado do mal, evidentemente, estavam todos os que não concordavam com eles. O maniqueísmo político da Guerra Fria foi uma óbvia manifestação do pensamento binário.

Aquilo que Morin chama de componente alucinatório da percepção tem a ver com esse maniqueísmo e o alimenta. Edward Said[17] assinala que ao longo

---

[16] AMÓS OZ. *Contra o fanatismo*. Rio de Janeiro: Ediouro, 2004.
[17] EDWARD SAID. *Cultura e política*. São Paulo: Boitempo Editorial, 2003. p. 157.

da História todos os movimentos de libertação sustentaram que eram a favor da vida, jamais da morte, mesmo quando empregavam ações terroristas das quais resultaram muitas vítimas fatais. Vemos o que queremos ver. Vemos o que a formatação de nossa mente permite que vejamos. Eis a raiz do componente alucinatório da percepção, de que fala Morin.

Na opinião de Oz, o conflito entre israelenses e palestinos não é religioso, mas sim geopolítico. A meu ver, porém, o problema não está nos israelenses, nos palestinos nem em qualquer outro povo: está naquilo que Bohm chama de doença do pensamento, isto é, no nosso condicionamento pela lógica binária. Tanto é assim que Oz propõe para a "cura" do fanatismo a imaginação e a tolerância.

Muitos já disseram que uma das bases do fanatismo é a crença de que os fins justificam os meios. Mais uma vez, lembro que Morin observou que possuímos as ideias e elas nos possuem. No caso dos fanatismos, a possessão pelas ideias é especialmente deletéria, pois nesse caso é claro que os fins parecem justificar os meios. Albert Camus já havia dito que os meios é que justificam os fins. Isso significa que o fato de não se deixar possuir cegamente por ideias, sejam elas quais forem, pode mudar significativamente a vida de um indivíduo. Para que tal aconteça, porém, é preciso aprender a ponderar, a refletir, e sobretudo conhecer outras ideias, abrir-se para outras mentes. Nada disso é fácil de conseguir, quando o único refrão que faz sentido é o binarismo "ou/ou".

Para Oz, a crise do Oriente Médio, principalmente em Israel e na Palestina, pode ser compreendida em termos de luta entre o fanatismo e o pluralismo, o fanatismo e a tolerância. Ou seja, entre o pensamento excludente e o integrador; entre a cultura do patriarcado e tudo aquilo que ela, em seu maniqueísmo, acha que é o Mal. Em seu unilateralismo, a mente excludente não é oriental nem ocidental. Não é religiosa nem laica. É patológica. Repitamos ainda uma vez: o problema está na mente reducionista. Por causa de sua limitação, ela se torna paranóide e se volta contra tudo aquilo que classifica como ameaça. O fanatismo é antigo, talvez tanto quanto o pensamento linear.

Oz afirma, e concordo com ele, que o único meio de afastar o desespero é produzir esperança e fazer com que ela se dissemine. Os moderados certamente acolherão mais facilmente essa ideia e seus desdobramentos, acredita ele. Concordo e acrescento que em geral os moderados são pessoas integradoras. Mas isso não significa que as demais devam ser excluídas, pois o pensamento integrador ou complexo pode ser aprendido. Para Oz, só os moderados serão capazes de conter os fundamentalistas. Os moderados são os tolerantes. São as pessoas que sabem ser lineares e pragmáticas quando necessário e sistêmicas, acolhedoras, abrangentes, quando preciso.

Há pessoas integradoras entre os israelenses e entre os palestinos. Como provar isso? Não é necessário: a própria essência da condição humana mostra que, se em algum lugar houver pessoas, haverá pessoas integradoras. Nada disso, porém, deve nos deslumbrar e fazer-nos perder a perspectiva das imensas dificuldades que comporta a disseminação do pensamento complexo, condição que tem muito a ver com disseminar a imaginação, o acolhimento, o pluralismo e a tolerância.

Esteja em que lado estiver, o fundamentalista é fanático por definições. É o que Oz chama de "fanatismo óbvio", que nem sempre é religioso. Aliás, em muitos casos não o é. Tropeçamos em fanáticos óbvios todos os dias. O fanático óbvio existe dentro de cada um de nós, como observa o escritor israelense. Claro que existe: é o nosso lado binário, maniqueísta e conservador. Saber lidar com ele, dentro e fora de nós, é exercer a tolerância, é praticar o pensamento complexo.

O fanático vê o outro como um estranho a excluir, um *alienus* a eliminar. No limite, trata-se de uma forma de sociopatia. O egoísmo dos sociopatas é uma espécie de fundamentalismo. O sociopata não entende a mente integradora. Não é capaz de pensar em termos de ligações, de relações. A esse respeito, Oz tem uma frase interessante: "Muito frequentemente o fanático só consegue contar até um, dois é um número muito grande para ele."[18] O sociopata, já vimos, é um tipo de fanático. Nessa condição, ele é um negador dos outros e da pluralidade e um adorador do um. Nossa cultura atual tem muito de sociopática: o pensamento único, o gosto único, a estética única, a opinião única, o partido único, o discurso único. Oz propõe a imaginação como um meio de "curar" o fanático. E tem tudo para acertar: imaginação implica criatividade, abertura, aceitação das diferenças, integração, acolhimento.

Liderança e fanatismo

A idealização excessiva dos líderes é uma forma de fanatismo: "Ele está certo, todos os outros estão errados." Essa visão idealizada tem muito de projeção da figura paterna nos líderes – e estes muitas vezes correspondem e se tornam aparentemente paternais, protetores, assistencialistas. Mas não nos esqueçamos de que o paternalismo é uma das características mais marcantes dos ditadores: de esquerda, de direita, de centro, não importa onde a retórica os situe. O Getúlio Vargas do Estado Novo brasileiro era "O Pai dos Pobres"; Stalin era o grande Pai da União Soviética.

As figuras paternais/patriarcais produzem a infantilização e a despolitização em seus liderados. A infantilização traz consigo o anseio pela gratificação imediata e superficial e a aversão à reflexão. Na atual sociedade globalizada, é como se vivêssemos num gigantesco mafuá. A palavra e o pensamento foram postos em plano secundário. As pessoas infantilizadas, despolitizadas e reduzidas a um vocabulário rudimentar são presa fácil do fanatismo, cuja essência, como assinalam Oz e muitos outros, é a vontade de mudar a mente dos outros, de guiar suas vidas, o desejo de apropriação e controle.

---

[18] OZ. *Contra o fanatismo*. Op. cit., p. 24.

Para mudar a mente e o coração de seus liderados, o fanático não vê limites. Pode até matá-los ou pedir que eles se matem, como ocorreu há anos com o líder religioso Jim Jones, na Guiana. Linearizar a mente das pessoas, homogeneizá-las e "racionalizá-las" equivale a colocá-las em um estado de anestesia do qual é difícil sair. Norbert Wiener, várias vezes citado neste livro, escreveu que o maniqueísmo (e, portanto, o pensamento binário) está presente em toda "guerra santa", em toda cruzada, em toda guerra do comunismo contra o "demônio" do capitalismo.[19]

Em meio a esse nevoeiro mental, só uma saída é visível: a que é proposta pelo dominador. Todas as demais estão ocultas na bruma. Os indivíduos assim condicionados acabam convencidos (para eles é muito cômodo) de que existem respostas simples para problemas complexos, isto é, para a maioria das questões humanas. Mas na verdade não é assim, como perceberam Amós Oz e Edward Said. Escreve Oz: "Então, a que lugar pertencemos exatamente? Talvez não pertençamos a lugar algum. Não existe resposta simples, preto no branco, para isso nem para coisa alguma."[20]

Ideias, indivíduos e comunidades antagônicos podem ser também complementares? Podem, sim. Essa é a essência do pensamento complexo: a integração, o acolhimento, o saber lidar com os paradoxos, como propôs Pascal. Há pouco, escrevi que onde houver pessoas haverá pessoas integradoras: umas mais, outras menos, mas sempre haverá. Amós Oz é uma delas. Ele conta que muitos de seus compatriotas israelenses o chamam de "traidor" porque não o acham suficientemente antipalestino. Por outro lado, muitos de seus amigos árabes se sentem insatisfeitos com o fato de ele não ser radicalmente pró-palestino. Em suma, a ambos os lados falta a compreensão de que Oz não está atrelado ao modelo "ou/ou". Essas pessoas não entendem que ele está em busca de pontos intermediários, de pontos de contato e negociação entre os extremos.

E também não se trata – adverte Oz – de ser relativista, mas sim de deixar clara a necessidade de nos colocarmos no lugar dos outros e eles no nosso. A seu ver, o conflito entre palestinos e israelenses não é uma questão de bem e mal, de certo e errado. É uma desavença entre o certo e o certo, pois ambos os lados têm realmente os direitos que reclamam. Se os dois se opõem e ambos estão certos, isso significa que são ao mesmo tempo antagônicos e complementares. Situações assim só podem ser compreendidas pelo pensamento complexo/integrador, nunca pelo pensamento linear/binário, como há muito vem sendo tentado com grande insistência e ainda maior ineficácia.

Portanto, é possível dizer que Amós Oz é um intelectual para quem o pensamento complexo é uma lógica aplicável em circunstâncias nas quais modos de

---

[19] NORBERT WIENER. *The human use of human beings*: cybernetics and society. Nova York: Da Capo Press, 1988. p. 190-191.

[20] OZ. *Contra o fanatismo*. Op. cit., p. 83.

pensar unilaterais não tenham obtido resultados duradouros. Ele cita outra pessoa integradora, o escritor D. H. Lawrence, que disse que a tarefa de escrever um romance exige que o autor saiba acolher contradições, reconhecer as que forem complementares e respeitá-las. É o que também afirma Edgar Morin: é preciso reunir num mesmo abraço opostos como esses de que falamos agora. E é, por fim, o que afirma o já citado Rouanet, em um texto em que se refere ao terrorismo e ao conflito entre israelenses e palestinos: "Chegou a hora de acabar com as simplificações. Chegou a hora do pensamento complexo."[21]

Said[22] tem uma posição semelhante. Em primeiro lugar, ele analisa o texto de Samuel Huntington *The clash of civilizations* (*O choque das civilizações*), no qual esse autor afirma que no futuro a principal fonte global de conflito será o choque entre o Ocidente cristão e "moderno" e o Islã "atrasado". Said denuncia o simplismo com que se costuma tratar assuntos complexos como identidades e culturas: *ou* o Islã *ou* o Ocidente. Com essa simplificação, diz ele, são deixados de lado elementos importantes como a diversidade, o pluralismo e a dinâmica interna de cada civilização. Para Huntington – continua Said –, estão excluídas as possibilidades de intercâmbio, fertilização mútua e compartilhamento. A realidade de Huntington é unilateral: conflito, competição, estranhamento. No entanto, o mundo real é bem mais complexo: ao lado dos conflitos e da competição estão também possibilidades de compartilhamento e a cooperação.

Sabemos que um dos instrumentos fundamentais do pensamento complexo é, na expressão de Morin, a religação dos saberes. Há pouco mostrei como Oz recorre a ela, ao trazer para o contexto político as ideias do escritor de ficção D. H. Lawrence. É o que Said também faz, ao citar o também ficcionista Joseph Conrad. Na novela *O coração das trevas*, que mencionei páginas atrás, ele expõe a situação da qual já tratei com a designação de luta-ou-fuga: em circunstâncias extremas, os civilizados e sofisticados europeus se transformam instantaneamente em bárbaros e são capazes das piores atrocidades.[23] Situações-limite, de grande perigo, fazem com que todos nós, europeus ou não, recorramos ao "ou/ou". Mas isso não significa que o perigo justifique sempre a violência. Por outro lado, seria irrealista não reconhecer que há casos em que ela se justifica como legítima defesa.

Ainda assim, valer-se desse modo simplista de pensar para tentar resolver problemas crônicos e complexos, que se arrastam por décadas, é algo difícil de aceitar. Mas é exatamente o que acontece em determinados conflitos, que não poucos pretendem entender e resolver por meio do simplismo. Não pode haver exemplo mais nítido da "distorção holística" da qual fala Rouanet.

Em relação à questão árabe-israelense – na qual, como diz Oz, trata-se do certo que se opõe ao certo –, a distorção consiste em imaginar que errado é o

---

[21] ROUANET. "Os terríveis simplificadores". Op. cit.
[22] SAID. *Cultura e política*. Op. cit., p. 42 ss.
[23] SAID. *Id., ibid.*, p. 46.

modo de pensar dos oponentes. Said também se refere ao paradoxo autonomia-dependência de Morin: "A tese do 'choque de civilizações' [...] serve mais para reforçar o auto-orgulho defensivo que para uma compreensão crítica da desconcertante interdependência de nosso tempo."[24]

Em relação à ocupação israelense, por exemplo, Said propõe que para superá-la é necessário que grupos palestinos cooperem com grupos israelenses de oposição. É o que ele chama de política de inclusão e respeito mútuo, isto é, a necessidade de aprender a conviver com situações paradoxais. Em resposta à fórmula dualista "*ou* palestinos, *ou* judeus" – observa ele –, os que buscam saídas para o conflito poderiam aprender com o exemplo de Nelson Mandela, na luta contra o *apartheid* na África do Sul e sua proposta de uma sociedade de diversidade racial.

Com mais esse exemplo em mente, voltemos às ideias de Huntington. Vimos que para ele o grande choque se dará entre as civilizações ocidental e não ocidental. De um lado o Ocidente, liderado pelos EUA; do outro, o Oriente, representado em especial pelas chamadas civilizações islâmicas e confucianas. Mas é o Islã que Huntington aponta como o maior "adversário" do Ocidente. Sua tese foi primeiramente exposta num ensaio e depois ampliada no livro já citado.[25]

Huntington defende a tese de que, a exemplo do que ocorreu na Guerra Fria, os conflitos atuais e os do futuro continuarão a ser basicamente ideológicos e não econômicos e sociais. A propósito, é interessante observar que a lógica binária é um instrumento indispensável aos ideólogos, pois os ajuda em sua tarefa de simplificar, reduzir e polarizar. Como se sabe, quanto mais limitado for o raciocínio, mais fácil será aliciar adeptos. Os ideólogos, em especial os radicais, apostam na pobreza de espírito e, por isso mesmo, na pouca capacidade de seus seguidores quando se trata de imaginar várias alternativas.

Mais recentemente Huntington tem apontado suas baterias contra os imigrantes latinos, em especial os mexicanos. Acha que os EUA "brancos" acabarão por perder sua identidade por causa do afluxo dos "hispanos". É o suposto perigo dos povos pardos, ou "perigo marrom" – mais um a ser acrescentado à lista da ojeriza ao diferente que caracteriza a mentalidade "ou/ou". Todas essas estratégias se baseiam em generalizações forçadas, isto é, em "distorções holísticas", que são indispensáveis à criação de falsos universais.

Nunca é demais lembrar que, como registra a História, esse tipo de generalização simplificadora costuma estar na base dos totalitarismos. A pretensa clareza das "distorções holísticas" é artificiosa, pois elas não levam em consideração a complexidade inerente aos fenômenos naturais e sociais. Entretanto, é com base nessas ideias simplificadas, frutos de um modo de pensar redutor e superficial,

---

[24] SAID. *Id., ibid.*, p. 47.
[25] SAMUEL HUNTINGTON. *The clash of civilization and the remaking of the world order*. Nova York: Simon & Schuster, 1996.

que se traçam muitas políticas públicas no mundo de hoje. Não nos esqueçamos: as situações de agressão, guerras e perseguições de fundo político, ideológico e religioso são sempre precedidas, acompanhadas e seguidas de exacerbações da lógica "bons ou maus", "mocinhos ou bandidos".

A filosofia é perigosa?

No primeiro ato da peça *Julius Caesar*, de Shakespeare, o personagem-título tem uma fala famosa: "He thinks too much; such men are dangerous" ("ele pensa demais; homens assim são perigosos").[26] Os pensadores e o pensamento serão mesmo perigosos? Vejamos.

Como acabamos de ver, a lógica do "ou/ou" é um instrumento ideológico poderoso, o que mais uma vez torna evidente o que muitos já assinalaram: engana-se quem não acredita que a filosofia produz resultados práticos. Lembremos mais alguns exemplos de como o condicionamento de nossa cultura pode levar até mesmo filósofos importantes a cometer equívocos. Para tanto, comparemos muitas das ações atualmente em curso na política e na guerra – entre elas as mencionadas no bloco anterior – com algumas das ideias de dois filósofos conservadores, Carl Schmitt e Leo Strauss, tal como as expus num ensaio[27] que servirá de base aos parágrafos seguintes.

Schmitt era alemão e católico. Strauss, também alemão, era de origem judaica e costumava dizer que a filosofia é perigosa. As ligações do modo básico de pensar desses autores com a lógica binária são evidentes, embora mais no primeiro do que no segundo. É também óbvio, como já vimos, que esse modelo mental está na base das atitudes excludentes, dos autoritarismos, dos elitismos e dos conservadorismos. O material bibliográfico de e sobre esses dois pensadores é abundante, mas meu objetivo aqui é comentar só o que se refere à sua relação com o modelo binário. Por isso indico abaixo algumas fontes a quem quiser se aprofundar no tema.[28]

---

[26] WILLIAM SHAKESPEARE. *The complete works of William Shakespeare*. Nova York: Gramercy Books, 1975. p. 816.

[27] HUMBERTO MARIOTTI. A filosofia é perigosa? (O conservadorismo e o pensamento binário). Disponível em: <www.humbertomariotti.com>. Acesso em: 2005.

[28] Para uma abordagem inicial ao pensamento de Carl Schmitt e Leo Strauss, ver:
- CARL SCHMITT. *Théologie politique*. Paris: Gallimard, 1988.
- JOHN G. MASON. Leo Strauss and the noble lie: the neo-cons at war. *Logos* 3 (2), Spring 2004. Disponível em: <www.logosjournal.com>.
- JULIEN FREUND. Les lignes de force de la pensée politique de Carl Schmitt. *Nouvelle École*, Nº 44, Printemps, 1987.
- LEO STRAUSS. *What is political philosophy? And other essays*. Chicago: Chicago University Press, 1959.

Carl Schmitt (1888-1985) foi professor na Escola Superior de Comércio, em Berlim, e na Universidade da mesma cidade. Seu pensamento é considerado um dos fundamentos do nacional-socialismo alemão, isto é, da ideologia nazista. Ele próprio, aliás, aderiu ao nazismo. Lembremos dois de seus conceitos cuja argumentação se baseia no pensamento binário. O primeiro é a oposição amigo/inimigo. Schmitt vê "amigos" e "inimigos" como categorias isoladas, independentes de todas as demais, às quais servem de fundamento e justificativa.[29] Para ele, a política só pode existir e ser praticada mediante a oposição, no âmbito público, de amigos e inimigos. Essa divisão constitui as bases do Estado, cuja soberania é absoluta. Além de ser condição indispensável à política, o antagonismo amigo/inimigo comporta uma hostilidade que em última instância termina em guerra. Mais uma vez, portanto, ficam evidentes as relações entre a lógica binária, a mentalidade excludente, os maniqueísmos e a violência.

A exemplo de muitas outras (belo/feio, a favor/contra, bem/mal, razão/fé), a dicotomia amigo/inimigo pode ser aplicada a um sem-número de circunstâncias segundo os contextos, as conveniências e as discriminações. Dessa maneira, a política definida e praticada com base em critérios como esse deixa de ser um espaço amplo e aberto ao intercâmbio, ao debate, às diferenças e à negociação, e se transforma em um âmbito estreito de interesses e conveniências. Um contexto no qual deveriam existir competição *e* cooperação fica reduzido a uma arena de hostilidades, na qual impera a competição predatória.

Outro conceito importante de Schmitt é o de decisão. Para ele, a decisão determina a soberania do Estado e este não se fundamenta no Direito: o contrário é que é verdadeiro. No "decisionismo político", a vontade da comunidade é a base da formação do Estado. Povo e Estado são uma só estrutura, que se organiza de maneira hierárquica na forma da tradicional pirâmide administrativa, em cujo topo está o chefe, que detém o poder vertical e representa a vontade da comunidade. Como foi dito, as ideias de Schmitt, em especial a partir de 1932, serviram de base ideológica ao nazismo. Com efeito, em 5 de setembro de 1934, em Nuremberg, Hitler arengava: "Nós somos o Estado! Não obedecemos às ordens de nenhum poder terreno, mas às de Deus, que criou o povo alemão!"[30]

De acordo com Schmitt, a soberania não se baseia nas leis, mas sim na capacidade de um pequeno grupo colocar em prática suas decisões em circunstâncias

---

- LEO STRAUSS. *De la tyrannie*. Paris: Gallimard, 1997.
- PHILIP GREEN. Neo-cons and the counter-enlightenment. *Logos* 3 (2), Spring 2004. Disponível em: <www.logosjournal.com>.
- ROBERT LOCKE. Leo Strauss, conservative mastermind. *Front Page Magazine*. May 31, 2002. Disponível em: <www.frontpagemag.com>.
- STEPHEN E. BRONNER. Constructing neo-conservatism. *Logos* 3 (2), Spring 2004. Disponível em: <www.logosjournal.com>.

[29] CARL SCHMITT. *El concepto de lo político*. Madri: Alianza Editorial, 1999.
[30] Ver JOHN LUKACS. *O fim de uma era*. Op. cit., p. 155.

de crise – e momentos de crise são momentos de exceção. Em tais circunstâncias, afirma ele, o poder deve ser exercido com decisão, e por isso todo governo capaz de decidir com energia deve incluir em sua estrutura um elemento ditatorial. Um ditador forte traduz a vontade popular com mais eficácia do que quaisquer parlamentos.

O filósofo italiano Giorgio Agamben[31] observa que hoje vivemos num estado de crise constante. Num estado de "guerra civil mundial", para usar a expressão de Carl Schmitt e Hannah Arendt, esta última uma pensadora em tudo oposta a Schmitt. A "guerra civil mundial" faz com que o estado de exceção seja o principal modelo de governo na política contemporânea. Segundo Schmitt, o soberano é a pessoa que decide sobre quando esse modelo deve ser instaurado. Como se sabe, os 12 anos de duração do Terceiro *Reich* configuraram um Estado desse tipo.

Nas democracias, as decisões dos poderes legislativos derivam do "agonismo", isto é, originam-se de conflitos e debates que produzem consensos. Tais consensos se originam da crença compartilhada de que a conflituosidade e a pluralidade são condições necessárias para o funcionamento e a viabilidade do sistema político. No entender de Schmitt, porém, o agonismo deve ceder lugar ao antagonismo. Mais uma vez, estamos diante do "ou/ou" característico da lógica binária. Schmitt afirma que o antagonismo e a guerra são os pressupostos políticos essenciais da vida pública, e o principal modo de relação nesse âmbito é a dicotomia "amigo bom/inimigo mau". Para ele, a condição natural da política é ignorar o pluralismo agonista e pôr em prática a ideia de que se deve sempre unir e defender os amigos e dividir e combater os inimigos.

Leo Strauss (1899-1973) doutorou-se em Hamburgo e estava na Alemanha durante o início e a ascensão do nazismo. Em 1934, saiu de seu país e estudou na França e na Inglaterra. Posteriormente foi para os EUA, aonde chegou em 1938. Lecionou primeiro na New School for Social Research, em Nova York, e depois na Universidade de Chicago.

Strauss é um pensador em cuja habilidade argumentativa e erudição reside o poder de influenciar. Seu pensamento é às vezes ambíguo, mas sua escrita é em geral brilhante. Nas salas de aula, seu método de ensino incluía a leitura e a discussão de textos e era motivador e eficaz. Por outro lado, a leitura de suas obras mostra que muitas vezes ele se limita a comentar textos de teoria política. E com frequência o faz de modo dualista: diante de uma dicotomia, escolhe sempre um dos lados e se aferra rigidamente a ele.

Strauss divide a história da filosofia em duas grandes áreas: os pensadores antigos, como Platão (que ele considera "certos"), e os modernos, como Locke (que considera "errados").[32] A seu ver, o pensamento moderno, em especial o

---

[31] GIORGIO AGAMBEN. *Estado de exceção*. São Paulo: Boitempo, 2004. p. 13.
[32] Ver DANNY POSTEL. Noble lies and the perpetual war: Leo Strauss, the neo-cons, and Iraq. Interview with Shadia Drury. Disponível em: <www.opendemocracy.net/debates>.

do século 20, levou ao relativismo e ao niilismo. Em vista disso, ele propõe um retorno aos textos antigos, nos quais acredita que as distinções eram bem mais simples, mais explícitas: governantes/governados, proprietários/trabalhadores, cidadãos/escravos. Seu livro *Direito natural e história*,[33] cuja primeira edição é de 1950, é por muitos considerado a obra fundadora do "straussianismo". Como vimos, essa corrente de pensamento se opõe ao relativismo, ao cientificismo e ao niilismo, pois acredita que tudo isso conduz à degeneração da sociedade. Strauss ressalva, porém, que os poderosos têm como se defender contra essas e outras circunstâncias – e uma de suas defesas é a reserva do saber. Os detentores do poder devem manter ocultos os seus "verdadeiros" pontos de vista por dois motivos: (a) para poupar as "pessoas comuns", iletradas e ignorantes, do esforço de pensar; (b) para proteger-se contra uma eventual revolta dessa mesma massa ao se saber dominada e discriminada.

Vê-se, portanto, que de acordo com Strauss os governantes atuais devem dar mais ênfase às questões "morais" e menos atenção às liberdades individuais. Com base principalmente em sua interpretação de Platão, ele afirma que aquilo que é justo coincide com os interesses dos mais fortes. O que estes prescrevem equivale à justiça. Os "superiores" têm o direito de mandar nos "inferiores".

Os "straussianos" constituem uma escola de intelectuais conservadores (os neoconservadores, ou, como dizem os americanos, *neo-cons*). Eles foram diretamente influenciados por Strauss ou adquiriram essa influência de modo indireto, em especial pelo contato com seus discípulos. Entre estes, Allan Bloom talvez seja o mais destacado. Bloom foi um membro importante do *establishment* acadêmico americano, e Saul Bellow o retratou como personagem principal do romance *Ravelstein*. Nessa obra, aliás, Strauss também aparece – com o nome de Felix Davarr – e é descrito como "o demônio herético odiado pelos acadêmicos de toda parte dos Estados Unidos e até do estrangeiro".[34] Bloom foi professor da Universidade de Chicago e sua obra inclui um livro muito festejado: *The closing of the American mind* (na edição brasileira, *O declínio da cultura ocidental*).[35]

Como sempre acontece em casos assim, vários dos intelectuais neoconservadores negaram e negam a influência de Strauss, a qual no entanto transparece em suas posições políticas. Os autores que escrevem sobre o assunto nos EUA costumam citar, entre outros e a começar pelos pioneiros do movimento neoconservador, lançado logo após a Segunda Guerra Mundial: Irving Kristol; Norman Podhoretz; Samuel P. Huntington; Daniel Bell; Jeane Kirkpatrick; o juiz da Suprema Corte americana Clarence Thomas; Paul Wolfowitz, auxiliar direto do governo George W. Bush (situa-se entre os chamados "falcões"); Francis Fukuya-

---

[33] LEO STRAUSS. *Natural right and history*: Walgreen Foundation lectures. Chicago: Chicago University Press, 1953.
[34] SAUL BELLOW. *Ravelstein*. Rio de Janeiro: Rocco, 2001. p. 97-98.
[35] ALLAN BLOOM. *O declínio da cultura ocidental*. São Paulo: Best Seller, 1989.

ma, hoje em processo de reconsideração de ideias e afastamento do grupo dos neoconservadores; o ex-ministro da justiça de George W. Bush, John Ashcroft.

Já sabemos que Huntington é o autor do livro *O choque das civilizações*, no qual, como vimos, utiliza um raciocínio tipicamente binário para apresentar e defender a tese de que o mundo está envolvido num grande conflito. De um lado está o Ocidente, que ele vê como "democrático" e "libertário"; do outro fica o Oriente, sua fé islâmica e suas teocracias. Em seu livro *O fim da história e o último homem*,[36] Francis Fukuyama afirmou, à maneira de Hegel, que após uma trajetória linear a História chegou a um fim, caracterizado pelo triunfo da economia capitalista mundial das sociedades democráticas e liberais. Segundo Fukuyama, o conhecido "ou/ou" socialismo/capitalismo resultou na vitória deste último. E assim teríamos chegado ao melhor dos sistemas possíveis, isto é, ao fim do processo histórico cujo marco miliário foi o colapso da União Soviética em 1989.

Strauss afirma que a religião compete com a filosofia e com isso traz à cena mais uma dicotomia: Athena (a Razão) *versus* Jerusalém (a Revelação), que se soma ao antagonismo filosofia política antiga *versus* filosofia política moderna. Já vimos que no seu entender a ênfase excessiva na razão deteriorou a sociedade. Essa assertiva é verdadeira, mas não justifica a atitude de trocar o unilateralismo da razão pelo unilateralismo da fé. Contudo, é exatamente isso que propõe Strauss: deve-se saltar para o lado oposto ao da razão e adotar a fé num Deus transcendente e legiferante, que castigue o mal e recompense o bem.

Justamente o inverso do que diz Espinosa, para quem a fé irrestrita em deuses transcendentes e autoritários aliena as pessoas e cerceia sua liberdade.[37] É o que também escreve Norbert Wiener: "Uma fé à qual nos entregamos em função de ordens que nos são impostas de fora não é fé."[38] No fundo, o que Espinosa e Wiener denunciam é que estamos, como sempre, diante da eterna ladainha da lógica binária: tudo se reduz a polos antagônicos, entre os quais é obrigatório escolher um, adotá-lo, conservar-se nele e defendê-lo a todo custo.

É importante relembrar: na opinião de Strauss a filosofia é perigosa, pois ela muitas vezes questiona as bases morais da sociedade civil organizada e pode tornar as "pessoas comuns" céticas e niilistas. Portanto – afirma ele –, estas não devem ter contato com certos filósofos e suas obras, e cabe às autoridades tomar providências nesse sentido por meio dos instrumentos de controle habituais.

Por falar nisso, convém mencionar a interpretação que Strauss dá ao conceito platônico da "nobre mentira". Segundo Platão, a mentira se justifica nos casos em que a verdade é dura demais. No entanto, ele ressalva que em tais casos só os detalhes da versão mentirosa dos fatos deveriam ser fictícios: o núcleo deveria

---

[36] FRANCIS FUKUYAMA. *The end of history and the last man*. Nova York: Free Press, 1992.
[37] Ver HUMBERTO MARIOTTI. *O conhecimento do conhecimento: a filosofia de Baruch de Espinosa e o pensamento complexo*. Disponível em: <www.humbertomariotti.com>. Acesso em: 2004.
[38] WIENER. *The human use of human beings*: cybernetics and society. Op. cit., p. 193.

ser sempre verdadeiro. Mesmo assim, com base nas habituais divisões binárias (senhores/escravos, homens cultos/homens incultos, governantes/governados), Strauss prefere ver a "nobre mentira" à luz do argumento de que os fins justificam os meios. Já vimos que em sua opinião as mentiras são necessárias para que a minoria "letrada" se proteja contra possíveis represálias da maioria ignorante. Estamos, pois, diante de uma variante talvez um pouco mais sofisticada da velha estratégia "pão e circo": somente os poderosos/governantes têm o direito de conhecer a "verdade"; os dominados/governados devem ser distraídos e mantidos afastados desse conhecimento. Para ocultar a verdade da massa ignara, os dominadores têm o direito "natural" de mentir, dissimular, censurar, usar a hipocrisia e assim por diante.

Em suma, a "nobre mentira" se justifica sempre que estiverem em jogo os interesses e/ou a sobrevivência dos que detêm o poder. Por isso, muitos têm notado e exposto o óbvio: que essa tem sido a base da orientação da política externa dos EUA sob George W. Bush. Seu ex-secretário de defesa, Donald Rumsfeld, por exemplo, levou as ideias de Strauss e assemelhados ao pé da letra, quando afirmou que "as verdades estratégicas precisam ser defendidas por uma 'guarda pessoal de mentiras'".[39] Para resumir: os governantes "sábios" não devem hesitar em enganar o povo "ignorante". Isso quando não elevam a própria ignorância à categoria de virtude e modelo a ser seguido – o que na prática dá quase os mesmos resultados.

Comparemos agora a posição de Strauss com a de outro intelectual conservador, René Girard, professor emérito da Universidade de Stanford, nos EUA, que declarou em uma entrevista: "Nesta era de informação global, o cristianismo não tem as proteções contra o conhecimento que as religiões arcaicas tinham."[40] Tudo se encaixa, portanto: também na área religiosa, o pensamento e o conhecimento por ele produzido são um perigo, uma ameaça. Precaver-se contra ele é um dos requisitos conservadoristas para a manutenção do poder – uma postura aliás tradicional e bem conhecida.

Tudo isso visto, é preciso jamais esquecer que o engano só é possível porque existe quem se deixa enganar. Nietzsche disse que o homem precisa de mentiras. O poeta T. S. Eliot acrescentou que o ser humano não suporta muita realidade. Por isso, é importante que não caiamos na antiga e demagógica armadilha "governantes maus"/governados bons", que deve sua perenidade ao fato de ser binária e, como tal, simplista e rudimentar.

Na mesma linha, rotular pensadores como Schmitt e Strauss de "reacionários", "direitistas" ou o que for, e nos colocarmos como "progressistas" e "de esquerda", seria repetitivo, maniqueísta e inócuo, além de fazer-nos repisar um

---

[39] DONALD RUMSFELD. *News Briefing*. U.S. Department of Defense. 25 Sept. 2001, p. 1.
[40] RENÉ GIRARD. Relativismo: Bento XVI está certo. Entrevista. *O Estado de S. Paulo*, 15 maio 2005.

modo de pensar que deve ser questionado. O já citado Fukuyama[41] ressalva que boa parte da filosofia de Strauss era mais voltada para a análise de pensadores clássicos, e só indiretamente se referia à teoria política contemporânea. O que, no entanto, não invalida o viés binário que aparece em muitos pontos de sua obra, como vimos anteriormente. Além disso, já que é necessário pensar diferentemente desses e de outros autores, precisamos primeiro começar a pensar diferentemente de nós mesmos: sair dos nossos modelos habituais e buscar novos modos de compreender o mundo. É o que Pascal e, por influência dele, Morin chamam de "trabalhar para pensar bem".

Ao longo do tempo, analistas como Shadia Drury, professora de filosofia da Universidade de Regina, no Canadá, se tornaram críticos cada vez mais ácidos das ideias de Strauss. Por outro lado, como ocorre com frequência com pensadores polêmicos como Schmitt e Strauss, não faltou e não falta quem tente justificar e racionalizar suas posições. Os artifícios são os costumeiros: "Não é bem assim", "há outras leituras possíveis" e assim por diante. Ao lado disso, procura-se desqualificar os críticos, como se fez com Drury e com outros. Há muitas outras manobras possíveis nessa mesma direção. Entretanto, para avaliá-las nada melhor do que confrontar as ideias com seus resultados práticos. Isto é: na dúvida, consultemos os registros históricos.

Voltemos mais uma vez à afirmação de Strauss, agora posta na forma interrogativa: a filosofia é perigosa? De saída, talvez devamos responder que sim: Strauss estava certo. E não é só a filosofia que é perigosa: todo conhecimento, na acepção mais ampla do termo, também o é. Porém, se o conhecimento é perigoso, é ao mesmo tempo libertador. Hölderlin, tantas vezes citado, escreveu que onde está o perigo está também o que salva. Guimarães Rosa escreveu que viver é perigoso. Com essa frase, o escritor brasileiro exprimiu sua crença de que viver implica lidar com o risco. O mesmo vale para o pensamento e o conhecimento. De todo modo, é bom para todos nós saber que viver e pensar são mais perigosos do que produtores de conformismo: assim aprendemos a lidar com pessoas e instituições que, como René Girard, acham que precisam se proteger dos saberes não alinhados para melhor conservar suas ortodoxias por meio do obscurantismo.

O historiador John Lukacs[42] diz que pensamos com palavras. Portanto, é possível construir o nosso mundo de maneiras diferentes, desde que mudemos o nosso modo de pensar e falar. Para isso, porém, é claro que precisamos de um vocabulário minimamente satisfatório. Foi o que escrevi num ensaio sobre esse assunto.[43] Quanto maior e melhor for o nosso vocabulário, mais e melhores serão as possibilidades de pensarmos bem. Por outro lado, quanto mais limitado ele for

---

[41] FRANCIS FUKUYAMA. *America at the crossroads*: democracy, power, and the neoconservative legacy. New Haven: Yale University Press, 2006.

[42] LUKACS. *O fim de uma era*. Op. cit., p. 24.

[43] HUMBERTO MARIOTTI. A escalada da barbárie e o papel da palavra como instrumento de libertação. Disponível em: <www.humbertomariotti.com>. Acesso em: 2000.

(o que é cada vez mais comum nas sociedades atuais), mais teremos dificuldade de compreensão e raciocínio – e assim permitiremos que outros pensem em nosso lugar e nos digam o que fazer. Em tais circunstâncias, não é o conhecimento que é perigoso: sua insuficiência ou falta é que o é. Confúcio dizia que quando as palavras perdem seu sentido as pessoas perdem a liberdade. Acrescento que quando as pessoas se tornam iletradas a situação é bem pior, pois a insuficiência de palavras faz com que elas percam uma parte significativa de sua condição humana.

Religar e integrar

Tomemos como exemplo dois líderes importantes: Mohandas Gandhi e Nelson Mandela. Em meio aos inúmeros exemplos que podem ser tirados da vida e da obra de Gandhi, pode-se lembrar um dos aspectos de seu método de resolução de conflitos. Na Índia do começo do século 20, uma de suas campanhas políticas mais importantes foi a luta pela emancipação desse país do império britânico. Entre as muitas estratégias utilizadas por Gandhi, ficou famoso o boicote aos produtos têxteis importados da Inglaterra. Em essência, a ação se baseou na fabricação caseira de tecidos. Seguindo o exemplo do próprio Gandhi, as pessoas voltaram a utilizar a velha roca de fiar. Essa iniciativa produziu uma grande queda na exportação de têxteis da Inglaterra e, é claro, nos negócios dos comerciantes ingleses (e também indianos) que vendiam tecidos à população da Índia. Com o passar do tempo, o boicote levou muitos deles à falência.

A resposta de Gandhi a essa situação foi coerente com o seu modo de pensar: reuniu seus aliados e todos juntos foram oferecer dinheiro e alimentos a esses comerciantes. Essa atitude parece absurda à maioria de nós, pois contraria o que a "sabedoria convencional" aconselha que se faça em situações de conflito. Em tais casos, nosso propósito principal é resolver a desavença pela destruição do antagonista.

O objetivo de Gandhi era totalmente diverso. Ele queria resolver o conflito, o que não necessariamente exige a eliminação dos oponentes. No caso, destruí-los só faria exacerbar ódios e aprofundar as desavenças, pois os adversários descartados logo seriam substituídos por outros. No entender de Gandhi, uma situação conflituosa deve ser compreendida de outra maneira. É como se ele dissesse ao oponente: "Não estou contra você nem você está contra mim. Estamos juntos numa situação de luta, que não é boa para nenhum dos dois. Ao contrário do que parece o conflito não nos separa, ele nos aproxima. É algo que temos em comum. Estamos no mesmo barco e navegamos num mar difícil. Nosso objetivo é manter a embarcação acima da linha d'água e sair daqui vivos, não a destruição mútua."

A concepção gandhiana é includente. Seu propósito não é excluir o adversário, mas transformá-lo em parceiro. Gandhi nunca quis expulsar os ingleses da Índia. Ao contrário, queria que eles ficassem, porém num país independente e não numa colônia. Não pensava em termos de "ou nós *ou* eles", mas sim em termos de "nós *e* eles". Talvez por isso mesmo tenha sido assassinado por um fanático.

Falemos agora de Nelson Mandela, um discípulo de Gandhi. Mandela liderou outra das maiores conquistas políticas do século 20: o fim do *apartheid* na África do Sul e a instituição do primeiro governo eleito de maneira democrática, do qual foi o presidente em 1994. Em suas palavras, a campanha que acabou com o *apartheid* foi um meio de "todos nós afirmarmos nossa humanidade comum".[44] "Ao longo da minha existência, dediquei a minha vida à batalha do povo africano. Lutei contra a dominação branca e lutei contra a dominação negra",[45] disse ele.

Em suma: todos estavam no mesmo barco. Faziam parte de um esforço cujo objetivo era uma vida com menos medo. A ação de Mandela foi uma iniciativa de inclusão, de integração, de pôr em prática a ideia de que o correto seria um país de negros *e* brancos, e não a continuidade da situação anterior, caracterizada pela política de *ou* brancos *ou* negros. Em suma, ele levou à ação política o pensamento de Gandhi: religar o separado, buscar a tolerância, o respeito à diversidade, a sinergia e a mutualidade.

Mas não se pense que a situação se resolveu por mágica depois disso. Se a ação política produz mudanças é da essência do ser humano resistir a elas, mesmo que venham para melhor. No caso do *apartheid* essa resistência não fugiu à regra. Da libertação de Mandela até sua eleição para a presidência da África do Sul e mesmo algum tempo depois, esse país viveu um dos períodos mais violentos de sua história, uma verdadeira guerra civil.[46] Hoje, o processo de reunião do que estava separado continua a enfrentar as dificuldades previsíveis. Mas existe, e isso faz toda a diferença. A religação das pessoas, como a religação dos saberes, não é um empreendimento fácil.

Duas questões sobre liderança

Vivemos numa época em que todos falam em "resultados práticos". Pois bem: ninguém, por mais cético que seja, pode deixar de reconhecer que Gandhi e Mandela conseguiram esse tipo de resultados. Apesar de todas as imperfeições e do muito que deixaram e ainda deixam a desejar em termos de mudanças, suas ações políticas produziram diferenças significativas. Por isso, é importante que aprendamos algo sobre o modo de pensar desses dois homens e de outros líderes semelhantes. Para auxiliar tal aprendizagem, façamos duas perguntas: (a) o que eles percebem que a maioria das pessoas deixa de perceber?; (b) que intuições eles são capazes de ter que escapam à maioria?

De saída, é importante lembrar que líderes como Gandhi e Mandela – que são pessoas naturalmente integradoras – percebem que há casos nos quais situações,

---

[44] Ver EDWARD SAID. *Cultura e política*. São Paulo: Boitempo Editorial, 2003. p. 107.
[45] Ver CARLOS FIGUEIREDO. *100 discursos históricos*. Belo Horizonte: Leitura, 2002. p. 409.
[46] MARINOVICH, Greg; SILVA, João. *O clube do bangue-bangue*: instantâneos de uma guerra oculta. São Paulo: Companhia das Letras, 2003.

pessoas ou organizações opostas, que vemos como somente antagônicas, também são complementares e portanto interdependentes. Ao mesmo tempo que competem entre si elas se completam. A concorrência entre empresas é um exemplo: é ao mesmo tempo um incômodo e um estímulo à criatividade e à inovação. Ou, para voltar a Gandhi e Mandela: há situações em que devemos pensar em termos de "isso *e* aquilo" e não em termos de "*ou* isso *ou* aquilo". Há opostos que não devem se excluir uns aos outros, pois precisam conviver indefinidamente. A mente das pessoas integradoras comporta um conjunto de atributos que fazem com que elas percebam que nas relações entre os seres humanos – e entre estes e suas organizações – muitas vezes é preciso integrar o que aparentemente deveria ser afastado. Esse é o grande diferencial da liderança: a compreensão (seja intuitiva ou aprendida) da complexidade e a habilidade de lidar com ela.

7

Os Operadores Cognitivos do Pensamento Complexo

> *O princípio específico da ecologia mental reside no fato de que sua abordagem dos territórios existenciais depende de uma lógica [...] que poderíamos dizer do "terceiro incluído", em que o branco e o preto são indistintos, em que o belo coexiste com o feio, o dentro com o fora, o "bom objeto" com o "mau".*
>
> (Félix Guattari)

> *A verdadeira viagem da descoberta não é achar novas terras, mas ver o território com novos olhos.*
>
> (Marcel Proust)

Este capítulo é intencionalmente didático, pois não devemos perder de vista que ele faz parte de um livro escrito para não especialistas. Contudo, convém lembrar mais uma vez a frase de Einstein: é importante tornar tudo tão simples quanto possível, porém não mais simples. Não poderia ser de outro modo, aliás, quando se buscam respostas para a pergunta tantas vezes formulada: afinal, como pôr em prática o pensamento complexo? É o que procurarei fazer em seguida.

De saída, esclareçamos a diferença entre cognição e conhecimento. A cognição é o ato de adquirir o conhecimento. O conhecimento é o resultado da cognição. Os operadores cognitivos são instrumentos conceituais, são metáforas que facilitam a compreensão e a prática do pensamento complexo. Fazem com que raciocinemos de um modo diferente do habitual, e assim permitem que cheguemos a resultados diferentes dos habituais. Sua utilização permite estabelecer o diálogo entre os pensamentos linear e sistêmico, isto é, facilitam a religação dos conhecimentos oriundos desses dois modos de pensar. Por isso, são também chamados de operadores de religação. Constituem a principal fonte das ferramentas que permitem a aplicação do pensamento complexo a várias áreas, inclusive à dos negócios e da administração.

Os operadores foram desenvolvidos ao longo do tempo por autores de várias disciplinas. A ideia de apresentá-los e utilizá-los em conjunto como instrumentos cognitivos se deve a Edgar Morin e está presente em vários de seus textos. Já falei sobre eles em um livro anterior[1] e agora os retomo de maneira mais detalhada e com mais exemplos. Com isso procuro seguir, juntamente com Morin, a já mencionada recomendação de Pascal: "Trabalhar para pensar bem."[2]

Morin não opõe de modo excludente o pensamento linear (que, nessa hipótese, seria impropriamente visto como "pensar mal") ao pensamento sistêmico (que, nessa mesma hipótese, corresponderia – também de modo impróprio – a "pensar bem"). "Trabalhar para pensar bem" não é o oposto simétrico de um suposto modo de "pensar mal": é um movimento de complementação. Significa utilizar o pensamento complexo.

Ao longo deste livro falei várias vezes sobre as pessoas integradoras, isto é, as que são naturalmente dotadas para o pensamento complexo. Assinalei também que elas não pensam melhor nem pior do que as não integradoras, que constituem a maioria da população: apenas pensam diferente. Além do mais, se partirmos do princípio de que é importante conservar as individualidades e a diversidade – além de compreender a complexidade dos mundos natural e cultural –, concluiremos que a convivência de pessoas não integradoras e integradoras é indispensável.

Vejamos algumas das características do "trabalhar para pensar bem", isto é, da prática do pensamento complexo segundo Morin:

- religa saberes separados e dispersos;
- desfaz o fechamento dos conhecimentos em disciplinas estanques;
- procura reunir as disciplinas que foram separadas (interdisciplinaridade, transdisciplinaridade);
- inclui um método para lidar com a complexidade;
- busca a circularidade entre a análise (a disjunção) e a síntese (a religação);
- reconhece que existe multiplicidade na unidade e vice-versa;
- ultrapassa o reducionismo e o "holismo" e reconhece a circularidade entre as partes e o todo;
- reconhece que o cálculo, a quantificação e a mensuração são indispensáveis como meios de conhecimento;

---

[1] MARIOTTI. *As paixões do ego*. Op. cit., p. 89 ss.
[2] MORIN. *La méthode 6*. Op cit., p. 63.

- admite e procura lidar com a incerteza, a aleatoriedade, a imprevisibilidade e as contradições;
- concebe e aceita a dialógica, que complementa a lógica clássica;
- compreende a autonomia, a individualidade, a ideia de sujeito e a consciência humana;
- chega às suas conclusões e diagnósticos tendo em conta o contexto e a relação entre o local e o global;
- busca sempre a consciência de solidariedade, acolhimento e responsabilidade;
- tem sempre em mente a necessidade de aprender a lidar com o autoengano, os esquecimentos seletivos, a autojustificação e a autoindulgência.[3]

Os operadores cognitivos têm sido apresentados de várias formas. As que mostrarei a seguir resultam do meu trabalho de exposição, interpretação, adaptação e complementação das ideias de Morin, em especial no que se refere aos exemplos. Não se deve imaginá-los isolados uns dos outros. Também não se deve pensar que um deles seja mais ou menos eficaz do que os demais. Todos estão interligados e atuam de modo sinérgico, embora em determinadas circunstâncias seja preferível utilizar um ou outro.

O aprendizado do uso desses conceitos pode ser comparado ao da música. No início, é como tocar um instrumento lendo a partitura. Com a prática, porém, a partitura se torna dispensável e a peça e sua execução passam a fazer parte da própria natureza do executante. Vistos por esse ângulo, os operadores são instrumentos de autoconhecimento: capacitam-nos a pensar, a refletir, a considerar os múltiplos aspectos de uma mesma realidade. Permitem sobretudo a busca e o estabelecimento das ligações entre objetos, fatos, dados ou situações que aparentemente não têm conexão entre si. Possibilitam que entendamos como as coisas podem influenciar umas às outras e que aprendamos que propriedades ou ideias novas podem emergir dessas interações.

Trata-se, assim, de instrumentos de articulação, que nos ajudam a sair da linearidade habitual e enriquecem nossa capacidade de encontrar soluções, desenhar cenários e tomar decisões. Devolvem-nos uma visão que havíamos perdido ao longo de quatro séculos de pensamento fragmentado.

Os operadores cognitivos do pensamento complexo são os seguintes: (1) a circularidade; (2) a autoprodução/auto-organização; (3) a dialógica (o operador dialógico); (4) o operador hologramático; (5) a integração sujeito-objeto; (6) a ecologia da ação. Examinemos cada um deles.

---

[3] Idem, ibidem, p. 65-66, com modificações.

A circularidade

Enunciado

"Os efeitos retroagem sobre as causas e as realimentam."

Apresentação

A circularidade ou recursividade é o operador fundamental. Os demais estão estreitamente ligados a ele: são variantes, modos diferentes de apresentação de um mesmo fenômeno. Neste texto, o leitor perceberá que muitos dos exemplos apresentados se referem a mais de um operador. Pode-se até dizer que a circularidade é o único conceito operacional do pensamento complexo, e que os outros cinco são maneiras diversas pelas quais ele se manifesta. Porém, por motivos didáticos, é necessário falar deles em separado.

Já vimos que em muitos casos é indispensável substituir a noção de causalidade linear (causa → efeito) pela ideia de relação circular entre causa e efeito: causa ⇌ efeito. Esse é o principal movimento do pensamento complexo. Se pensarmos nele com frequência, nossa noção de processos e resultados se modificará de modo significativo. Já sabemos que a circularidade está ligada a duas concepções essenciais: a cibernética, introduzida por Wiener, e a teoria geral dos sistemas, desenvolvida por Bertalanffy.

Do ponto de vista do pensamento linear-binário, a relação causa-efeito se resume a dois momentos: princípio e fim. Esse modo de pensar constitui, por exemplo, um dos alicerces da medicina mecanicista: eliminando-se a causa, suprime-se o efeito. Tal concepção pode funcionar em certos casos, especialmente na eliminação de sintomas. Mas está longe de poder ser generalizada, pois as doenças não podem ser compreendidas – nem muito menos tratadas – com base no conceito de causalidade única. Além disso, como se sabe, o tratamento sintomático é importante, mas na maioria das vezes não resolve o problema.

Repitamos: não há fenômenos de causa única no mundo natural nem no cultural. Onde houver seres vivos, as relações serão sempre circulares. Por mais que pareçam lineares, elas não o são, pois os efeitos sempre retroagem sobre as causas e as retroalimentam. Com isso são corrigidos desvios, o que faz com que os ciclos se mantenham em funcionamento e os sistemas se conservem vivos. O mesmo raciocínio se aplica a sistemas não vivos. Vimos que a esse mecanismo Wiener denominou de *feedback* (retroalimentação). A disciplina criada com esse conceito ele denominou de cibernética, que pode ser definida como a ciência que estuda os sistemas de controle. Aqui a palavra *controle* deve ser entendida no sentido de "manutenção de um rumo".

Os sistemas cibernéticos são circulares e autorregulados, isto é, auto-organizados. Seu funcionamento se dá pela constante adaptação ao ambiente, que por sua vez (no caso de seres vivos) se adapta a eles. Daí a expressão *sistemas complexos adaptativos*.

A circularidade – ou *feedback* – traduz a capacidade de um sistema para manter-se em equilíbrio diante das variações do meio. Permite comparar constantemente os resultados de uma ação com um modelo preestabelecido, ou seja, com um estado inicial. É, pois, indispensável ao controle de processos. Em casos de desvios ou imprevistos, o sistema de regulação entra em jogo e faz com que o padrão funcional desejado seja mantido.

No caso das relações interpessoais, o *feedback* tem um papel essencial. Para que tais relações se mantenham harmoniosas, é necessário que as pessoas troquem informações. Esse intercâmbio define e estabiliza os comportamentos, e com eles o clima grupal. Se a conduta de alguém fugir ao modelo consensual de convivência, seus companheiros podem dar-lhe *feedbacks* sob a forma de críticas, aconselhamento ou atitudes semelhantes.

O *feedback* é um fator de equilíbrio dinâmico. Quando negativo, ele é contrário ao modo atual de funcionamento de um determinado sistema. Quando é positivo, tende a mantê-lo. Nesse sentido, o *feedback* negativo procura corrigir e o positivo visa a conservar. Neste último caso, muitas vezes as coisas tendem a continuar como estão, o que pode levar à improdutividade e à falta de adaptabilidade do sistema. Em termos de relações humanas, na primeira hipótese fica evidente a necessidade de intervenções críticas, do debate e do diálogo. Para tanto, é indispensável manter a pluralidade e a diversidade. Mas é preciso evitar que a crítica seja transformada em atitude frequente demais ou até mesmo única, pois nesses casos ela pode gerar comportamentos defensivos e, assim, produzir efeitos opostos aos pretendidos.

Exemplos

1. Entre os exemplos mais antigos de circularidade está, sem dúvida, o texto bíblico *Eclesiastes*, que faz parte do Antigo Testamento. A seguir, destacamos alguns trechos:

"O sol também se levanta, e o sol se põe e apressa-se a voltar ao lugar onde nasceu.

O vento vai para o sul, e faz o seu giro para o norte; circula continuamente, e volta formando os seus circuitos.

Todos os rios correm para o mar; contudo o mar não se enche; ao lugar de onde vêm os rios, para ali tornam eles a correr.

[...]

O que foi é o que há de ser; e o que se fez é o que se fará; e nada há de novo sob o sol.

[...]

E, de coração, busquei adquirir a sabedoria, e reconhecer o desvario e a loucura; percebi que são também aflições de espírito.

Porque na grande sabedoria há grande pesar; e aquele que crescer em saber, cresce em dor." (*Eclesiastes* 1)

2. O funcionamento do cérebro faz emergir os processos mentais. Por meio da linguagem e de outras formas de comunicação, tais processos chegam à sociedade sob a forma de ideias e ações e lá interagem com os processos de outras mentes. Desse modo constrói-se a mente social, que por sua vez retroage sobre as mentes individuais. Estabelece-se uma recursividade, por meio da qual é produzida a cultura. As sociedades, os indivíduos e as culturas são fenômenos que emergem dessa circularidade. Mudanças nos indivíduos mudam a sociedade e mudam a cultura. O inverso também é verdadeiro.

Se o indivíduo trabalha numa empresa que respeita as diferenças e a diversidade, o convívio social gerará comportamentos diferenciados. O debate e o diálogo serão estimulados e tudo isso será uma fonte de ideias novas e mudanças positivas. São organizações autorreguladas. Se o indivíduo vive numa sociedade autoritária, e portanto avessa às diferenças e à diversidade, o convívio social tende a gerar comportamentos padronizados e defensivos e o diálogo será desestimulado. O resultado será um grande aumento da resistência à mudança, com a consequente diminuição da criatividade e escassez de ideias novas. Trata-se de uma sociedade que se limita a reproduzir modelos prévios. Sua improdutividade a condena à desagregação, porque ela não consegue se auto-organizar.

2. Tomemos o conceito de liderança desenvolvido por Dave Ulrich, Jack Zenger e Norm Smallwood.[4] Esses autores o apresentam por meio de uma fórmula:

Liderança eficaz = Atributos ⇌ Resultados

Segundo essa concepção, os resultados existem por causa dos atributos dos líderes. Por sua vez, os atributos geram os resultados. Os atributos da liderança produzem determinados resultados e estes existem por causa dos atributos da liderança. As polaridades "resultados" e "atributos" interagem e criam um círculo virtuoso.

3. Outro exemplo interessante, que já havia sido notado por Douglas McGregor,[5] é a relação entre os líderes e os liderados. Ela não é linear, no sentido de que o líder só influencia e os liderados só são influenciados. É circular: os líderes influenciam os liderados e os liderados influenciam os líderes. Não se trata de uma relação em que um age e os outros recebem passivamente a ação, mas sim de uma circularidade complexa, na qual intervêm variáveis que estão num lado, no outro e no ambiente. Pode-se dizer que o relacionamento entre líderes e liderados é de tal maneira que o líder se ajusta aos liderados, que se ajustam aos líderes e assim por diante.

---

[4] DAVE ULRICH, JACK ZENGER, NORM SMALLWOOD. *Results-based leadership*. Boston, Massachusetts: Harvard Business School Press, 1999. p. 3.

[5] DOUGLAS McGREGOR. *Leadership and motivation*: Essays by Douglas McGregor. Cambridge, Massachusetts: Massachusetts Institute of Technology Press, 1966.

Cabe então a pergunta: onde se dá o fenômeno da liderança?

Para respondê-la, costumo recorrer a um exercício baseado numa ideia do filósofo irlandês George Berkeley.[6] O exercício consiste em fazer a um grupo a seguinte pergunta: onde está o gosto da maçã, na fruta ou na boca de quem a come? A resposta de Berkeley é muito simples e antecipou uma das percepções essenciais da teoria dos sistemas: o gosto não está na boca, pois esta por si só não pode ter paladar algum; também não pode estar na maçã, pois ela quando isoladamente não pode ter sabor nenhum. O gosto surge *no contato* entre a boca e a maçã. É sentido por quem come, mas é produzido *na relação*. É uma propriedade ou fenômeno emergente.

No entanto, no exercício poucos participantes conseguem chegar com facilidade a essa conclusão. Em geral, as pessoas têm essa dificuldade porque estão mais preocupadas com as partes do sistema (a boca *ou* a maçã) e não pensam na relação entre elas: a boca *e* a maçã. Do mesmo modo, a liderança é um fenômeno emergente, que surge da interação de líderes e liderados. Essa é uma das principais características dos sistemas complexos adaptativos: a produção de fenômenos novos (os fenômenos emergentes) por meio da articulação e da interação de seus componentes.

4. A ideia de circularidade pode ampliar a noção de resultados. Vejamos como. Como se sabe, a maioria das atividades humanas pode ser expressa por meio da sequência:

Conceitos → Técnicas → Resultados[7]

Num primeiro instante, o modo linear como ela é apresentada nos leva a vê-la como um processo que tem começo, meio e fim. Ou, com mais frequência, leva-nos a considerar seus termos em separado: é como se conceitos, técnicas e resultados nada tivessem em comum. De fato, há quem se preocupe somente com os conceitos. Ao agir assim, não levam em conta as técnicas nem os resultados. Reduzir tudo a conceitos é limitar-se a uma visão de mundo teórica e especulativa.

Há também quem se limite a utilizar técnicas, sem se preocupar com os conceitos que as produziram e sem tomar o cuidado de verificar seus resultados. São pessoas puramente operacionais. Em geral, não têm a capacidade reflexiva que só a familiaridade com as teorias e os conceitos pode proporcionar. Por outro lado, o desinteresse pelos resultados faz com que a execução das técnicas não seja motivadora. Por isso, é pouco provável que haja um grau significativo de comprometimento ou responsabilidade em relação a eles.

Existe ainda um terceiro grupo, composto por aqueles que só se interessam pelos resultados. São pessoas para quem os fins justificam os meios. Não se pode esperar que elas tenham muitas ideias sobre como melhorar os resultados obtidos, pois sua excessiva preocupação com os fins faz com que desconsiderem os

---

[6] Ver JORGE LUÍS BORGES. *Esse ofício do verso*. São Paulo: Companhia das Letras, 2000. p. 12.

[7] Agradeço ao professor Hamilton Villela, da Business School São Paulo, por me ter sugerido o uso dessa sequência.

conceitos e as técnicas. Isto é: perdem a noção de começo e de meio. Costumam imaginar que tudo já vem pronto, e por isso não têm como avaliar os esforços de todos os que participam do processo. Mesmo no caso de pessoas que se preocupam com a sequência inteira, o fato de elas a verem como algo que tem começo, meio e fim dificulta ou impede que tenham novas ideias sobre como melhorá-la. Por isso, limitam-se a repetir a mesma linearidade.

No entanto, se formarmos um sistema com os componentes dessa linearidade, as coisas se modificam, como se vê a seguir:

$$\text{Conceitos} \rightleftarrows \text{Técnicas} \rightleftarrows \text{Resultados}$$

Agora a visão circular e sistêmica da mesma sequência permite que percebamos que cada um dos seus termos retroage sobre os demais e os realimenta. A ideia de circularidade amplia a percepção da relação entre os conceitos, as técnicas e os resultados. Revela como esses três elementos se fertilizam mutuamente, o que faz com que o sistema se auto-avalie e se auto-organize sem cessar. Mostra-nos que tudo está interligado e que a intervenção sobre cada uma das partes repercutirá nas demais, isto é, no todo. Por exemplo, se melhorarmos os conceitos deles poderão se originar melhores técnicas. Se melhorarmos as técnicas, não só teremos melhores resultados, mas essa melhoria retroagirá sobre os conceitos e estimulará os que os elaboraram a melhorá-los. Da mesma maneira, se avaliarmos os resultados à luz dos conceitos e das técnicas, logo descobriremos que para aperfeiçoá-los é preciso bem mais do que críticas e atitudes simplistas.

Mas isso não é tudo. Como mostra o segundo diagrama, já não estamos diante de uma sequência linear, mas sim da circularidade e das conexões de um sistema. Por isso, torna-se claro que, além de intervir na elaboração dos conceitos, na execução das técnicas e na obtenção e avaliação dos resultados, podemos também intervir nos pontos em que esses três elementos se articulam. A experiência mostra que quando se atua nessas interligações o sistema inteiro pode ser modificado. Para fazer tais intervenções, é preciso desenvolver a habilidade de lidar com a totalidade sem perder de vista as partes, que é típica do pensamento complexo.

A autoprodução/auto-organização

Enunciado

"Os seres vivos produzem, eles próprios, os elementos que os constituem e se auto-organizam por meio desse processo."

Apresentação

Os sistemas vivos produzem e organizam a si próprios. São, portanto, autoprodutores e auto-organizadores. De fato, sabe-se que ao longo da vida as células de nossos organismos morrem e logo são substituídas por outras. É o que se observa espontaneamente, e também na cicatrização de ferimentos e na consolidação de fraturas. Por isso, diz-se que somos ao mesmo tempo produtores e produtos. Esse princípio vale para todos os seres vivos e seus ambientes. Os grupos, as organizações e as instituições humanas não são exceção.

Assim, pode-se dizer que os sistemas vivos são autônomos. No entanto, como vimos antes, para manter essa condição eles dependem de elementos que estão no meio ambiente: ar, água, alimentos, informação e a convivência com mais seres vivos de sua própria espécie e de outras. Em vista disso, é possível dizer que os seres vivos são autônomos mas não independentes. De modo paradoxal, são ao mesmo tempo autônomos e dependentes. Vimos que a essa condição Morin deu o nome de paradoxo autonomia-dependência.

Em outros termos, os seres vivos são autônomos (autoprodutores, auto-organizadores), mas dependem do ambiente em que vivem. A relação entre eles e o ambiente é de dependência mútua. No século 6 a.C., Heráclito de Éfeso já se referia a esse fenômeno. Lembremos um de seus fragmentos: "Para os ventos, morte vem a ser água; para a água, morte vem a ser terra; mas da terra nasce água, da água vento."[8]

Já sabemos que Plotino, nascido em 205 d.C., escreveu que aquilo que os corpos produzem é uma reprodução de si mesmos.[9] Como vimos anteriormente, bem depois de Heráclito e Plotino a autoprodução e a auto-organização surgem nas ideias de vários pensadores importantes como Espinosa e Kant. Assim, a realidade não é uma coisa: é um processo que se autoproduz. O meio produz alterações contínuas na estrutura dos sistemas e estes, por sua vez, atuam sobre o meio e o modificam também de modo incessante.

Henri Atlan assinala que a auto-organização é um processo contínuo e circular de desorganização e organização. Quando um sistema funciona, há troca de informações dele com o ambiente e também dentro do próprio sistema.[10] Além disso, como observam Axelrod e Cohen,[11] é importante não esquecer que o que determina a complexidade de um sistema não é o número de partes de que ele é composto, mas sim as interações entre essas partes. Quanto mais complexo for um sistema (ou seja, quanto mais suas partes se inter-relacionarem), melhor será a sua capacidade de interagir com o meio em que ele se situa. Isto é: mais capaz ele será de se adaptar às mudanças desse ambiente e, portanto, mais apto será. Por isso, eles são sistemas complexos adaptativos. Quanto menos complexo for um sistema, mais complicado e tendente à entropia ele será. Os sistemas com-

---

[8] Ver EMMANUEL CARNEIRO LEÃO (Ed.). *Heráclito*: fragmentos, origem do pensamento. Rio de Janeiro: Tempo Brasileiro, 1980. p. 69.

[9] PLOTINO. *Enéadas*, III, 9, 3.

[10] HENRI ATLAN. As finalidades inconscientes. In: THOMPSON, William I. (Org). *Gaia*: uma teoria do conhecimento. São Paulo: Gaia, 2000. p. 107 ss.

[11] AXELROD e COHEN. Op. cit., p. 15.

plexos produzem diferença. Os sistemas complicados produzem repetição, e por isso são pouco adaptativos. Em 1844, Marx – que nem sempre pensou de modo exclusivamente linear – escreveu em seus *Manuscritos econômico-filosóficos*: "A natureza é o *corpo inorgânico* do homem. Dizer que o homem vive da natureza significa dizer que a Natureza é seu corpo, com o qual o homem deve se manter numa interação contínua para não morrer."[12]

Exemplos

1. A convivência dos indivíduos constitui a sociedade. A convivência das empresas compõe o mercado. Por sua vez, a sociedade e o mercado proporcionam aos indivíduos e às empresas uma série de condições que lhes possibilitam viver e produzir. Mas ao mesmo tempo impõem-lhes restrições, regras e regulamentos, que se traduzem na legislação, na cobrança de impostos e assim por diante.

O indivíduo depende da sociedade, mas ela também depende do indivíduo. As empresas dependem do mercado, mas este também depende das empresas. Um excesso de desordem (a escassez ou falta de regulamentos, indicadores, regras claras) resultará em baixa produtividade das organizações e em também em má qualidade de vida para as pessoas. Por outro lado, um excesso de ordem, de regras rígidas e o cerceamento das liberdades resultarão em baixa criatividade, pouca produtividade e, por fim, levarão à implosão do sistema. Foi o que aconteceu na União Soviética e em outros sistemas ditatoriais.

2. Na condição de sistemas autônomos, os seres vivos determinam o seu comportamento com base em seus referenciais internos, isto é, com base em sua estrutura e no modo como interagem com o ambiente. Como indivíduos autônomos, precisamos competir para manter a nossa autonomia; como indivíduos dependentes, é necessário que cooperemos para conservar essa mesma autonomia. Como autônomos-dependentes, precisamos competir e cooperar. Há, portanto, momentos em que é necessário competir e momentos em que é necessário cooperar. Como as empresas são compostas de pessoas, é claro que esse raciocínio se aplica ao âmbito organizacional. Vista dessa maneira, a "competitividade" passa a ser uma manifestação de competência, e não de competição predatória.

3. A Internet é outro exemplo evidente de auto-organização. Como todos sabem, a *Web* se auto-regula e funciona perfeitamente, sem a necessidade de um comando central. Há outros exemplos semelhantes, na própria Internet: o Linux (o sistema aberto de *software*) e a Wikipedia (a enciclopédia aberta) estão entre os mais conhecidos.

4. Outro exemplo também muito conhecido, já mencionado mais de uma vez neste livro, é a metáfora da "mão invisível", de Adam Smith. Eis o trecho original do seu livro *A riqueza das nações*: "Cada indivíduo necessariamente trabalha para tornar tão maior quanto possível a receita bruta da sociedade. Na

---

[12] Ver FRANCISCO ANTONIO DORIA. *Marcuse*: vida e obra. Rio de Janeiro: José Álvaro Editor, 1969. p. 34.

verdade, ele em geral nem pretende promover o interesse público nem sabe que o está promovendo. Ao preferir apoiar mais o esforço doméstico do que o estrangeiro, busca apenas a sua própria segurança; e, ao orientar esse esforço de tal maneira que este produza o máximo de valor, visa apenas o seu próprio ganho e nisso, como em muitos outros casos, ele é levado por uma mão invisível a promover um fim que não fazia parte de suas intenções. [...] Ao buscar o seu próprio interesse ele frequentemente favorece o da sociedade, e o faz de modo mais eficaz do que quando realmente pretende isso."[13]

Para Adam Smith, como para muitos economistas depois dele, o homem agiria sempre orientado por seu autointeresse. A "mão invisível" se encarregaria de coletivizar os resultados dos esforços individuais e, desse modo, criaria valor para a economia competitiva de mercado.

A mão invisível pode se tornar visível de várias outras formas, como já assinalei antes neste livro. Autores como Alfred Chandler[14] defendem a tese de que, depois de Smith, a ciência da administração transformaria a mão invisível em visível. Entretanto – e isso também vale para os exemplos que citei anteriormente –, essa visibilidade é parcial. A experiência mostra que a administração pode conduzir as coisas só até um certo ponto, pois a auto-organização, nos mercados e fora deles, continua a agir. De maneira análoga, só até certo ponto podemos orientar conscientemente o nosso comportamento, pois o inconsciente continua a determinar a maior parte dele. Além disso, como veremos logo mais, hoje há evidências científicas de que a crença de que o ser humano é orientado exclusivamente pelo autointeresse nem sempre reflete a vida real.

5. Todos conhecem um fenômeno comum nas feiras livres urbanas: em um determinado momento do dia, os preços dos gêneros alimentícios caem. Não caem todos na mesma hora nem o fazem de maneira uniforme. Também não caem do mesmo modo todas as vezes em que há feira. É a complexidade de ações, interações, recorrências e contra-recorrências do mercado que determina essa autorregulação.

6. Talvez o exemplo mais interessante de auto-organização – e, ao mesmo tempo, de aplicação da teoria da complexidade aos negócios – seja o caso do sistema VISA de cartões de crédito, descrito por Dee Hock – seu fundador e CEO emérito – no livro *Nascimento da era caórdica*.[15]

Nascido nos EUA e autodidata, Dee Hock começou e desenvolveu sua carreira na área bancária. Ao longo de suas múltiplas leituras, interessou-se pelo estudo dos sistemas complexos e da teoria da complexidade, em especial a desenvolvida pelos pesquisadores do Instituto Santa Fé, no Novo México, nos EUA. Nesse processo, ele logo se deu conta de que os dias atuais constituem um período histórico sucessor do que Francisco Varela costumava chamar de "espaço

---

[13] ADAM SMITH. *The wealth of nations.* Nova York: Modern Library, 2000. p. 484-485.
[14] ALFRED CHANDLER. *The visible hand.* Cambridge, Massachusetts: Harvard University Press, 1977.
[15] DEE HOCK. *Nascimento da era caórdica.* São Paulo: Cultrix, 2005.

cartesiano". Segundo Hock, esse novo período (que tem sido chamado de pós-modernidade, ou modernidade tardia ou, ainda, modernidade líquida) evoluirá pouco a pouco para "uma transformação da consciência, da cultura, da sociedade e das instituições".[16]

Desses e de outros estudos, Hock concluiu que no mundo dos negócios tornou-se imperioso buscar respostas para as seguintes questões: "a) como criar novos conceitos de propriedade que não sejam dominados por mercados financeiros?; b) como embutir nos estatutos um sistema imune à recentralização do poder e da riqueza?; c) como assegurar e proteger os direitos de auto-organização?; d) como equilibrar equitativamente a competição e a cooperação?"[17]

Esta última questão é a chave que abre as portas do universo da complexidade: como compreender que há situações em que é necessária a existência de opostos ao mesmo tempo antagônicos e complementares? A questão pode ser formulada de mais outra forma: é possível a existência de uma organização em que a ordem e a desordem convivam, sem que uma predomine sobre a outra? Uma organização em que o caos e a ordem sejam complementares, em vez de mutuamente excludentes?

Como sabemos, as respostas foram dadas pela teoria da complexidade. Para Hock tudo isso era possível, e a prática viria confirmar – e de modo grandioso – as suas ideias. Tal organização foi designada por um neologismo criado por ele mesmo: seria uma organização "caórdica" – palavra formada pela contração de "caos" e "ordem".

Hock assim definiu um sistema caórdico: é todo organismo, organização ou sistema autorregulado que combina de modo equilibrado os estados de ordem e caos. Sistemas assim são estruturados de modo a não ser inteiramente tomados, seja pelo caos, seja pela ordem. São auto-organizados, como aliás o são todos os sistemas do mundo natural.

Ao pôr esse conceito em prática, Hock conseguiu construir o que até agora constitui o *case* mais conhecido da aplicação da teoria da complexidade aos negócios. Tomando como ponto de partida a experiência de outros cartões bancários, ele criou a mundialmente conhecida e bem-sucedida rede VISA de cartões de crédito. Na época da publicação de *O nascimento da era caórdica*, a situação era a seguinte:

> a) O sistema VISA Internacional se firmou como uma organização caórdica, cuja propriedade não é acionária e é igualmente dividida entre 22 mil bancos membros. Esses bancos *competem acirradamente uns com os outros* por um universo de 750 milhões de clientes.
>
> b) Ao mesmo tempo, esses mesmos bancos *cooperam ativamente entre si*, honrando mutuamente transações financeiras cujo valor anual é de um trilhão e 250 bilhões de dólares. A auto-organização e a flexibilidade do sistema são tais que para ele não existem fronteiras geopolíticas, diferenças étnicas ou barreiras culturais.

---

[16] Idem, Ibidem, p. 15.
[17] Idem, Ibidem, p. 23.

c) Na qualidade de organização em rede, com estrutura descentralizada de poder, auto-organizada e caórdica, o sistema VISA Internacional é um exemplo clássico da teoria da complexidade, que permite a compreensão da convivência de opostos ao mesmo tempo oponentes e complementares. Sob esse aspecto, o VISA é também um exemplo do operador dialógico, que será apresentado a seguir.

Os números mencionados datam da época da publicação do livro de Hock. De lá até os dias atuais tais cifras aumentaram muitas vezes – mas os princípios básicos da configuração em rede, da auto-organização e da descentralização continuam os mesmos.

Por outro lado – e de modo ainda mais interessante –, Hock observa, em algumas das páginas finais de seu livro, que muitas das pessoas que trabalham no sistema VISA se mantêm cartesianas, e a maioria delas jamais ouviu falar em auto-organização, complexidade e muito menos em organizações caórdicas. Portanto, conclui-se que a construção de uma organização como a VISA é antes de mais nada uma questão de liderança. E aprendemos que entre as características fundamentais dos grandes líderes está a noção de que, nas organizações, as pessoas cartesianas são tão importantes quanto as que pensam mais de modo sistêmico.

Além disso, ao reavaliar a gigantesca realização que surgiu sob sua liderança, Hock se deu conta do que outros depois dele também viriam a constatar: os sistemas complexos nem sempre funcionam bem – ou pelo menos não funcionam como se espera. Sabe-se por exemplo que alguns mercados podem se auto-organizar na direção da formação de oligopólios e, em certos casos, monopólios.[18] Tais percepções são importantes para que aprendamos a não nos deixar levar por otimismos exagerados, tanto em uma direção quanto na outra.

Essa é, aliás, a essência do pensamento complexo, que vê o cartesianismo e o sistemismo como duas formas de pensar necessárias – mas também mostra que cada uma delas, quando isolada, não basta para lidar com a complexidade. Assim, em uma mesma empresa há áreas que precisam tender para o mecanicismo, para a operacionalidade, e áreas em que há necessidade de pensar de modo sistêmico, abrangente, estratégico. Nesse sentido, o *case* do sistema VISA é também um excelente exemplo de liderança não autocrática – liderança compartilhada, que sabe lidar bem com a descentralização sem perder o foco nas ideias e conceitos-guia.

Para Hock, o estudo dos sistemas complexos adaptativos e o modo de pensar que daí se originou – a teoria da complexidade – mostraram, na prática, que há outros modos de pensar de modo eficaz, sem que isso implique necessariamente recorrer ao simplismo do raciocínio de causalidade simples. "O que importa", escreveu ele, "não são as informações nem os computadores. O que importa são as conexões. Não mais que isso. [...] O que importa é a dissolução da noção de limites entre as coisas separadas".[19] Em outros termos, o que im-

---

[18] AXELROD e COHEN. Op. cit., p. 30-31.
[19] Idem, Ibidem, p. 95.

porta é a religação do que foi artificialmente separado, em especial os saberes humanos e seus conhecimentos.

Tudo visto, conclui-se que, apesar de o sistema Visa ser uma organização gigantesca, o ponto essencial que determinou o seu sucesso foi a atuação em rede, que lhe conferiu adaptabilidade e criatividade. Além disso, o sistema incorporou os valores inerentes a todo *networking*, em especial o conceito de benefícios mútuos. É o que fica muito claro em algumas das frases de seu livro:

a) "A troca não monetária de valor não vem apenas de motivos altruístas. Vem da compreensão profunda, intuitiva, de que o interesse próprio está inseparavelmente ligado ao interesse da comunidade. [...] Comunidade não tem relação com lucro. Tem relação com benefício. Confundi-los é um risco. Quando tentamos monetizar todo valor, desunimos metodicamente as pessoas e destruímos a comunidade."[20]

b) "Um organismo é uma manifestação do ambiente físico do qual surgiu e do qual dependem sua saúde e sua existência. Uma instituição é uma manifestação do ambiente social do qual surgiu e do qual dependem sua saúde e sua existência. Cada organismo depende dos outros organismos e de seu ambiente físico – e vice-versa. Cada instituição depende das outras instituições e de seu ambiente social e físico – e vice-versa."[21]

O operador dialógico

Enunciado

"Há contradições que não podem ser resolvidas. Isso significa que existem opostos que são ao mesmo tempo antagônicos e complementares."

Apresentação

Já falei sobre dialógica no Capítulo 5 deste livro, nas passagens referentes a Pascal. Retomo agora o tema, com mais algumas considerações.

A palavra *dialética* significa conversação, diálogo entre posições contrárias. Para Hegel, toda ideia é uma tese, que provoca o surgimento de outra que lhe é oposta – uma antítese. Do embate entre as duas surge a síntese, que é a resolução da contradição. A síntese é o resultado da superação da tensão entre os opostos tese e antítese. Na concepção hegeliana, as contradições sempre encontram solução: não são insuperáveis, e cedo ou tarde se conciliam numa unidade que lhes é

---

[20] Idem, Ibidem, p. 12.
[21] Idem, Ibidem, p. 116.

superior. As oposições vistas como insuperáveis (os paradoxos) seriam estados de transição, que cedo ou tarde se resolveriam em sínteses.

A palavra *dialógica* significa que há contradições que não se resolvem. Nelas a tensão do antagonismo é persistente. Tais casos fazem parte da complexidade natural do mundo e de seus fenômenos. Morin observa que nem sempre é possível nem necessário resolver todas as contradições: há muitos casos em que é preciso conviver com elas. São estados paradoxais, mas inerentes à natureza dos sistemas vivos. Tentar resolvê-los por eliminação seria um desperdício de energia.

Um bom exemplo é a já mencionada questão da concorrência. Como mostra a prática, os concorrentes que mais nos antagonizam, que mais nos incomodam, são justamente aqueles que não devem ser ignorados, pois sua existência é uma fonte constante de estímulo e ensinamentos. Afastá-los produziria um desequilíbrio que mais cedo ou mais tarde diminuiria nossa criatividade e, portanto, nossa competência. Não é por acaso que em política o processo democrático necessita do embate incessante entre a situação e a oposição. Como diz Morin, nos lugares e momentos em que não é possível superar as contradições, vencer os antagonismos e ultrapassar os paradoxos, lá é que está a complexidade.

Para reconhecer essas situações e aprender a lidar com elas é necessário usar o modo dialógico de pensar. É claro que ele não pretende substituir a dialética: seu objetivo é lidar com contradições que não podem ser superadas dialeticamente. Em tais circunstâncias, o operador dialógico procura trabalhar com posições opostas e inconciliáveis sem tentar negá-las ou racionalizá-las. Se há impasses que não podem ser resolvidos após um número razoável de tentativas, isso não significa que devamos fingir que eles não existem. Compreendê-los e incorporar essa compreensão às nossas táticas, estratégias e práticas é antes de mais nada uma demonstração de bom-senso.

Como se sabe, nos grupos, organizações e instituições humanas, a diversidade, em especial a de opiniões, costuma produzir um certo grau de conflituosidade. Seja manifesta ou latente, a diversidade não deve ser escondida ou negada. O entrechoque de ideias, opiniões e comportamentos é uma das principais fontes de inspiração para a criatividade e a resolução dos problemas de convivência. Esse grau aceitável e desejável de conflituosidade nada mais é do que o resultado de oposições que não podem ser resolvidas em sínteses. Ele traduz a capacidade que têm os grupos, organizações ou instituições de buscar soluções para suas dificuldades, sem que para tanto sejam sempre necessárias diretivas vindas de fora.

É óbvio que com isso não quero dizer que os conflitos não precisam ser resolvidos. Ao contrário, é justo e necessário solucionar os que podem ser solucionados e isso deve ser feito sem demora. O que não é justo nem necessário é, sob o pretexto de resolver *todos* os conflitos, reprimir também a conflituosidade criativa. Em geral, a ânsia de tudo resolver costuma produzir o medo constante, a insegurança, a desconfiança paranóica e o desprezo pelos valores dos outros. Cria-se assim uma atmosfera de simulações, subterfúgios e intenções não reveladas que, ironicamente, faz aumentar o número de desavenças não resolvidas.

Vários dos fragmentos deixados pelo já citado Heráclito são exemplos do operador dialógico. Lembremos mais um: "O antagonismo em tensão é convergente; da divergência dos contrários, surge a mais bela harmonia".[22] Para Plotino, a alma é ao mesmo tempo divisível e indivisível: é simultaneamente una e múltipla.[23] Assim, as soluções podem vir não apenas da resolução dos conflitos, mas também da tensão criativa produzida pelas contradições que não podem ser solucionadas.

Porém, muito antes de Heráclito e Plotino já existia uma noção muito clara do modo dialógico de pensar. Na filosofia taoísta, o símbolo *Yin/Yang* exprime a dialógica. O *Yin* é o princípio feminino, lunar, intuitivo. O *Yang* é o princípio masculino, solar, racional. Os dois estão sempre juntos e sempre em oposição. Estão sempre em tensão mas são inseparáveis. Não há síntese possível entre eles, pois a manutenção das características de cada um é indispensável ao equilíbrio e à manutenção da ordem natural das coisas e da integridade dos sistemas vivos. A simultaneidade do antagonismo e da complementaridade *Yin/Yang* traduz o equilíbrio entre a cooperação e a competição, a harmonia entre a autonomia e a dependência.

Exemplos

1. Não é possível aumentar a ordem de um sistema sem aumentar também as possibilidades de desordem e vice-versa, uma vez que uma polaridade contém a outra em estado latente. O progresso produz ordem – mas também produz desordem. Por exemplo: os grandes petroleiros transportam o resultado de muitos estudos e pesquisas que resultaram na produção do petróleo cru. Transportam, portanto, o progresso e mais possibilidades dele, representadas pelos derivados petrolíferos. Mas transportam também a possibilidade de acidentes pelo rompimento de seus tanques, com a poluição de amplas áreas e grandes prejuízos ao mundo natural. Para não falar no efeito-estufa, que ocorre quando o petróleo é transformado em combustíveis, de cuja utilização surgem as emissões de CO_2 e outros poluentes. Dessa forma, ao lado do progresso, soluções e ordem, os petroleiros também transportam o retrocesso, problemas e desordem.

2. Morin observa que qualquer sociedade humana é ao mesmo tempo complementar (isto é, cooperativa) e antagônica (inclui rivalidades). Nossas sociedades são comunidades de cooperação: as pessoas se ajudam mutuamente, colaboram, associam-se. As empresas fazem parcerias, *joint ventures*, consórcios. Ao

---

[22] Ver LEÃO. Op. cit., p. xx.
[23] PLOTINO. *Enéadas*, III, 2, 2.

mesmo tempo, porém, elas são competitivas: as pessoas muitas vezes são rivais, as empresas competem no mercado. Uma sociedade que fosse só competitiva se autodestruiria. Uma sociedade que fosse só cooperativa tenderia a acomodar-se. Não haveria oposições, debates. Não haveria conflituosidade, e por isso mesmo não haveria renovação. Não haveria produção, só reprodução. Não existiriam diferenças e diversidade, só repetição e mesmice. O resultado seria a entropia e a desagregação.

3. Outro exemplo, também lembrado por Morin, é a relação entre o indivíduo e a sociedade, que é ao mesmo tempo complementar e antagônica. Não há sociedade sem indivíduos. Da mesma forma, para realizar a sua condição humana, em especial por meio da cultura e da linguagem, o indivíduo precisa da sociedade.

No entanto, o antagonismo entre a sociedade e o indivíduo é inevitável. Para se constituir e continuar existindo, a sociedade precisa reprimir certos desejos dos indivíduos. Para viver em sociedade, os indivíduos precisam respeitar normas, leis e tabus. Contudo, ao obedecer a essas imposições eles colaboram para a manutenção da estrutura e da ordem social. Portanto, ao querer liberdade para exercer todos os seus desejos, o indivíduo antagoniza a sociedade. Mas, ao se submeter às normas que restringem parte desses desejos, ele a complementa. É, pois, simultaneamente livre e controlado. Ao mesmo tempo em que afirma o indivíduo, a sociedade o nega. Ou, como diz Theodor Adorno, "a sociedade é um conjunto de sujeitos e a negação deles".[24]

4. Alguns neurocientistas já compreenderam a importância do operador dialógico. O já citado V. S. Ramachandran, da Universidade da Califórnia, diz que o potencial do cérebro humano só é compreensível se levarmos em consideração todas as possibilidades e se resistirmos à tentação de ficar em campos polarizados, ou de indagar se uma dada função cerebral é localizada ou não. Segundo Ramachandran, há muitas provas de que no cérebro existem partes ou módulos especializados em várias capacidades mentais. O melhor meio de entender a fisiologia cerebral é não apenas investigar a estrutura e a função de cada módulo, mas também descobrir como eles interagem uns com os outros para produzir o conjunto de habilidades que denominamos de natureza humana.[25]

A dialógica visa a lidar com as variáveis e as incertezas que não podem ser eliminadas. Ao nos ensinar a lidar com os paradoxos, o operador dialógico nos mostra também como identificar as possibilidades e as limitações da objetividade, da lógica linear e da quantificação. Nossa pretensão de controlar tudo, inclusive o que não é controlável, é uma tentativa de diminuir a ansiedade. No entanto, ao querer controlar o incontrolável tudo o que conseguimos é negá-lo temporariamente. É como manter pressionada uma mola: quanto mais energia

---

[24] Ver MORIN. *La méthode 5*. Op. cit., p. 155.
[25] RAMACHANDRAN; BLAKESLEE. Op. cit., p. 34-35.

gastamos para mantê-la tensa, mais cansados ficamos e mais ela se torna difícil de pressionar. Saber distinguir quando empregar a dialética e a dialógica é uma habilidade de alto valor estratégico.

O operador hologramático

Enunciado

"As partes estão no todo, e o todo também está nas partes."

Apresentação

Para definir o operador hologramático, Morin usa a metáfora do holograma, a fotografia obtida pelo processo holográfico. Nesse tipo de imagem, cada ponto contém virtualmente a totalidade do objeto reproduzido, isto é, as partes estão contidas no todo, mas o todo também está contido em cada uma das partes que o constituem. O pensamento complexo, tal como desenvolvido por Morin, conceitua a relação entre o todo e as partes por meio de quatro princípios: (a) o da emergência; (b) o da imposição; (c) o da complexidade do todo; (d) o da distinção mas não separação entre o objeto (ou o ser) de seu ambiente.

a) *O princípio da emergência* diz que o todo é superior à soma das partes. É o que mostra o fenômeno das propriedades emergentes. Um exemplo muito citado são as ligas metálicas, que têm propriedades que não existem em cada um dos metais que as constituem. Outro é o que ocorre quando um grupo se reúne para discutir um determinado assunto ou problema. Dos diálogos que se estabelecem costumam surgir ideias novas, que não haviam ocorrido aos participantes quando isolados. A sabedoria de um grupo é maior do que a soma das sabedorias de seus componentes.

b) *O princípio da imposição* diz que o todo é inferior à soma de suas partes. Isso significa que as qualidades ou propriedades das partes diluem-se no sistema. Tornam-se então latentes, virtuais. É o que ocorre, por exemplo, em um coral. Por mais destacadas que sejam as qualidades da voz de um ou de vários de seus participantes, eles precisam restringi-las ao que a totalidade do coral exige. O fato de determinadas propriedades ou qualidades das partes serem tornadas virtuais em benefício do todo caracteriza uma restrição ou inibição deste sobre elas. Esse fenômeno ocorre em toda relação organizacional: para que uma empresa possa existir, é preciso que ela se imponha aos seus membros, que dessa maneira ficam impedidos de exercer algumas ou várias de suas qualidades e potencialidades. Com isso, essas qualidades e potencialidades se tornam virtualizadas, entram em estado latente. É o que também ocorre quando os indivíduos, em troca do acolhimento e proteção da sociedade, se submetem às suas regras e normas.

c) *O princípio da complexidade dos sistemas* reconhece que os dois princípios anteriores são simultaneamente antagônicos e complementares. Por isso, ele estabelece que o todo é ao mesmo tempo maior e menor que a soma de suas partes, pois a relação entre estas e ele é circular e não linear.

d) *O princípio da distinção mas não separação entre o objeto (ou ser) e o seu ambiente* diz que o conhecimento de qualquer organização física exige o conhecimento das interações dessa organização com o seu meio ambiente. Em termos biológicos, o conhecimento dos seres vivos requer o conhecimento de suas interações com seus ecossistemas. Em termos organizacionais, o conhecimento das empresas exige o conhecimento de suas interações com o mercado.

A parte pode ser identificada como parte, mas não pode ser desligada do todo. O que percebemos por meio dos nossos cinco sentidos são coisas separadas, mas na realidade essa separação não significa desligamento. Tudo está ligado a tudo. A essa conclusão já haviam chegado vários grandes pensadores. Montaigne disse que "todo homem traz consigo a inteira humana condição". Goethe escreveu: (a) "os homens trazem dentro de si não somente a sua individualidade, mas a humanidade inteira, com todas as suas possibilidades"; (b) "o universal e o particular coincidem: o particular é o universal que se manifesta sob diversas condições".

As intuições desses e de outros pensadores foram confirmadas na área científica. Sabemos, por exemplo, que em cada célula do nosso organismo está contido – em potencial – todo o nosso patrimônio genético. Há também o caso dos estudos sobre a complexidade e a teoria do caos, que identificaram o chamado efeito-borboleta, inferido a partir de pesquisas meteorológicas: pequenas variações numa das partes de um sistema complexo podem se avolumar e levar a consequências de grandes proporções. Na metáfora de Edward Lorenz, o bater das asas de uma borboleta no Brasil pode desencadear um tornado no Texas.[26] Por sua vez, o efeito-borboleta relaciona-se com o princípio de Mach, formulado pelo físico austríaco Ernst Mach e questionado, mas não invalidado, por Einstein e outros. Em essência, ele diz que a inércia de um corpo é determinada por sua relação com todos os outros corpos do universo. Isto é: o global influencia o local e vice-versa.[27]

O pensamento binário nos leva a ver tudo sempre separadamente e a achar natural a divisão e a separação, mesmo diante de evidências em contrário. O fato de vermos as coisas separadas revela apenas a limitação dos nossos meios de percepção. Mas isso não significa que elas estejam realmente desligadas. No mundo natural existe afastamento, mas não desligamento. Como diz Morin, o indivíduo é o ponto do holograma que contém a totalidade da sociedade e da espécie; mesmo assim ele continua singular e não pode ser reduzido a essa totalidade.

---

[26] EDWARD LORENZ. *Conferência na Reunião Anual da Sociedade Americana para o Progresso da Ciência*, Washington DC, 29 dez. 1979.

[27] Ver WOLFGANG RINDLER. *Essential relativity*. Nova York: Springer-Verlag, 1977.

Exemplos

1. A diversidade humana é facilmente visível. No entanto, aquilo que os seres humanos têm em comum (a unidade humana) não é tão facilmente perceptível. Ela não pode ser concebida com facilidade por nosso modo predominantemente fragmentador de pensar. Por isso, Morin sugere que é preciso conceber a "unidade múltipla", a unidade que inclui a pluralidade. Existe unidade na diversidade humana e diversidade na unidade humana. O mesmo, é claro, ocorre em todo o mundo natural.

A esse respeito, há um belo texto de Ortega y Gasset[28] que também é um exemplo de pensamento complexo. Esse filósofo espanhol cita um antigo provérbio alemão: a altura das árvores impede a visão do bosque. Se vejo algumas árvores do bosque, não consigo vê-lo em sua totalidade. O bosque real é o conjunto formado pelas árvores que não posso ver. Se percorro o bosque, também não o vejo: tudo o que posso ver são algumas das árvores que o formam. O bosque está sempre um pouco mais além de onde estamos, diz Ortega. Ainda assim, ele existe como possibilidade: é "uma soma de atos nossos". Nós o construímos ao andar nele, ao interagir com ele.

As árvores não nos deixam ver o bosque, mas é por isso mesmo que ele existe. A missão das árvores que se manifestam, que se tornam visíveis, é manter latentes, ocultas, as demais. O que se vê esconde mas também inclui o que não se vê, assim como a ordem contém a desordem e vice-versa. O bosque está latente nas árvores e estas estão latentes no bosque. A possibilidade da existência do bosque está nas árvores e a possibilidade de existência das árvores está no bosque. Na metáfora de Morin, os fios possibilitam a existência do tapete e este, ao ser desfeito, possibilita a existência dos fios separados. "O mundo profundo é tão claro quanto o real, só que exige mais de nós", observa Ortega.

Também é possível entrar no bosque sem sentir-se parte dele. Nesse caso ele não terá nada para me mostrar nem terei nada para mostrar-lhe: eu o verei como um âmbito ao qual sou estranho e que me é estranho. No máximo, será um campo de caça ou um esconderijo. Se eu me convencer de que nada me liga ao bosque, imaginarei que posso destruí-lo sem que isso também me destrua. Como mostra a experiência, esse equívoco é muitas vezes desastroso para os que nele incorrem.

A unidade é compreensível em termos abstratos, mas nem sempre fácil de entender na prática. Já vimos que tal dificuldade se deve à nossa incapacidade de perceber interligações. No entanto, é a existência da unidade humana que torna possíveis procedimentos como campanhas de vacinação, transfusões de sangue, controle de epidemias e outras ações de medicina de massa, decisões políticas e econômicas de grande alcance e a existência – para o bem e para o mal – do marketing.

---

[28] JOSÉ ORTEGA Y GASSET. *Meditações do Quixote*. São Paulo: Livro Ibero-Americano, 1967. p. 67 ss.

2. Aqui se inclui outro exemplo: a possibilidade de transplantar órgãos. Esse caso é também um exemplo do operador dialógico: a diversidade faz com que, por meio de seu sistema imunológico, os organismos individuais reajam aos órgãos transplantados no sentido de rejeitá-los. Mas a unidade humana faz com que seja possível aplicar a todos os indivíduos os procedimentos técnicos dos transplantes e os medicamentos que se opõem à rejeição.

Sabemos que a unidade contém a multiplicidade e vice-versa. A unidade do organismo humano facilita os transplantes, pois com exceção das diferenças genitais todos temos os mesmos órgãos. Já a diversidade dificulta os transplantes, porque facilita a rejeição. Portanto, os transplantes de órgãos são ao mesmo tempo possíveis e impossíveis: se por um lado pertencer à condição humana os possibilita, por outro lado as peculiaridades dos organismos individuais podem levar à rejeição, o que também mostra que o indivíduo pode se destacar do todo social, mas nem por isso perde a sua individualidade. Os medicamentos imunossupressores diminuem a possibilidade de rejeição dos órgãos transplantados (possibilidade de desordem) e facilitam a aceitação desses órgãos pelos organismos receptores (possibilidade de ordem). Ao desempenhar esse papel, eles atuam na relação ordem-desordem-organização.

3. Vejamos o caso das células-tronco. Elas têm duas características importantes: (a) não são especializadas e replicam a si próprias por meio de divisão; (b) podem ser levadas a se transformar em células diferenciadas, como as que compõem o músculo cardíaco e as do pâncreas, que produzem a insulina.

Pensava-se que as células-tronco desaparecessem no adulto. No entanto, hoje se sabe que elas permanecem em certos órgãos como a medula óssea, os músculos e o cérebro. Nesses tecidos elas podem ser "despertadas" e induzidas a produzir outras – que por sua vez podem substituir células que se perderam, seja por doença, desgaste normal ou traumatismos. Tal possibilidade abre novos e importantes caminhos para a medicina e, claro, são mais uma prova de que o todo está nas partes e vice-versa.

4. Outro exemplo do operador hologramático é o já mencionado efeito-borboleta. Na área financeira, sabemos que fatos localizados (que muitas vezes não passam de simples boatos) podem levar a grandes oscilações nas bolsas do mundo inteiro. Hoje, com a Internet e a globalização dos mercados, esse fenômeno se tornou ainda mais evidente.

5. Na cultura das organizações humanas, os princípios básicos elaborados pelos fundadores – as chamadas crenças ou certezas fundamentais – sustentam e motivam corporações de muitos milhares de funcionários e um número várias vezes maior de acionistas e outros participantes. A filosofia, a missão e a visão de futuro das empresas são formas de reforçar as ligações entre as pessoas que as compõem. Ligações geram confiança e o sentimento de pertencer a uma totalidade. Pensar de modo fragmentador produz medo e desconfiança. No primeiro caso, o resultado é comprometimento e sentimento de sentido e finalidade. No segundo caso, gera-se a competição predatória, o "cada um por si", o "salve-se quem puder".

Por todas essas razões, a noção de que tudo está ligado a tudo, embora as aparências pareçam mostrar o contrário, é fundamental. Essa ideia deve ser entendida e levada à prática não no sentido mágico ou místico, mas sim com o grau de pragmatismo indispensável às ações e às mudanças. Não se trata de pensar em termos de uma totalidade à qual nos devemos submeter inteiramente, mas em um sistema complexo, do qual fazemos parte e que podemos influenciar com nossos comportamentos individuais.

A interação sujeito-objeto

Enunciado

"O observador faz parte daquilo que observa."

Apresentação

Para que nossa observação fosse *sempre* objetiva, seria preciso que estivéssemos *sempre* separados daquilo que observamos. Foi disso que o pensamento fragmentador nos convenceu: de que observamos um mundo do qual não fazemos parte. Essa concepção faz com que estabeleçamos fronteiras e não nos vejamos incluídos nelas.

A percepção é um fenômeno que acontece na estrutura dos organismos vivos. O mundo externo é o mesmo para todos nós, mas o universo interno difere de indivíduo para indivíduo. Em termos fisiológicos, a percepção ocorre por meio dos cinco sentidos. Na qualidade de mecanismo anatômico e fisiológico, e em condições de normalidade, ela é igual para todos os indivíduos de uma mesma espécie. Mas seus resultados internos, subjetivos, dependem das peculiaridades de cada um, isto é, da estrutura individual, em especial a do sistema nervoso. Essa estrutura é complexa: em sua constituição entram, além na anatomia e da fisiologia, fatores como a educação, a cultura, o contexto histórico-social e nossas emoções num dado instante.

Francisco Varela assinalou que estudos sobre a visão de cores revelaram alguns fatos importantes: (a) os seres humanos vêem o mundo em quatro cores; (b) os pombos veem o mundo em cinco cores; (c) as abelhas veem o mundo em ultravioleta; (d) os morcegos não veem o mundo: interagem com ele por meio de um mecanismo semelhante ao sonar. Cabe, portanto, a pergunta: afinal de contas, de que cor é o mundo? É razoável imaginar que ele deve ter uma ou muitas cores. Mas também é razoável deduzir que nós o vemos segundo a nossa estrutura, isto é, de acordo com o modo como estamos organicamente equipados para vê-lo.

O mundo que percebemos é o que podemos perceber. Já aprendemos, com o operador holográmatico, que há evidências de que tudo está ligado a tudo. Distanciamento físico não quer dizer desligamento real. O observador não está separado daquilo que observa, embora possa estar fisicamente distante. A atitude objetiva é possível. O que não é possível é eliminar a subjetividade e a participação do observador nos fenômenos que ele observa. Portanto, não podemos viver no mundo como se não fazemos parte dele. Pelo fato de estarmos todos no mesmo mundo somos ao mesmo tempo sujeitos e objetos, percebedores e percebidos.

A realidade é aquilo que percebemos objetiva e subjetivamente. É o que observamos e também o que sentimos e pensamos em relação ao que observamos. A postura objetiva é possível, mas imaginar que seu resultado final seja só objetivo não é possível, pois não podemos nos dividir. Por isso, não existe conhecimento do qual não participem ao mesmo tempo a objetividade e a subjetividade do observador. A percepção é um diálogo. É uma transação entre o observador e o observado, entre o percebedor e o percebido. Por meio apenas da objetividade não se pode conhecer o mundo real. Por meio somente da subjetividade também não se pode conhecê-lo. Para conhecer a realidade, é preciso estabelecer uma relação com ela, interagir, conviver.

É das relações que emergem as percepções. No encontro do observador com o observado, o foco não pode ser voltado apenas para primeiro nem somente para o segundo. Em qualquer das hipóteses isoladas, desviaríamos a atenção daquilo que realmente conta: o fenômeno da observação – que é uma relação. A ciência e o conhecimento não existem apenas na "subjetividade" das teorias dos cientistas, nem na "objetividade" do mundo. Nascem da relação entre elas. O conhecimento, seja o científico, seja o do cotidiano, é uma tentativa de contar a história dessa relação, de falar sobre as propriedades novas que dela emergem. A ciência e a arte são modos igualmente válidos de observar e relatar essas propriedades, e cada uma o faz a seu modo. A percepção da realidade que não incluir a subjetividade será inevitavelmente incompleta. Quando determinadas ciências negam a subjetividade, com isso negam também a realidade, porque a realidade não está somente nas partes nem apenas no todo: está no relacionamento entre as partes e o todo.

Em uma dada sociedade, "objetivo" é o que se convencionou chamar de objetivo. Isso significa que a definição do que é objetivo resulta de consensos. Se a objetividade é uma construção cultural, ela inclui a subjetividade, por mais que queira excluí-la. Portanto, pode-se dizer que existe a atitude objetiva, mas a objetividade em si, vista como um absoluto, não existe. Vivemos numa cultura para a qual os resultados são dissociados das pessoas que os produzem. É como se o ser humano não fizesse parte do mundo, de sua própria vida e, consequentemente, de suas ações e dos resultados destas. Em tal cultura, aquilo que chamamos de resultados "práticos" são quase que exclusivamente os econômicos, e as pessoas costumam depender tanto deles que muitas delas perdem, nesse processo, suas identidades humanas.

É por isso que uma cultura de resultados é desumanizadora e alienante. Em termos de responsabilidade socioambiental as consequências desse fenômeno são óbvias, pois levam à pseudojustificativa de que temos pouco ou nada a ver com os resultados de nossas ações ou omissões. Bem ao contrário do que escreveu Plotino: "Por ser uno com [o] objeto, o homem imagina que esse objeto lhe escapou, mas na verdade ele não é distinto do objeto em que pensa."[29]

A tendência de separar e manter separados o sujeito (observador) e o objeto (o observado) implica o pressuposto de que o sujeito não faz parte do sistema observador/observado. Quanto mais o observador (o sujeito) insistir em não participar, menos pensará em si próprio. Em consequência, menos conhecerá a si próprio e menores serão suas possibilidades de desenvolver suas habilidades e potencialidades. Se quisermos perceber o real com um mínimo de confiabilidade, é importante, antes de examinar uma situação ou tentar resolver um problema, verificar nossas pretensas "certezas" em relação ao que pretendemos apreciar. Se nossa mente está formatada por um determinado modo de pensar, ela só será capaz de perceber o mundo e tentar entendê-lo por meio desse padrão. A questão básica, portanto, é esta: com base em qual modelo mental vou pensar sobre um dado fenômeno ou situação?

Exemplos

1. Se de um lado o ser humano pensa, lida com conceitos abstratos, de outra parte ele tem um corpo intimamente ligado ao mundo natural. Já sabemos que essa ideia pode ser ampliada: se a mente faz parte do cérebro, que faz parte do corpo, que faz parte do mundo, nem mesmo a nossa dimensão mental é separada da natureza.

2. Nossa pretensão de que a percepção é somente objetiva tem consequências práticas, muitas delas desagradáveis. Lembremos duas: (a) muitas vezes, tratamos as pessoas como coisas com as quais nada temos a ver, e por isso recebemos delas o mesmo tratamento; (b) o hábito de pensar apenas "para fora", objetivamente, faz com que tenhamos dificuldades de pensar em nós mesmos e também de questionar nossos processos de pensamento. A falta ou deficiência de auto-observação dificulta ou impede a autocrítica. Se não nos autocriticamos, julgamo-nos mais capacitados para criticar sempre os outros – e estes, é claro, nos pagam na mesma moeda.

3. O fato de nos julgarmos separados daquilo que observamos traz pelo menos duas consequências problemáticas: (a) temos mais dificuldade de avaliar as repercussões do que dizemos e fazemos ou, inversamente, do que não dizemos ou deixamos de fazer; (b) temos mais dificuldade de responsabilizar-nos pelo que dizemos ou fazemos ou, inversamente, do que não dizemos ou deixamos de fazer. Ao dificultar a assunção de responsabilidades, a ideia de separação

---

[29] PLOTINO. *Enéadas*, III, 9, 3.

sujeito-objeto nos leva a buscar a causa de nossos problemas apenas em fatores externos, o que pode significar que no fundo não queremos ou não podemos resolver determinados problemas.

4. O observador modifica e é modificado por aquilo que observa. Vejamos alguns exemplos cotidianos e amplamente divulgados em muitas fontes:

– "Fatos novos" trazidos à luz em meio a crises políticas, ou mesmo simples boatos, podem influir profundamente na economia em outros setores da sociedade.

– Difundir a popularidade ou impopularidade de uma pessoa, ideia ou instituição torna-as ainda mais notórias ou ainda mais impopulares. É dessa maneira que se manipula a mente coletiva e se constroem ou se destroem "imagens públicas". Entre muitos outros, Joseph Goebbels, ministro da propaganda de Hitler, valeu-se amplamente desse artifício.

– Nas campanhas eleitorais, as pesquisas de intenção de voto muitas vezes são utilizadas para manipular a opinião pública a favor ou contra esse ou aquele candidato. Servem também para reverter impressões favoráveis ou desfavoráveis, ou como balão de ensaio para o lançamento de produtos, serviços e candidaturas políticas.

Ecologia da ação

Enunciado

"As ações frequentemente escapam ao controle de seus autores e produzem efeitos inesperados e às vezes até opostos aos esperados."

Apresentação

Os conceitos de ecologia das ações e ecologia das ideias estão ligados e tratam de fenômenos bem conhecidos. Para sua elaboração, Morin partiu de ideias anteriores e as modificou e ampliou. A experiência mostra que uma vez desencadeadas, nossas ações e ideias passam a fazer parte da instabilidade, da incerteza e da imprevisibilidade do ambiente natural e cultural. Os ficcionistas também perceberam esse fato. O escritor Mario Vargas Llosa, por exemplo, observa que os efeitos da literatura "são imprevisíveis e jamais controláveis por quem a escreve".[30]

O fato de uma ação ou ideia poder passar por tantas modificações e desvios faz com que ela possa até mesmo voltar-se contra o seu autor. Há muito que a sabedoria popular já havia detectado esse fato: "O feitiço virou contra o feiticeiro."

---

[30] MARIO VARGAS LLOSA. *A verdade das mentiras*. São Paulo: ARX, 2004. p. 359.

Passado o momento inicial, a ação deixa de "pertencer" a seu autor. É como se adquirisse vida própria, e não só pode antagonizá-lo como pode se tornar incompreensível para ele. Esse fenômeno decorre de outro: uma ação pode produzir sinergias; as sinergias produzem outras sinergias, e assim o número de variáveis se torna tão grande que leva à imprevisibilidade. Essa é uma das muitas manifestações da complexidade. Os efeitos retroagem sobre as causas e as modificam. Além disso, eles também se influenciam mutuamente e dessas múltiplas interações e inter-recorrências surgem novos efeitos, que retroagem sobre suas causas e assim por diante.

Morin propôs dois princípios para a ecologia da ação, que Lise Laférière ampliou para três: (a) o nível de eficácia ótima de uma ação se situa logo no início do seu desenvolvimento; (b) a ação não depende somente da intenção ou intenções de seu autor: depende também das condições peculiares do ambiente no qual ela acontece; (c) a longo prazo, os efeitos das ações são imprevisíveis. Tudo isso significa que, ao interagir com os múltiplos fatores do ambiente uma ação está sujeita à aleatoriedade e à imprevisibilidade próprias desse ambiente. A ecologia da ação se baseia na observação de que o curso dos acontecimentos não é linear. A não linearidade da História é, portanto, uma manifestação da complexidade, que comporta a ordem, a desordem e a organização. Isso significa que, como observa Morin, toda ação está sujeita ao determinismo mas também está sujeita ao acaso. O historiador Fernand Braudel escreveu que os homens fazem a Historia e a História os arrasta.

A ecologia da ação inclui riscos. Estes, por sua vez, derivam da aleatoriedade inerente ao mundo natural. Hannah Arendt escreveu que muitas ações implicam "riscos enormes". O risco é tanto maior quando nos lembramos de que, como diz Morin, uma ação pode inverter seu propósito sem que seu autor tenha consciência desse fenômeno. E isso o faz continuar a agir até mesmo contra os seus próprios projetos ou desejos. Foi o que também concluiu a historiadora Barbara Tuchman. Em seu livro *The march of folly: from Troy to Vietnam*[31] (no Brasil, *A marcha da insensatez: de Tróia ao Vietnã*), ela mostra que ao longo da História os governos nacionais tendem com muita frequência a adotar políticas opostas ao seus interesses.

Exemplos

1. As leis da ecologia se aplicam ao pensamento complexo e, é claro, à ecologia da ação. Ei-las: (a) todas as coisas estão interligadas; (b) tudo vai para algum lugar; (c) todas as escolhas envolvem custos; (d) a natureza revida.[32]

---

[31] BARBARA TUCHMAN. *The march of folly*: from Troy to Vietnam. Londres: Abacus, 1999.

[32] ERNEST CALLENBACH. *Ecologia*: um guia de bolso. São Paulo: Peirópolis, 2001 (epígrafe).

Comentemos brevemente cada uma. De saída, é importante notar que em todas elas está presente de modo implícito ou explícito um princípio fundamental: a ideia de que são importantes não apenas as partes isoladas, mas também as relações entre elas. No mundo natural, as coisas, os seres vivos e o ambiente se acolhem e/ou se repelem mutuamente e de modo incessante. Portanto, é crucial pensar em termos de relações.

"Tudo vai para algum lugar" significa que, por exemplo, a embalagem de plástico que jogamos na rua ou numa estrada pela janela do carro, com a pretensão de que assim nos livraremos dela, passa a fazer parte da complexidade do todo. E o faz de maneira poluidora: prejudica equilíbrios delicados, de tal forma que um dia nós mesmos ou nossos descendentes sofreremos as consequências dessa agressão.

A terceira lei estabelece que nada é gratuito: tudo tem um preço, a ser pago por nós mesmos ou por nossos sucessores. Pois, como diz com clareza a quarta lei, a natureza sempre dá o troco, revida às agressões a que a submetemos – mas também retribui os cuidados que lhe proporcionamos. O revide às agressões pode acontecer de modo violento, tanto em relação às catástrofes naturais quanto às desavenças entre grupos, organizações e instituições.

Seja como for, é fundamental não esquecer o óbvio: o fato de ignorarmos as consequências dos nossos atos não significa que deixaremos de ser responsáveis por eles. Quer dizer apenas que fugimos a essas responsabilidades, que estamos alienados de nós mesmos, dos outros e do mundo. É indispensável que tomemos consciência do como e do porquê dessa alienação. Esse é o primeiro passo de qualquer iniciativa de mudança.

2. De acordo com Morin, as ideias, teorias e mitologias são criadas e nutridas pela mente humana. Os deuses também são criados pelos homens e terminam por influir em suas vidas ou ditar-lhes as suas vontades. Os seres míticos adquirem vida própria e atuam em todos os âmbitos da experiência humana. Por exemplo, Romeu e Julieta e Otelo, de Shakespeare, e Dom Quixote e Sancho, de Cervantes, são figuras influentes e conhecidas, mesmo por aqueles que nunca leram os seus autores. Aliás, os que não os leram tendem a mitificá-los ainda mais, pois sabe-se que a distância no tempo e no espaço tende a "endeusar" os personagens das histórias, lendas e mitos. Esse fenômeno é típico da ecologia das ideias. Com muita frequência as ideologias levam as pessoas ao fanatismo e ao desvario. Vive-se e morre-se por causa delas e ao sabor de seus embates com outras ideologias. As ideias são o fiel da balança entre a concórdia e a discórdia, a guerra e a paz.

3. Outro exemplo da ecologia da ação está expresso no chamado princípio de Pareto, cujo enunciado é o seguinte: 20% das ações resultam em 80% dos resultados ou, inversamente, 80% dos resultados decorrem de 20% das ações. Isso significa que a maioria das ações que foram iniciadas com o objetivo de produzir determinados resultados se perdem na imprevisibilidade do ambiente. Se assim não fosse, 100% das ações resultariam em 100% de resultados. Nas empresas, é comum a observação de que 20% das pessoas são responsáveis por 80% dos problemas. O inverso é verdadeiro: 20% das pessoas são responsáveis pela so-

lução de 80% dos problemas. Em termos de linha de produtos, é corriqueira a verificação de que 20% dos produtos são responsáveis por 80% do faturamento. O mesmo vale para outros contextos, como as obras de um escritor, o repertório de um músico e assim por diante.

4. Na retórica de muitos dos líderes da época, a Primeira Guerra Mundial seria a guerra que acabaria com todas as demais. As ações da *Perestroika*, de Gorbatchev, tinham como objetivo reformar a União Soviética, mas levaram à sua implosão. No Brasil, em épocas relativamente recentes, vários "planos econômicos" tiveram como objetivo acabar com a inflação, mas fizeram com que ela aumentasse.

5. Muitas vezes, a correção dos cursos indesejáveis de uma ação pode ser influenciada pelo excesso de otimismo e pelo voluntarismo de seu autor. Essas interferências podem dificultar – ou mesmo impedir – que o autor da ação perceba que ela já se transformou e se desdobrou e que essas modificações, por sua vez, estão sujeitas à influência de inúmeras variáveis. Como se sabe, os líderes são influenciados por seus assessores e por outras pessoas, grupos e instituições – o que acaba distorcendo algumas de suas percepções. Em casos assim, a ecologia da ação se liga a outro fenômeno, que Morin chama de percepção alucinatória do real.

6. O consultor João Bosco Lodi[33] fez uma observação que é um bom exemplo da influência do ambiente sobre as ações das pessoas. Ao falar sobre a presidência de empresas ele observa que, à medida que um presidente chega perto da solução de um determinado problema, percebe que cada nova ação sua cria novos problemas: "Os problemas estão nas soluções."

Ao longo desse processo, os presidentes – como aliás todos os líderes – aprendem que as variáveis do ambiente surgem e atuam decisivamente sobre suas ações: os recursos disponíveis, o tempo, as reações dos que têm seus interesses satisfeitos ou contrariados, a abundância ou escassez de informações, as limitações oriundas de compromissos anteriormente assumidos e assim por diante. Em suma, eles aprendem que toda ação acontece num determinado ambiente e interage com as variáveis desse ambiente. Esse exemplo também deixa claro que a ecologia da ação é, em essência, um fator que limita os poderes de um indivíduo, por mais amplos que eles sejam.

Tudo isso visto, pode-se concluir que: (a) conhecer o fenômeno da ecologia da ação e saber lidar com ele ajuda a tomar decisões; (b) uma ação, por mais simples que seja, não deve ser deixada à sua própria sorte. Uma vez iniciada, ela se defronta com inúmeros desencontros, acidentes, imprevistos e muitas outras variáveis, as quais precisam ser tanto quanto possível corrigidas ou pelo menos atenuadas. Para tanto, seu autor deve aprender a reconhecer e acompanhar esses fatores, e estar alerta em relação a tudo o que possa interferir negativa ou positivamente nesse reconhecimento e acompanhamento.

---

[33] JOÃO B. LODI. *Governança corporativa*. Rio de Janeiro: Campus/Elsevier, 2000. p.162.

8

Fatos, Comentários e Perspectivas

*O mundo perecerá não por falta de maravilhas,
mas por falta de imaginação.*

(J. B. S. Haldane)

*Cada mente é uma sala cheia de móveis arcaicos. Precisa ser remodelada
ou esvaziada para que coisas novas possam entrar, o que pressupõe um
confronto implacável com as muitas coisas que sabemos que não servem mais.*

(Dee Hock)

É claro que não se podem tirar conclusões definitivas de um processo como o desenvolvimento do nosso modo de pensar. No entanto, é possível mostrar alguns fatos, fazer comentários e analisar perspectivas, linhas de pensamento e ação. Tudo isso pode ser feito em relação à ideia de resistência – mas não de resistência à mudança e sim à não mudança. Resistência à estagnação, ao *imprinting*, à repetição, aos conservadorismos e fundamentalismos que estreitam e obscurecem a nossa percepção de nós mesmos, dos outros e do mundo. É o que farei neste último capítulo, por meio de considerações sobre o estado atual de algumas questões e suas relações com o pensamento complexo.

Crueldade

Tudo indica que o egoísmo, o autointeresse e a desconfiança são parte integrante da condição humana – mas o altruísmo, a solidariedade e a amizade também o são. Tudo isso junto, e em diferentes proporções, também está incluído na crueldade do mundo, do qual nós, humanos, somos parte. Porém, mesmo que a crueldade, o auto-interesse e a desconfiança sejam irremovíveis, eles podem ser consideravelmente contrabalançados se conseguirmos mudar de modelo mental.

O mundo é certamente cruel conosco; mas não somos menos cruéis com ele e com suas criaturas – e isso inclui a nós mesmos. Já tratei desse tema num ensaio ("A era da avareza"),[1] ao qual encaminho o leitor interessado em aprofundá-lo.

Nossa crueldade está ligada à mentalidade excludente, simplificadora, antiacolhedora, anti-hospitaleira. Sabemos que todos os seres vivos são sistemas complexos. Por isso, quando pretendemos simplificar seja o que for, a primeira coisa que fazemos é tentar pôr em plano secundário ou mesmo eliminar tudo o que está vivo, isto é, tudo o que é complexo, tudo o que é natural. "O simples é sempre o simplificado", disse Gaston Bachelard, com o propósito de denunciar o imediatismo e a superficialidade do cientificismo. Na lógica binária, simplificar e rotular são passos indispensáveis às iniciativas de exclusão. A racionalização, por exemplo, é uma forma de simplificação que tenta excluir os sentimentos, as emoções, a intuição e a subjetividade: procura afastar, enfim, a dimensão não mecânica, não quantificável e não utilitária da condição humana.

Simplificar além do razoável e necessário significa dividir, separar, desligar de modo a que a reconstituição se torne muito difícil ou impossível. Implica reduzir de modo irreversível os sistemas a peças isoladas e, quando isso não for viável, simplesmente tentar eliminá-los, como se faz mediante a violência e a exclusão social. Com isso, busca-se suprimir também as conexões por onde circulam os fluxos de informação, a comunicação, as ideias, a vida enfim. As fronteiras, as cercas, os muros, as grades, os espaços "exclusivos" e concentracionários – dos condomínios residenciais fechados aos campos de refugiados – são manifestações da lógica do "ou/ou".

Vimos que nossa cultura atual foi reduzida à economia e esta, por sua vez, foi reduzida às finanças pelo expurgo de sua dimensão social. Tal cultura põe sempre em segundo plano – quando não tenta eliminar – tudo o que se destina a preservar a vida e a diversidade, seja ela biológica ou cultural. Tudo isso é feito por meios bem conhecidos, alguns dos quais já produziram e em muitos casos continuam a produzir resultados desastrosos. Lembremos alguns: a pena de morte; o racismo; a eugenia; os fundamentalismos; a criminalização da pobreza; a ideologização das diferenças étnicas e culturais (o "choque de civilizações"); o desrespeito aos direitos humanos (aqui incluídos os jogos de cena, a demagogia e a hipocrisia dos falsos defensores desses direitos); a irresponsabilidade socioambiental (que inclui o falso ecologismo e a utilização da responsabilidade socioambiental como instrumento de marketing); a espetacularização da medicina "curativa" e a colocação em segundo plano da medicina preventiva; iniciativas obscurantistas – religiosas ou não – contra avanços científicos como

---

[1] HUMBERTO MARIOTTI. A era da avareza: a concentração de renda como patologia social. Disponível em: <www.humbertomariotti.com>. Acesso em: 2001.

as pesquisas com células-tronco e métodos anticoncepcionais não invasivos; posições draconianas e moralistas contra o aborto e o casamento de pessoas do mesmo sexo. E assim por diante.

Tudo isso mostra a que extremos de crueldade pode chegar a mente fragmentada. No entanto, sair da fragmentação e saltar para a totalização não é menos pernicioso. Conduz àquilo que Rouanet, citado mais de uma vez neste livro, chama de "distorção holística": a tendência a ver o todo como uma totalidade indiferenciada, sem perceber que qualquer totalidade inclui a diferença, o desconforto e a conflituosidade, e que qualquer harmonia só existe na superfície; enfim, que "todo conjunto abriga forças contraditórias".[2]

Repitamos mais uma vez: quando isolados, tanto o modelo mental fragmentador quanto o totalizador são limitados. Por isso é preciso que eles dialoguem, que se complementem. O mundo real é plural, diverso, multifacetado e, por isso mesmo, incompreensível por meio de raciocínios unilaterais e simplificadores, sejam eles fragmentadores ou totalizadores. Em termos humanos, como já foi dito, a visão totalizadora não é menos cruel do que a fragmentadora, pois leva a falsas esperanças. É o caso dos misticismos de ocasião: com o pretexto de compensar a frieza e a impessoalidade do mecanicismo de nossa época, eles usam estratégias que se aproveitam da credulidade e da religiosidade natural das pessoas para explorá-las de muitos modos, em especial do ponto de vista econômico.

Com relação à resistência à crueldade do mundo, é importante de saída resistir à crueldade presente em nós mesmos. Walter Benjamin notou que nossa civilização se baseia na barbárie. Mas não só: ela é frequentemente mais bárbara do que civilizada, e muitas vezes quer impor sua barbárie a outras civilizações.

Entretanto, isso não significa que não possamos e devamos ser compassivos e solidários. Ernesto Sábato lembra uma famosa passagem de Dostoievski em *Os irmãos Karamazov*, e pergunta qual é a Rússia verdadeira: "A do piedoso, sofredor e compreensivo Aliocha Karamazov? Ou a do canalha Svidrigailov?" E logo responde: nem uma nem outra. Ambas são verdadeiras, pois os indivíduos e os povos são complexos por natureza.[3] Montaigne escreveu que, ao nos sentarmos no mais alto trono do mundo, ainda é sobre o nosso traseiro que nos sentamos. Abraham Maslow disse que nossos sentimentos mais elevados repousam sobre nossos instintos mais primitivos. É o que também mostra a teoria do cérebro triúnico de Paul MacLean.

Wiener assegura que o mundo físico é prisioneiro da segunda lei da termodinâmica: ao longo do curso natural das coisas, a desordem tende a aumentar e a ordem tende a diminuir. Antes dele, Freud já havia chamado esse fenômeno de pulsão de morte: o orgânico tende a se deteriorar e voltar ao mineral, o or-

---

[2] ROUANET. Os terríveis simplificadores. Op. cit.
[3] ERNESTO SÁBATO. *La resistencia*. Buenos Aires: Booket, 2005. p. 86.

ganizado tende a retornar ao elementar. Contudo, ressalva Wiener, essa lei implacável é constantemente desafiada: "Há ilhas locais e temporárias de entropia decrescente."[4]

Essas ilhas são principalmente os seres vivos. Na mesma linha de pensamento, Morin diz que o segundo princípio da termodinâmica se refere à desorganização de tudo o que está organizado, à desintegração de tudo o que está integrado e à morte de tudo o que está vivo. Dessas condições emerge a crueldade do mundo para com todo ser vivo, humano ou não.[5] Contudo, o mesmo Morin argumenta que é necessário entender que é por meio da desintegração e da desordem que o mundo se organiza – e que é por estar organizado que ele se desorganiza. Essas circunstâncias determinam ao mesmo tempo a crueldade do mundo e a possibilidade de resistirmos a ela.[6]

Competitividade

Nos dias atuais, proliferam textos que denunciam a competição predatória e propõem que ela seja substituída pela cooperação. Ou seja, propõem que deixemos um polo e saltemos para o diametralmente oposto. Na verdade, o que precisa ser feito não é acabar com a competição – o que seria impossível –, mas sim questionar a visão binária. Por meio dela, a ideia de competição se sobrepôs de tal maneira à cooperação que se tornou predatória. É o que muitos, de modo equivocado, chamam de "competitividade". Sair simplesmente da competição predatória e pôr em seu lugar uma cooperação idealizada é cair em uma postura também equivocada. Em ambos os casos as sociedades resultantes seriam insustentáveis, pois estaria rompida a circularidade expressa pela fórmula

$$\text{Competitividade} = \text{Competição} \rightleftarrows \text{Cooperação,}$$

na qual a competição tem seus excessos contrabalançados pela cooperação, e esta tem sua visão idealizada moderada pela competição.

É claro que a eliminação de algo e sua substituição pelo seu contrário pode ser útil em situações específicas. No contexto ao qual me refiro agora, entretanto, além de irreal essa proposta revela mais uma vez o nosso condicionamento. É a armadilha de sempre, na qual caem até mesmo as mentes mais bem-intencionadas. É preciso, portanto, que não nos iludamos: não existem nem jamais existirão a cooperação pura nem a competição exclusiva. Toda sociedade inclui cooperação e competição, empreendimentos e concorrências.

---

[4] WIENER. *The human use of human beings*. Op. cit., p. 36-37.
[5] Morin. *La méthode 6*. Op. cit., p. 212.
[6] Idem, Ibidem, p. 91-92.

A concepção economicista do ser humano, por exemplo – que produziu o *Homo economicus* –, unilateraliza a compreensão da natureza das pessoas porque é simplista. Obedece a uma lógica mecânica e rudimentar, rasa demais para lidar com a complexidade da vida em geral e a da condição humana em particular. Não ajuda muito tentar pura e simplesmente substituir a competição pela cooperação, porque esta é uma visão esquemática. A competição e a cooperação estão em diálogo constante. Juntas elas formam um sistema, e para compreendê-lo é preciso pensar em termos de circularidade. Se o fizermos, perceberemos que aquilo que realmente importa é fazer com que o desequilíbrio entre competição e cooperação deixe de produzir resultados diferentes dos que atualmente produz (exclusão, isolacionismo, unilateralidade), e passe a gerar outros, mais justos para os indivíduos, a sociedade e o mundo natural.

Pouco ou nada se consegue ao condenar a competição e exaltar a cooperação. Trata-se de uma atitude apenas retórica e, no limite, moralista. Além disso, ela implica considerar a competição e a cooperação como metas a atingir, quando na verdade são processos interativos, inerentes à condição dos sistemas naturais e das sociedades humanas. O que nos deve interessar não são a competição e a cooperação como condições isoladas, mas o modo como elas se inter-relacionam.

Entretanto, de algum modo percebemos que essa mudança de visão não é nada fácil e por isso preferimos nos acomodar ao padrão de sempre. Este nos mantém numa situação aparentemente confortável e se sustenta nas seguintes bases: (a) *maniqueísmo*: a competição representa sempre o mal e a cooperação equivale sempre ao bem; (b) *simplismo*: basta afastar a competição e introduzir a cooperação para que tudo se resolva.

Já sabemos que os maniqueísmos são simplistas, excludentes e arbitrários. Fazem com que esqueçamos que muitas vezes aquilo que classificamos como competição (segundo nossas necessidades e interesses) pode ser classificado pelos outros (também segundo suas necessidades e interesses) como cooperação. E vice-versa. Por serem arbitrários, os maniqueísmos são úteis para justificar posições autoritárias. Por serem simplistas eles excluem a flexibilidade do pensamento e, portanto, são instrumentos dos conservadorismos.

Competição e cooperação não são polos opostos isolados. São opostos dialógicos (não confundir com opostos dialéticos), isto é, são ao mesmo tempo contrários e complementares. Formam, como já foi dito, um sistema. Por isso mesmo, não é adequado tentar compreendê-las pelo raciocínio binário. Substituir o mau, o feio e o injusto pelo bom, belo e justo é uma solução esquemática e meramente retórica, como quase todas as tentativas de troca de extremos. A cooperação é necessária para a produção e elaboração de novas ideias. A competição é necessária para que as ideias possam ser postas à prova, questionadas, discutidas, avaliadas e, por fim, validadas ou rejeitadas. Não há democracia sem cooperação, mas também não há democracia sem competição, choques de opiniões, conflitos. Em suma: a competição quase absoluta, hoje tão enaltecida, é tão ilusória quanto a cooperação quase absoluta.

Responsabilidade e liderança

Numa entrevista, o filósofo Paul Ricoeur[7] referiu-se a algumas das ideias de outro pensador, Hans Jonas. Este observou que antes muitos fenômenos eram produzidos só pelas forças da natureza. Com o tempo, porém, o ser humano desenvolveu meios de alterar o mundo natural e com eles ampliou também sua capacidade desequilibradora. Basta lembrar a devastação de florestas, a poluição dos mananciais, a chuva ácida e o aquecimento global, entre muitos outros problemas. O olhar de Jonas se dirige principalmente à questão das diferenças entre o modo como o homem lida hoje com a técnica e como lidava com ela em épocas anteriores.[8]

Com as novas tecnologias e seus atuais modos de utilização, doravante o que ocorrerá na Terra será em grande medida uma decorrência das ações humanas. Criou-se um novo âmbito de responsabilidade em relação ao destino de todos, o qual evidentemente inclui o da atual economia de mercado. Pois, como observa Ricoeur, se essa economia é a única capaz de produzir riquezas, por outro lado também tem produzido problemas, entre eles o aumento das desigualdades sociais.

Ao seguir a mesma trilha de Jonas, o pensamento complexo gerou a ideia de que no futuro as comunidades humanas não poderão sobreviver apenas por meio das relações tradicionais (interpessoais, afetivas, políticas, econômicas). A ciência e a tecnologia nos deram meios de alcançar progressos materiais significativos. No entanto, também nos proporcionaram meios de autodestruição a curto prazo (por meio de uma guerra nuclear, por exemplo) e, a longo prazo, de destruição do mundo em que vivemos (pela devastação do meio ambiente). É para essa possibilidade que devemos voltar nossas reflexões. A esse respeito, é recomendável a leitura do livro de Al Gore, *Uma verdade inconveniente: o que devemos saber (e fazer) sobre o aquecimento global*.[9]

Por todas essas razões, Morin sustenta que já não podemos pensar apenas em termos de comunidades e sociedades de relação. Agora é imperioso pensar também em comunidades de futuro ou de destino: sociedades que se preocupam com o porvir e com o que nele acontecerá. Mais do que nunca, somos responsáveis por nosso destino coletivo e pelo futuro do mundo em que vivemos. E, como é evidente, quem fala em relações humanas, destino humano e planetário, fala também em líderes e liderança, ou, melhor, fala da relação entre líderes e liderados. Em termos políticos, fala em governantes e naqueles que os elegem, ou que de

---

[7] PAUL RICOEUR. A observação participante de Paul Ricoeur. Entrevista. *O Estado de S. Paulo*, 3 ago. 2003.

[8] HANS JONAS. *O princípio responsabilidade*: ensaio de uma ética para a civilização tecnológica. Rio de Janeiro: Contraponto: Editora PUC-Rio, 2006. p. 29.

[9] AL GORE. *Uma verdade inconveniente*: o que devemos saber (e fazer) sobre o aquecimento global. Barueri, São Paulo: Manole, 2006.

qualquer outro modo permitem que eles assumam o poder e nele se mantenham. Da mesma forma que já não é suficiente falar em sociedades de relação, nos dias atuais é imperioso aprender a exercer também a liderança de destino.

Sempre que falo em liderança, deve-se entender o relacionamento dialógico no qual o líder influencia os liderados e por eles é influenciado: a liderança é um fenômeno emergente, que nasce da interação entre líderes e liderados. Essa ideia modifica o antigo conceito segundo o qual ela se caracterizaria pela autoridade e pelo poder que poucas pessoas exercem sobre muitas. O conceito de liderança como propriedade emergente deriva de uma ideia fundamental do pensamento complexo: líderes e liderados não são opostos mutuamente excludentes.

Esse conceito expandido de liderança é útil para reconhecer e, tanto quanto possível, evitar fenômenos como voluntarismos messiânicos, empulhações demagógicas, projetos populistas e seus resultados bem conhecidos, entre os quais se destacam a perpetuação dos conservadorismos, dos unilateralismos e da irresponsabilidade social. Como se sabe, tais fenômenos estão profundamente entranhados na cultura brasileira – o que de modo algum significa que também não estejam arraigados em outras, inclusive em países ditos desenvolvidos.

Se o fenômeno da liderança é interativo e participativo, isto é, inclui a parte do líder e a dos liderados, os atores sociais precisam entender que doravante a liderança precisa ser entendida num âmbito mais amplo. Ele engloba e complementa as visões tradicionais, amplia as responsabilidades de parte a parte e tende a diminuir tanto o autoritarismo quanto a passividade.

É claro que imposições vindas de fora continuarão a pressionar os indivíduos, os grupos e as instituições. É o que acontece, por exemplo, com os esforços que visam a convencer-nos de que a "sabedoria convencional" é invariavelmente correta, aplicável a todas as culturas e portanto justifica a padronização das pessoas. É indispensável que as pessoas que ainda não renunciaram a pensar com suas próprias cabeças saibam que, do mesmo modo que não existem indivíduos iguais, também não pode existir um pensamento único. Modos diversificados de pensar continuarão a existir, por mais que escasseie a nossa competência para pô-los em prática.

Mudança

Mudar o modo individual de pensar muda a nós mesmos e modifica também o mundo que construímos. Reformar o modo coletivo de pensar produz alterações ainda mais amplas. Trata-se, pois, de uma questão ao mesmo tempo qualitativa e quantitativa, que traz consigo um grande desafio: criar uma massa crítica que permita que essas mudanças se disseminem por todos os domínios da vida e da ação humana.

O desenvolvimento humano é um processo interminável. Seu primeiro passo consiste em saber como pensamos e como adquirimos conhecimento. Para dar esse passo, é importante ter em mente que o conhecimento ocorre nos organismos vivos como decorrência de sua interação com o ambiente, onde estão, é claro, outros seres vivos. Desenvolver o conhecimento de uma pessoa equivale a desenvolvê-la por inteiro. Um indivíduo desenvolvido fará bom uso de seus conhecimentos, o que por sua vez levará a bons resultados. E aqui a expressão "bons resultados" significa não apenas os econômico-financeiros, mas também os relativos à responsabilidade sociocultural e ambiental.

Saber como adquirimos o conhecimento, isto é, compreender a dinâmica da cognição, é da maior importância para o desenvolvimento humano. Nesse processo é vital entender que, ao contrário do que propõe a "sabedoria convencional", o conhecimento não vem de fora já pronto. Ele não nos chega como um conjunto de informações bem definidas, a serem "processadas" por nosso "computador" cerebral.

A lógica do "ou/ou" é simples, fácil, imediata e por isso quase sempre produz uma ilusão de eficácia e segurança. Entretanto, sabemos que a segurança contém em si a insegurança, do mesmo modo que a ordem inclui a desordem. A passagem de um polo ao outro da circularidade segurança-insegurança é uma possibilidade constante: depende de fatores sempre presentes na condição humana, entre os quais a incerteza e imprevisibilidade.

Os esforços para obter segurança constante tendem a negar esses fatores, o que põe as pessoas ainda mais à mercê deles. É por isso que medidas de segurança exageradas e autoritárias podem levar à insegurança e à dependência dos poderosos que supostamente as garantem (deuses, chefes, ditadores), o que por sua vez apequena as pessoas e faz com que elas desconfiem umas das outras. A necessidade de segurança leva à desconfiança e à adoção de medidas para a sua administração, o que produz mais insegurança. A solidariedade poderia ser um remédio razoável para tudo isso, mas, como se sabe, ela é muitas vezes bloqueada pelos autoritarismos, que querem que as pessoas sejam e continuem inseguras para melhor controlá-las.

Mudança não significa apenas modificar a superfície das coisas. Significa principalmente mudar de modelo mental, o que leva à mudança de percepção. Significa não tentar impor nossos pressupostos às coisas e aos acontecimentos. Significa, enfim, deixar que as coisas e os eventos nos modifiquem e sejam por nós modificados.

É importante que estejamos atentos para perceber a mudança, pois isso quer dizer aprendizagem. Se não modificarmos nossa estrutura cognitiva, não conseguiremos perceber o que muda fora de nós (no mundo objetivo) nem o que muda em nossa subjetividade. Além disso, o fato de não percebermos a mudança não garante que ela não tenha ocorrido ou que não esteja em curso. Entre a mudança ocorrida e a percebida há um intervalo. É importante compreendê-lo e entender suas implicações. Para que uma mudança seja satisfatoriamente percebida, é preciso que não resistamos demais a ela. Mas também é necessário entender que um certo grau de resistência, ao menos no início do processo, é inevitável.

Já foi dito e repetido que não existe percepção apenas subjetiva nem percepção somente objetiva. A percepção é uma circularidade entre o percebedor e o percebido, entre o sujeito e o seu mundo. Toda realidade contém um tanto de imaginário e todo imaginário inclui um tanto de realidade. É assim que se constrói o que chamamos de realidade concreta. Quem não entender isso terá muita dificuldade de entender a si próprio, os outros e o mundo. Eis os termos-chave: relações, ligações, ideia de conjunto sem perda da noção das partes isoladas, diversidade, pluralismo, multilateralismo, saber lidar com a resistência à mudança.

Como se sabe, para chegar à prática e produzir mudanças as ideias precisam da ação política. É o que os filósofos chamam de pontes políticas. Imaginemos duas coisas ou dois processos, sejam eles quais forem. Precisamos pensar primeiro em um, depois no outro e, por fim, na relação entre eles. Isso ocorre dessa forma porque nosso pensamento é predominantemente linear e sequencial: uma coisa acontece depois da outra. Para superar essa limitação é preciso aprender a pensar fora dos padrões. É necessário um esforço que permita que pensemos em uma coisa, em outra e na relação entre elas como fenômenos simultâneos, embora nossos sentidos nem sempre nos revelem essa simultaneidade.

Convém insistir que ao contrário do que muitos pensam essa limitação do pensamento é uma imposição cultural, não um fenômeno natural. Grande parte dos problemas que vivemos nas sociedades atuais resulta dessa imposição. O que fazer para ao menos diminuí-la?

Há pelo menos duas atitudes inicialmente possíveis. A primeira é a abertura para a diversidade de posturas e opiniões, que implica o respeito à individualidade (não confundir com individualismo) e à pluralidade. Trata-se de condições que, na maioria dos casos, só são propostas em nossa cultura atual por meio de arengas demagógicas ou exortações piegas. Respeitá-las de fato implicaria abrir-se ao novo, questionar o conservadorismo, tentar sair das posições polarizadas, aprender a aceitar o diferente, ter sensibilidade social. A experiência cotidiana mostra que nada disso é fácil de conseguir. Bem mais fácil é adotar um ceticismo obtuso que só faz com que se consolidem os fundamentalismos e as ortodoxias.

Ainda assim, a questão não é eliminar totalmente o conservadorismo e o unilateralismo, pois tudo parece indicar que isso não pode ser feito. Além do mais, a manutenção de algumas tradições e rituais e a necessidade de polarizar em determinadas situações são fatos indiscutíveis. Mas é preciso ao menos atenuar a insensibilidade socioambiental, o que se consegue por meio da diminuição dos conservadorismos e dos unilateralismos. Tudo isso justifica a busca de uma estratégia de convivência que nos possibilite viver menos aterrorizados – uma estratégia de hospitalidade, enfim. Trata-se, é claro, de um desafio de grandes proporções.

Vejamos agora a segunda atitude possível. Se quisermos ter sempre em mente esses três termos (uma coisa, a outra e a relação entre elas), é preciso ter ideias novas, autocriticá-las e depois submetê-las à avaliação e à crítica públicas. Tudo isso é difícil, incômodo e exige muito de todos nós. Mas já sabemos que não existem maneiras fáceis de questionar condicionamentos e modificar modelos mentais, sejam eles individuais ou coletivos.

Hoje é comum dizer-se que na condição de âmbito de mudanças o espaço político perdeu importância para espaço tecnocrático. Por outro lado, as visões de mundo pretensamente nítidas e inquestionáveis proporcionadas pelas grandes narrativas da Modernidade (como o marxismo) já não têm a eficácia de antes. A tentativa canhestra – e muitas vezes violenta – de recuperar essa nitidez e inquestionabilidade por meio dos fundamentalismos e da manutenção das ortodoxias está longe de ser bem-sucedida. Ao contrário, ela só faz aumentar nosso sentimento de desespero e falta de compreensão do que acontece.

As grandes narrativas (ou metanarrativas) da Modernidade e as ortodoxias são deterministas e se baseiam na lógica binária: direita/esquerda, burguesia/proletariado, mencheviques/bolcheviques, progressistas/reacionários, Ego/Id, natureza/cultura e assim por diante. Por isso, a simples recuperação do espaço político que se perdeu ou está em processo de perda não nos devolverá as "certezas" de antes, porque os tempos são outros. Sabemos que o espaço político também é orientado pela lógica binária: situação/oposição, contra/a favor, conosco/contra nós. É um âmbito no qual imperam a dualidade e o maniqueísmo, e sua simples recuperação não resolverá nossos problemas mais graves, pois a postura maniqueísta nem sequer tem instrumentos intelectuais para tanto. Conclui-se, assim, que se for mantida a dominância do modelo mental binário de pouco ou nada adiantaria a recuperação do espaço político, pois cairíamos na mesma armadilha de sempre. Voltaríamos a querer resolver questões complexas por meio de raciocínios simplistas e não raras vezes simplórios.

Em suma, enquanto não nos dispusermos a "trabalhar para pensar melhor", dificilmente sairemos da prisão mental à qual estamos confinados. Enquanto insistirmos em ver tudo dividido nós nos dividiremos e nos deixaremos dividir, convencidos de que essa é a maneira "normal".

A introdução do pensamento complexo é um projeto de mudança cultural de longo prazo e grande profundidade e amplitude. Requer paciência, visão de futuro e, sobretudo, uma mentalidade de comprometimento compartilhado. Não é nem poderia ser uma viagem de ego. Exige a participação das pessoas ditas integradoras, cujo papel, claro, não é apresentar-se como indivíduos especiais ou excepcionalmente dotados. Ao contrário, elas precisam se considerar indivíduos como os outros, possuidores de uma habilidade que pode e deve ser compartilhada. É claro que a recepção, a compreensão e o compartilhamento do conhecimento serão variáveis. Contudo, em vez de ser um empecilho isso é um benefício, pois é da essência do pensamento complexo tolerar as diferenças e a diversidade e estar sempre aberto à crítica e às oposições.

As pessoas com mente mais linear tendem ao operacional e não poderia ser de outro modo. A vida mecânica requer a mente mecânica, ou, como a chama John M. Coetzee, a razão mecânica. Os indivíduos nos quais predomina a mente abrangente, sistêmica, tendem ao pensamento estratégico. Já as pessoas integradoras não se limitam a agir, a ser operacionais, mas também não se reduzem a pensar estrategicamente como os sistêmicos. Sua habilidade é, a depender das circunstâncias, sair do operacional e passar ao estratégico e vice-versa. Os indivíduos naturalmente integradores, ou que aprenderam com graus variáveis de proficiência a pensar desse modo, percebem que entre o operacional e o estratégico há uma circularidade.

Como muitos outros aspectos das sociedades humanas, o fenômeno da liderança tem sido desde sempre um campo de investigação aparentemente inesgotável. Na prática, não há virtualmente nenhum processo de mudança cultural no qual os líderes não desempenhem um papel importante. Influenciar e mudar o pensamento coletivo é uma tarefa para líderes. Por isso, eles são fundamentais à reforma do pensamento. Nesse sentido, os políticos são até mais importantes do que os intelectuais e os acadêmicos, porque em geral são capazes de se expressar com mais clareza e atingem um maior número de consciências.

Isso acontece porque líderes como Nelson Mandela, por exemplo, sabem que a linguagem não existe para falarmos sobre os outros e sobre o mundo como se este fosse somente externo a nós. Sabem que o mundo não é perceptível apenas objetivamente, isto é, não nos é dado já "pronto". Entendem que a linguagem não foi desenvolvida para descrever o mundo como um objeto externo, mas para que o criemos a partir de nossa interação com ele. Infelizmente, porém, líderes assim são raros. Como acontece com tudo o mais, nossas atuais concepções de poder, política e liderança ainda estão profundamente condicionadas pelo raciocínio binário.

Conhecimento

Somos responsáveis pelo mundo que construímos por meio de nossas ações e nossa linguagem. A linguagem que escolhermos usar construirá o mundo em que viveremos. É assim que se moldarão os nossos comportamentos, e é assim que teremos de lidar com as consequências de nossas práticas. Não é tão simples como morar em uma casa pouco confortável e pôr a culpa no arquiteto que a projetou e no engenheiro que a construiu. No projeto e na construção do mundo em que vivemos, os arquitetos e engenheiros somos nós mesmos.

O ser vivo só pode sobreviver num determinado meio mediante o conhecimento desse meio. O tipo de conhecimento que um ser vivo adquire ao interagir com o mundo determina como ele viverá, e essa interação é o resultado de um conjunto de escolhas. Logo, o tipo de conhecimento que ele escolher influirá em suas escolhas posteriores. Se o conhecimento escolhido levar a uma determinada qualidade de vida, esta só poderá ser modificada se a escolha for alterada. As certezas – ou pseudocertezas – proporcionam uma ilusão de controle, mas também podem diminuir e até anular a autopercepção. Esse mecanismo é bem conhecido e característico dos que têm a mente congelada pelas ideologias.

É claro que o que acontece com indivíduos ocorre também com culturas inteiras. Já sabemos que a formatação mental (o *imprinting*) é um mecanismo onipresente em nossa cultura. Porém, como também já sabemos, há pessoas que resistem a ele, contestam-no e produzem ideias diferentes. Morin é uma delas, juntamente com Espinosa, Goethe, Pascal, Nietzsche e Gregory Bateson, entre muitos outros, são indivíduos que têm aquilo que John Keats chamou de "capacidade negativa" – a habilidade de lidar com a incerteza e a instabilidade, sem necessariamente tentar explicá-las pela razão mecânica. O que há de comum entre essas pessoas? O que faz com que elas resistam ao *imprinting* e o questionem? Esse é um estudo que precisa ser feito, e cujos resultados sem dúvida seriam muito úteis. Por enquanto, o que se pode dizer é que elas têm mais facilidade para compreender a complexidade do que a maioria.

Com frequência o conhecimento nos leva a incertezas e não a certezas. O reconhecimento da incerteza e da incompletude do saber estão relacionados ao grau de conhecimento que um determinado indivíduo adquiriu. Se ele estiver com sua mente formatada para a repetição (para os comportamentos repetitivos determinados por uma ideologia, por exemplo), tenderá a achar que já sabe tudo o que precisa. Será cada vez menos capaz de admitir que seu conhecimento pode ser incerto e incompleto. Terá cada vez mais dificuldade de lidar com a incerteza e a incompletude, isto é, cada vez mais dificuldade de lidar com a vida real. Como todo conhecimento reducionista, as ideologias são sedutoras justamente porque oferecem pseudocertezas e pseudocompletude.

O indivíduo cuja mente está formatada, cheia de supostas certezas, tem um conhecimento que não se volta sobre si mesmo, que não se autocritica. Essa situação o mantém cada vez mais estático e mais padronizado. A necessidade de afastar a ideia de que todo conhecimento é incompleto e incerto – e que é sempre preciso pô-lo à prova – está na base de todos os autoritarismos.

A luta pelo poder prevê necessariamente a atitude de negar a incerteza e a incompletude de um determinado conjunto de conhecimentos e afirmar a certeza e a completude de outros. A personalidade autoritária precisa dessa unilateralidade, porque só assim poderá impô-la aos outros. A mente unilateral exerce seu poder por meio da unilateralização de outras mentes e adota providências para que elas continuem unilaterais. Cria-se então um círculo vicioso, no qual a mente formatada formata outras, que por sua vez a formatam. A mente que cristalizou suas escolhas impõe sua cristalização a outras mentes, que por sua vez retroalimentam essa cristalização.

Dessa forma, chega-se à construção de um mundo duro e inflexível – um mundo que imporá sua dureza e inflexibilidade àqueles que assim o construíram. Com o passar do tempo, essas pessoas passarão a queixar-se dessa inflexibilidade e dessa dureza e apelarão a seus líderes (os mesmos líderes que as induziram a adotá-las), para que eles modifiquem a sua situação. Pedirão a eles que façam outros tipos de escolha e que construam outro tipo de mundo, já que elas próprias perderam a capacidade de escolher, isto é, de construir mundos menos inóspitos e estagnados.

A repetição é um tipo de estagnação. A repetitividade da mente formatada pelas ideologias e outros tipos de condicionamento equivale a ter escolhido a ignorância, seja essa escolha deliberada ou não. O conhecimento necessita da incerteza, da mudança e da diferença. Se escolhermos a ignorância negaremos essa dinâmica e com isso buscaremos a estagnação e a repetição. Tal situação cedo ou tarde desembocará na seguinte distorção: a progressão da ignorância (da repetição) leva a um tal grau de conforto que ela, a ignorância, acaba por se transformar em "verdade".

O apego à repetição faz com que a ignorância tenda a crescer sem parar. Esse fato proporciona continuamente à própria ignorância as evidências de que ela precisa para apoiar-se e justificar-se. As pessoas veem o que escolhem: veem o que querem ver. Por exemplo, se em uma avenida acontece uma passeata com milhares de manifestantes contra o governo (qualquer governo), para protestar contra alguma coisa (qualquer coisa), é inevitável que apareçam na imprensa relatos assim: (a) a oposição dirá que havia 120 mil pessoas; (b) o governo dirá que havia 40 mil; (c) um jornal "imparcial" mas levemente pró-governo dirá que havia uma multidão de 60 mil pessoas; (d) outro jornal, crítico do governo mas também "imparcial", dirá que havia 75 mil manifestantes. E assim por diante. Nessa gama de escolhas, cada um vê o que quer ver. Há até mesmo lugar para o indivíduo "apolítico", que naquele mesmo momento olhará para a mesma avenida e não verá ninguém.

Já é quase um lugar-comum dizer que o poder determina o saber e de que modo ele deve ser construído e utilizado. Quando produz diferença, inovação, mudança, o saber tende num primeiro instante a desafiar o poder, a desestabilizá-lo. A longo prazo, porém, o saber antes contestador e vanguardista tende a se tornar conservador. A antiga contracultura tende a repetir os erros da cultura que antes contestava e à qual sucedeu. Por exemplo, a atual decadência das metanarrativas deterministas da modernidade – como o marxismo e o freudismo – abala "certezas" preexistentes, algumas delas duramente conquistadas. Abala também comportamentos, ações e, sobretudo, mercados construídos com base em tais "certezas". Não nos esqueçamos de que a venda de promessas ligadas a determinismos salvacionistas sempre foi um grande negócio.

Hospitalidade

Morin afirma que o pensamento complexo é o pensamento do abraço. Com isso, ele quer dizer que existem oposições que não se resolvem em sínteses e portanto devem conviver, abraçar-se, acolher-se. Enfim, devem aceitar-se mutuamente, ser hospitaleiras.

Este livro não pretende que os cartesianos deixem de sê-lo, nem que os que pensam de modo sistêmico renunciem a essa condição. Cada um não só pode como deve manter sua inclinação predominante, pois, além de ser muito difícil mudá-la (se é que isso é possível ou mesmo desejável), a diversidade de visões de mundo não só é necessária, como também indispensável. Por isso, precisamos aprender a tolerar o diferente e a aceitá-lo. Procurar descobrir o que há de bom e útil naquilo que nos desafia e causa estranheza – e sempre há. Pensar de modo complexo é ser flexível, acolhedor, hospitaleiro.

Hospitalidade tem a ver com tolerância, tempo para reflexão e compreensão da complexidade do mundo, abertura para tudo o que é vivo e, portanto, para o humano. É um conceito praticamente idêntico ao de acolhimento. Inclui saber lidar com o diferente, o inesperado, o estrangeiro. Aceitar a imprevisibilidade do outro (o que implica aceitar a nossa), saber pôr-se à prova, lidar com as surpresas agradáveis e também com as decepções.

Não se pode falar em hospitalidade sem falar em tolerância. Em geral, chamamos de tolerância a atitude de conviver com ideias, pessoas ou fatos que desafiam nossas convicções. Isso pode significar, em última análise, que toleramos o que rejeitamos e nesse sentido a tolerância se aproxima da resignação. Nesse caso ela é uma atitude muito limitada e precisa ser expandida, se é que queremos sair do tradicional "ou/ou" que constitui a base de nossos radicalismos e intransigências.

Para Habermas ser tolerante não significa ser relativista: significa que precisamos buscar meios de lidar de modo adequado com as repercussões práticas de nossas convicções. É por isso que a prática da tolerância exige a existência e a atuação do Estado democrático e de suas leis. Ela requer que saibamos conviver com a conflituosidade própria da convivência democrática. Essa é uma das principais diferenças entre tolerância e relativismo: neste, há uma atitude em geral evasiva e autocomplacente; na tolerância existe uma visão pluralista, que aliás é uma das principais características do pensamento complexo.

Voltemos à hospitalidade. Derrida desenvolveu seu conceito de hospitalidade principalmente com base nas ideias de Nietzsche e Emmanuel Levinas. Sua proposta é uma hospitalidade incondicional na qual o outro é acolhido porque existe como outro e não por seus atributos ou essências. Para hospedá-lo devemos também nos despir de todos os nossos atributos, pois só assim poderemos acolhê-lo de modo incondicional. Ele não precisa se adaptar às nossas normas e condições para que o acolhamos. Devemos hospedá-lo independentemente de sua condição étnica, social, econômica, de sua nacionalidade. Essa é uma forma de garantir que poderemos aprender algo com ele, diz Derrida. Acrescento que esse aprendizado é fundamental, pois a vida em uma comunidade de repetição, padronização e estranhamento só faz com que reforcemos nossa unilateralidade, mediocridade e resistência à mudança.

A posição de Derrida em relação à hospitalidade é superponível à que propõe que as pessoas têm direitos humanos porque são seres humanos, e não por causa de seus demais atributos. Ao nos dispormos a acolher, devemos suspender todas as nossas ideias e condições prévias a respeito do outro. Devemos suspender temporariamente todos os nossos pressupostos, todos os nossos juízos em relação a ele. Trata-se de uma proposta incondicionalmente inclusiva. Nessa ordem de ideias, a hospitalidade é vista como uma disposição de diminuir nossa tendência a resistir ao novo, ao diferente, ao que pode nos trazer mudanças.

Derrida propõe, portanto, uma hospitalidade que não reduza o outro à condição de estrangeiro, protegido, refugiado. Que não se caracterize pelo simples fornecimento de guarida, mas pela aceitação sem ressalvas ou condições. Uma hospitalidade, enfim, que elimine o binarismo "*ou eu ou ele*".

No plano concreto, sabe-se que a proposta de Derrida é irrealizável tal como foi delineada, pois entre outras coisas o anfitrião precisa de condições materiais mínimas para acolher o hóspede – necessita de um teto sob o qual abrigá-lo, por exemplo. Mas isso não a invalida como metáfora estimuladora da reflexão sobre as discriminações, os *apartheids*, os fundamentalismos. Enfim, sobre tudo aquilo que cria dificuldades para compreender, aceitar, acolher.

Nessa linha, é possível levar a ideia de hospitalidade para o âmbito das ideias e do conhecimento. Ela poderá, assim, ser incorporada à metáfora de Morin há pouco mencionada, que descreve o pensamento complexo como um abraço. Com essa metáfora, Morin propõe a hospitalidade entre as disciplinas, o acolhimento mútuo entre opostos que precisam conviver indefinidamente. Enfim: hospitalidade como diminuição da resistência à mudança, como um esforço para sair do aprisionamento do *imprinting*.

Entretanto, sabemos que nas condições atuais a dimensão material, o lado concreto, as imposições da vida mecânica orientada pelo pensamento binário podem dificultar ou mesmo tornar inviável a hospitalidade. É o que já acontece e o que continuará a acontecer enquanto a economia atual continuar a orientar esse modelo mental e for por ele orientada. Em outros termos, pode-se dizer que o predomínio em nossa cultura da razão mecânica dificulta a prática da hospitalidade, e isso atualmente acontece tanto entre as pessoas quanto entre os saberes.

Neuroeconomia

É possível acreditar que há circunstâncias nas quais podem prevalecer o senso de justiça e a colaboração quando há interesses econômicos envolvidos? De acordo com pesquisas recentes, a resposta é sim. Tais estudos constituem uma nova disciplina, a neuroeconomia. Esse é o termo que se usa para o conjunto de conhecimentos resultantes de um esforço interdisciplinar do qual participam a economia, a psicologia evolucionista e a neurociência.

Tal empreendimento levou à conclusão de que o *Homo economicus*, esse indivíduo acima de tudo racional criado pelo imaginário dos economistas, é uma peça de ficção como tantas outras. Um dos trabalhos que compõem o acervo da pesquisa neuroeconômica é de autoria de Ernst Fehr e Daria Knoch, cientistas da Universidade de Zurique, em associação com colaboradores de outros centros universitários. Foi publicado na revista *Science*[10] e logo mereceu um artigo de divulgação, escrito por Mark Henderson no jornal londrino *The Times*.[11]

A pesquisa mostrou evidências de que, em situações nas quais é necessário tomar decisões difíceis, nosso cérebro não recorre em primeiro lugar à racionalidade da "sabedoria convencional", mas sim às emoções. Essas conclusões foram alcançadas pela observação da dinâmica cerebral, mental e comportamental de indivíduos envolvidos numa interação chamada "jogo do ultimato", que funciona assim: duas pessoas que não se conhecem devem dividir entre si uma determinada quantia. Uma delas, de posse do dinheiro, deve decidir quanto guardará para si e quanto dará à outra. O quanto ela pode guardar e o quanto dará ao seu companheiro de jogo ficará a seu critério. Porém, a possibilidade de não dar nada está fora de cogitação.

O senso comum nos diz que em circunstâncias como essa e semelhantes devemos aceitar o que nos é dado, especialmente quando se trata de dinheiro. Afinal, satisfazer o autointeresse é uma postura considerada racional. No entanto, se a quantia proposta for irrisória, em geral reagimos com indignação e nossa tendência é recusá-la, pois achamos que é mesquinha, injusta e que mereceríamos mais.

Fehr, Knoch e seus colaboradores empregaram, em pessoas envolvidas no "jogo do ultimato", a estimulação magnética transcraniana, técnica que inativa temporariamente uma região do cérebro chamada córtex dorsolateral pré-frontal. Todo o processo foi controlado por meio de ressonância magnética e dele foram registradas imagens. Sob tais condições, as pessoas aceitavam mesmo pequenas quantias, embora sem perder o sentimento de que a oferta era injusta e mesquinha. Comportavam-se diferentemente de como se comportariam se estivessem em seu costumeiro estado "racional". Mantinham seu senso de justiça, mas não recusavam a oferta. Agiam dessa maneira com o intuito de punir o doador, de fazê-lo sentir-se culpado por sua mesquinharia. Assim, tomavam sua decisão considerando o equilíbrio entre razão e emoção, mas esta, reforçada por valores morais, falava mais alto.

A conclusão dos pesquisadores acima citados foi que, em determinadas condições, nós, humanos, refreamos nosso autointeresse por meio de valores morais

---

[10] DARIA KNOCH; ÁLVARO PASCUAL-LEONE; KASPAR MEYER; VALERIE TREYER; ERNSR FEHR. Diminishing reciprocal fairness by disrupting the right prefrontal cortex. *Science Online*, Oct. 5, 2006.

[11] MARK HENDERSON. Why say no to free money? It's neuro-economics, stupid. *The Times*, 7 Oct. 2006.

e sociais. Tanto quanto sabemos, somos a única espécie que é capaz de um tipo de equidade que implica a punição de comportamentos incorretos de outras pessoas, mesmo nos casos em que isso contraria o nosso autointeresse.

Essa conclusão está em desacordo com a teoria econômica clássica, que vê o comportamento humano determinado quase que exclusivamente pela razão e pelo autointeresse. A pesquisa de Zurique mostra que na verdade ele resulta de um diálogo entre razão e emoção, no qual esta fala primeiro. Se mais uma vez lembrarmos a teoria do cérebro triúnico de Paul Mac Lean, perceberemos com nitidez que ela explica o que acontece de modo bem semelhante ao resultado dessa pesquisa.

O artigo de Henderson cita George Loewenstein, professor de Economia e Psicologia da Carnegie Mellon University, em Pittsburgh, EUA, e um dos primeiros neuroeconomistas. Para ele, a nova ciência da neuroeconomia reforça uma visão muito antiga do comportamento humano. A exemplo do que sustenta a teoria do cérebro triúnico, tal visão também afirma que a paixão, a razão e o autointeresse estão sempre em interação, que com frequência é conflituosa. A atual concepção que se tem das pessoas como sempre racionais e enfatizadoras do autointeresse é muito recente. A neurociência vem mostrando que na verdade o lado racional muitas vezes prevalece, mas o lado dominante do comportamento humano é o passional.

Em suma, Henderson sustenta que somos capazes de cooperar e ser justos. Não somos "autômatos aquisitivos condicionados para obedecer ao nosso autointeresse". Entretanto, adverte ele, é indispensável considerar também o outro lado da questão. Se somos tão fortemente influenciados por nossas emoções, por isso mesmo tendemos a reagir de modo passional e violento àquilo que desperta a nossa indignação.

Não fosse isso bastante, o professor Loewenstein retoma uma questão desafiadora e bem conhecida: se somos tão orientados por nosso autointeresse como querem os economistas clássicos e seus seguidores, por que razão nos sacrificamos – às vezes ao custo de nossas próprias vidas – por causas nacionais, religiosas ou mesmo inteiramente intangíveis? Esses fatos reafirmam a ideia de que somos mais governados pela emoção do que pela razão, ou de que a emoção desempenha ao menos um papel fundamental nesse controle. No século 18, o filósofo iluminista escocês David Hume (1711-1776) já havia dito que "a razão é e deve ser escrava das paixões". Portanto, não estamos falando de nada tão novo assim. Tudo isso visto, parece fora de dúvida que as pesquisas acima mencionadas e suas conclusões apoiam a fórmula desenvolvida com base no pensamento complexo, várias vezes citada páginas atrás:

Competitividade = Competição ⇄ Cooperação

No bloco seguinte, aprofundaremos mais o exame dessa fórmula e seus desdobramentos.

A competitividade e o novo darwinismo

Todos sabem do prestígio da revista inglesa *The Economist*, que com justas razões está entre as mais prestigiosas do mundo em sua área. Pois bem: no fim do ano de 2005 esse periódico publicou, como *cover story* e na seção sobre liderança, o texto "The story of man: modern Darwinism paints a more flattering portrait of humanity than traditionalists might suppose" ("A história do homem: o darwinismo moderno pinta um retrato da humanidade mais lisonjeiro do que poderiam supor os tradicionalistas").[12]

Esse texto tem muito a ver com a complexidade e o pensamento complexo. Por isso, será a seguir examinado e complementado segundo essa linha de pensamento. Em essência, ele examina o papel desempenhado pela confiança na competição e na colaboração humanas, e chega à mesma conclusão já indicada várias vezes ao longo deste livro: a boa-vontade e a colaboração são tão inerentes à condição humana quanto a má vontade e a competição. Ou, para repetir a fórmula do pensamento complexo, também tantas vezes repetida nestas páginas: boa parte da condição e do comportamento humanos se caracteriza pela interação desses dois opostos, que são simultaneamente contrários e complementares.

Para um melhor entendimento do texto da *Economist* e dos comentários que a ele acrescentarei, convém reexaminar brevemente os seguintes conceitos: evolucionismo, ética evolucionista, sobrevivência do mais apto e darwinismo social.

O conjunto de ideias chamado evolucionismo surgiu no século 19, e exprime a tentativa de basear a argumentação ética em pressupostos relativos à evolução das espécies. Trata-se de um movimento ligado às teorias de Herbert Spencer (1820-1903), filósofo e teórico social inglês que se tornou conhecido como um dos primeiros evolucionistas e talvez como o mais importante. Segundo Spencer, as espécies evoluem por um processo de diferenciação. Para a ética evolucionista, os fenômenos humanos e as formas sociais de uma dada atualidade são sempre mais evoluídos e "melhores" do que os de antes, e estes por isso mesmo são considerados "primitivos". Como se vê, trata-se de uma posição alinhada com a "ideia de progresso".

A concepção central de Spencer pode ser expressa na fórmula "survival of the fittest" ("sobrevivência dos mais aptos"), por ele criada em 1864, época da ascensão do capitalismo da Inglaterra vitoriana. Desse modo, a teoria de Darwin se integrou ao modelo capitalista. Quando associada a mudanças sociais, essa visão linear, "progressista" e individualista conduz ao evolucionismo – que vê a competição, a guerra e o autoritarismo como fenômenos desejáveis e positivos. O modo de pensar individualista de Spencer influenciou muito o darwinismo social em particular e o pensamento social dos EUA em geral.

---

[12] COVER STORY. The story of man: modern Darwinism paints a more flattering portrait of humanity than traditionalists might suppose. *The Economist*, 137 (8458), 24 Dec. 2005.

O darwinismo social é uma das versões da ética evolucionista. Essa escola de pensamento também surgiu no fim do século 19, e sustentava que as sociedades humanas evoluem de acordo com o modelo biológico proposto por Charles Darwin em seu livro *A origem das espécies*, de 1859.[13] O darwinismo social dá ênfase à luta pela sobrevivência como instrumento da seleção natural e propõe que devemos exaltar, estimular e auxiliar essa luta, o que pode ser feito encorajando a competição e agressividade entre pessoas, organizações e sociedades.

De acordo com esse modo de pensar, as desigualdades sociais eram consideradas normais e inevitáveis, pois, segundo o princípio da "sobrevivência dos mais aptos", as pessoas recebem aquilo a que fazem jus: os mais aptos sobrevivem e prosperam e os menos aptos tendem a desaparecer. Não fosse isso bastante, os darwinistas sociais também sustentavam que seriam inúteis as iniciativas de ajudar os menos aptos, pois essa sua condição os impediria de se beneficiar da ajuda recebida. Hoje, a relação entre a evolução e a ética vem sendo vista de modo bem diferente, em especial por meio das contribuições da biologia e da psicologia evolucionista.

Tudo isso visto e passados tantos anos, o texto da *Economist* chega a uma conclusão de resto já conhecida, mas nem por isso menos importante: dos três grandes credos seculares concebidos no século 19 mas atuantes e em destaque no século 20 – o darwinismo, o marxismo e o freudismo –, o marxismo está morto e o freudismo agoniza lentamente. O darwinismo, porém, está em ascensão.

Concorde-se ou não com a posição da revista em relação ao marxismo e ao freudismo, um fato é incontestável: o darwinismo está cada vez mais forte. Forte e modificado. É o que veremos nas linhas seguintes, sempre tomando como base o texto da *Economist* e acrescentando-lhe novos ângulos e comentários.

Para começar, a experiência mostra que no mundo real as pessoas não apenas competem: elas também colaboram e são capazes de ser compassivas e ajudar os que necessitam. Em outros termos, são egoístas mas também são altruístas. Isso também é observável no reino animal, em que é bem conhecido o caso dos morcegos: os mais bem alimentados com sangue são capazes de fornecer um pouco aos que estão famintos – e esperam que o inverso ocorra quando eles próprios estiverem em condições adversas.

Ainda assim, para o caso da cooperação entre os humanos – e também nas situações análogas descritas entre os animais –, Darwin não conseguiu dar nenhuma explicação. Preferiu, como muitos de nós, ceder ao condicionamento pela lógica do "ou/ou": entre dois opostos – competição e cooperação –, preferiu escolher um e omitir-se em relação ao outro. Essa postura fez com que, como observa o texto da *Economist*, durante 100 anos o darwinismo fosse associado a uma visão de mundo "áspera e desagradável".

---

[13] CHARLES DARWIN. *The origin of species*. Nova York: Penguin Books, 1968.

Diante do exposto, é mais uma vez necessário destacar este aspecto essencial: a mente polarizada é inevitavelmente polarizadora. E, por isso, constroi um mundo também polarizado: aptos ou não aptos, vencedores ou vencidos, sobreviventes ou mortos e assim por diante. Considero necessário repetir sempre esta constatação, mesmo ao risco de ser considerado monótono. De todo modo, o leitor pode também verificar, por experiência própria, um fenômeno não menos monótono: apesar de aprender sem dificuldades e rapidamente o que é a lógica binária, e saber que estamos condicionados por ela, isso não impede que continuemos a usá-la como modelo mental preferido. Em obediência à nossa atitude habitual, nós a utilizamos quando ela é necessária e quando não o é – como se nada houvéssemos aprendido.

O texto da *Economist* observa que o fracasso do marxismo foi seguido de uma nova visão do darwinismo que, acrescento, coincide com a do pensamento complexo: no mundo real, as interações entre os seres humanos e suas sociedades são caracterizadas pela circularidade entre competição (que inclui a guerra, outras formas de violência e o egoísmo) e cooperação (que inclui as diversas formas de compaixão, a ajuda mútua e o altruísmo).

Ou, como no diagrama abaixo:

$$\text{Interação} = \text{Competição} \rightleftarrows \text{Cooperação}$$

Já vimos que para a *Economist* o ponto de inflexão do darwinismo moderno foi a identificação da importância da confiança na evolução humana. É claro que esse fenômeno ocorre mais comumente entre familiares, mas também se dá entre indivíduos que não o são. A revista observa ainda que é uma ironia que aquilo que chama de "reconciliação entre competição e colaboração" seja um fenômeno semelhante à síntese hegeliana, tão valorizada pelos marxistas. Acrescento um comentário: semelhante, mas não igual. De Hegel, Marx tirou a dialética, ao passo que a convivência não excludente entre competição e cooperação não é dialética, mas sim dialógica, pois dela não resulta nenhuma síntese. Já sabemos que na interação dialógica é a tensão não resolvida entre os opostos que mantém a criatividade e a produção de fenômenos emergentes. É o que se vê no mercado, por exemplo, onde a concorrência é fator de inovação e não necessariamente de hostilidades.

A *Economist* acerta ao dizer que a competição entre os seres vivos não busca a sobrevivência, mas sim a adaptabilidade. Cabe aqui um último comentário: a evolução não pode ser restrita aos supostos "mais aptos", porque o que evolui não é essa ou aquela parte, elemento ou componente, mas sim *o sistema inteiro*. Desse modo, o objetivo da evolução é a sustentabilidade de todo o sistema – a qual não pode ser alcançada por meio de interações do tipo "ganha-perde", mas sim por interações do tipo "ganha-ganha".

Pensar bem

Façamos outra vez a pergunta: o homem que pensa é mesmo perigoso, como disse o Júlio César de Shakespeare? Pode até ser. Mas de uma coisa não há dúvida: perigoso mesmo é o homem que não pensa. Ele é muito mais perigoso porque, ao se deixar manipular por ideias que não são suas e que não tem capacidade de examinar e contestar, pode facilmente ser transformado em instrumento do imenso rebanho que está sempre atrelado aos fundamentalismos que proliferam no mundo.

Assim, no fim das contas não precisamos temer a filosofia, mas sim a ignorância que resulta de não trabalhar para pensar bem. Temer o pensamento é uma ingenuidade. Afinal tudo o que vivemos, para o bem e para o mal, é fruto da filosofia de alguém. Lembremos Descartes. Lembremos mais uma vez Adam Smith, que em 1776 descreveu de modo surpreendentemente fiel o funcionamento dos mercados. Sua descrição incluiu a ideia de auto-organização do mundo dos negócios, que serviu de base para a moderna concepção do liberalismo, a ideologia de base do capitalismo. Smith, e depois dele vários economistas clássicos, só se enganaram quando imaginaram que os seres humanos são unilateralmente orientados pelo racionalismo e pelo autointeresse. Como vimos há pouco, a neurociência e a neuroeconomia hoje têm posições bem diferentes sobre esse assunto.

Lembremos também Friedrich Hayek, cujos trabalhos permitiram aprofundar a ideia de que a auto-organização orienta a dinâmica dos mercados. Por fim, recordemos Peter Drucker. Com sua cultura humanística trazida da Europa, aliada à sua sólida formação pragmática, ele foi, com justas razões, chamado de criador da administração. Esse mesmo Drucker, cuja formação caracterizada pelo equilíbrio entre as ciências humanas e o pragmatismo da administração lhe conferiu qualidades de pessoa integradora, disse, ao se referir à iniciativa da Rotman School of Management de estudar e desenvolver possíveis aplicações do pensamento complexo/integrador ao mundo dos negócios: "O que a Rotman está fazendo pode ser a coisa mais importante da atualidade na educação para a administração" (Toronto, 12-6-2002).

Portanto, quando falo em trabalhar para pensar bem, não me refiro à filosofia puramente especulativa, mas ao pensamento aplicável e aplicado, no caso aos negócios, à economia, à administração e à educação de executivos.

Resistir

Morin afirma que a barbárie está em nós. Para pensadores como ele e Walter Benjamin, nossa civilização tem como alicerce a barbárie. Assim, resistir à crueldade do mundo e resistir à barbárie humana são os dois grandes desafios da ética. Não ser cruel e não ser bárbaro são dois de seus grandes objetivos.

O pensamento complexo é um instrumento de mudança e resistência. É um método, no sentido que Descartes deu ao termo em seu *Discurso sobre o método* e Espinosa em sua *Ética*. Por essa razão, ele não se propõe a ser anticartesiano: é um método não cartesiano, que reconhece e incorpora as virtudes do método de Descartes, aceita-as e procura complementá-las para atenuar-lhes a fragmentação e o racionalismo. Por isso propõe a religação dos saberes, que é uma proposta enriquecedora e ampliadora. Mover os saberes de um lado para outro, aproximá-los, conjugá-los: eis por que Morin se autodenomina de "contrabandista de saberes".

É preciso que entendamos que o pensamento complexo só se tornará amplamente adotado se e quando tal adoção se mostrar compensadora do ponto de vista econômico. Até que isso ocorra, se ocorrer, teremos no máximo um método limitado a um número limitado de estudiosos e praticantes. David Bohm previu que isso aconteceria – e aconteceu – com a técnica do diálogo, que é um modo de pôr em prática o pensamento complexo. Essa técnica é hoje utilizada em algumas empresas e consultorias, mas está longe de ter postas em prática todas as suas potencialidades. Na opinião de Bohm, essa limitação decorre da incompatibilidade entre a includência do diálogo (e portanto do pensamento complexo) e a mentalidade excludente do modelo econômico atualmente hegemônico.

Sejamos realistas: em tais condições, a reforma de pensamento atualmente possível é apenas parcial, e o ponto até onde ela pode chegar é determinado, como quase tudo o mais, por critérios econômicos. A educação vendida como mais uma entre outras *commodities* jamais aceitará totalmente o pensamento complexo, a não ser como ferramenta operacional. Se assim é, por que estudá-lo, por que praticá-lo? Por uma questão de sobrevivência. Porque ele proporciona alguma esperança de modificar o atual estado de coisas. Eis os seus principais objetivos:

- Compreender a incerteza e aprender a conviver com ela.
- Aprender a lidar com paradoxos e situações que não podem ser revolvidas pela lógica binária.
- Proporcionar mais flexibilidade de raciocínio às pessoas.
- Compreender melhor a vida, os sistemas da natureza e os criados pelo homem.
- Proporcionar-nos um melhor relacionamento no mundo natural.
- Compreender melhor o ego e aprender a lidar com ele de um modo menos auto e heterodestrutivo.

Agora comparemos tudo isso com alguns dos atributos que se espera de um líder, segundo Vladimir Dimitrov:[14]

---

[14] VLADIMIR DIMITROV. Leadership and change: a complexity perspective. Disponível em: <www.humbertomariotti.com>.

- Compreender a complexidade.
- "Sentir" os vários tipos de fenômenos emergentes e lidar com eles.
- Ter autocontrole (*personal mastery*).
- Ser responsável.
- Comunicar-se, participar de diálogos e negociações, buscar o entendimento mútuo e o consenso.
- Ser autoconsciente.
- Ser mais descentralizador e menos hierárquico.
- Aceitar e estimular a necessidade de mudar.
- Estimular a aceitação de riscos.
- Saber dar os *feedbacks* necessários.
- Criar um ambiente favorável ao aprendizado e trabalho em equipe.

Logo, liderança e pensamento complexo estão muito mais interligados do que supomos. Por outro lado, Morin afirma que é necessário resistir à fragmentação, à disjunção, à inospitalidade, às tentativas de homogeneização das pessoas – à crueldade do mundo, enfim. Todas essas são tarefas compatíveis com as funções dos líderes. Nessa linha de raciocínio, o pensamento complexo é, como foi dito há pouco, um instrumento de resistência e também de liderança.

Ernesto Sábato segue o mesmo caminho. A seu ver, a história é uma sucessão de tragédias, guerras, crueldades, e injustiças. Mas também é o âmbito em que milhões de homens e mulheres se sacrificam para cuidar dos demais. São esses homens e mulheres que corporificam a resistência.[15] Em outras palavras: são líderes, pois se preocupam, cuidam, solidarizam-se, aproximam-se, buscam a religação. Não nos esqueçamos de que o desenvolvimento da liderança começa com o desenvolvimento da autoliderança.

Para Sábato, a primeira atitude de resistência é lutar contra a autodesvalorização das pessoas, que constitui o primeiro passo para a submissão e a massificação. Como Erich Fromm, ele sustenta que em nossa civilização não existe só exploração e miséria, mas também miséria espiritual. Segundo Fromm, além disso a grande maioria das pessoas tem medo da liberdade e no fundo não a deseja. Temos medo do que desconhecemos e desconhecemos aquilo em que não pensamos. Logo, a resistência deve começar com a disposição para desenvolver em nós mesmos e nos outros a ideia de que somos capazes de pensar. Esse é primeiro passo. A seguir, é necessário fazer a pergunta: com que cabeça devo pensar em minha situação atual? Para que o pensamento seja novo a cabeça precisa ser nova, no sentido de ser diferente. Essa é a chave da resistência: pensar diferente para agir diferente. Diferente para não continuar a ser previsível, acomodado, submisso, conformado, autoenganador, alienado.

---

[15] SÁBATO. *La resistencia*. Op. cit. p. 156 ss.

"O mundo nada pode contra um homem que canta na miséria", escreveu Sábato. Concordo parcialmente com ele, quando diz que a crise que vivemos não é do capitalismo, como muitos imaginam: é a crise da visão de mundo orientada pela hegemonia da tecnociência e pelo uso dos homens como coisas.[16] Mas é preciso ressalvar que o problema não é da tecnociência em si, e sim do uso inadequado que dela fazemos. Por isso, é mais apropriado falar que, entre as muitas causas da crise atual, uma das principais é o uso indiscriminado que nossa cultura faz do modelo mental linear-cartesiano.

No início deste livro, foi dito que as coisas só começariam a mudar de modo significativo quando o mundo dos negócios fosse atingido, ou seja, quando a relação custo-benefício começasse a se inclinar mais para o lado dos custos. Alguns economistas, como os já mencionados Amartya Sen e Joseph Stiglitz, já perceberam isso. Resta esperar que os políticos também cheguem a essa percepção.

Tudo isso nos conduz a uma única direção: são claras as evidências de que lentamente, muito lentamente, um número crescente de pessoas começa a entender que é importante pensar de modo mais abrangente e procurar perceber as ligações entre os fenômenos *sem perder a visão pragmática* – isto é, pôr em prática o pensamento complexo. Isso não significa que todos devem se tornar *experts* em teoria da complexidade. Significa que as condições de vida no mundo atual exigem que deixemos de pensar apenas em nosso entorno imediato e em termos de curto prazo. E assim, agora e aos poucos, começamos a pensar nas consequências remotas, de longo prazo, de nossas ações e omissões.

Como vimos, o capitalismo não deve ser apresentado como vilão, menos ainda como vilão único. O problema não é o capital controlado pelo homem, mas o homem controlado pelo capital. Essa condição é tão óbvia que parece absurdo que haja quem não a perceba. Mas não há dúvida de que existem o óbvio, as pessoas que não o percebem e o absurdo que é toda essa situação. Em suma, esta é a essência da crise gerada pela razão mecânica: exatamente por ser tão humana, ela é tão anti-humana.

Religar

Mais uma vez: preocupar-se, cuidar, aproximar-se, religar – estes são os modos básicos de resistir. Religar pessoas, instituições, circunstâncias, saberes. Na prática dá no mesmo, já que cada uma dessas atitudes leva às demais. Em seu livro *Elizabeth Costello*, o já citado John M. Coetzee, prêmio Nobel de literatura, aborda a questão dos saberes por meio de duas personagens. São irmãs. Uma é freira e outra é escritora. Primeiro fala a freira. Diz que a morte das humanidades, isto é, da cultura humanística, foi provocada pela entronização do "monstro

---

[16] Idem, Ibidem, p. 100.

da razão, da razão mecânica".[17] Para a personagem de Coetzee, o futuro das humanidades já está selado. Páginas adiante, Elizabeth Costello, a irmã escritora, retruca: "As humanidades nos ensinam a humanidade. [...] As humanidades nos devolvem nossa beleza, nossa beleza humana."[18]

Coetzee é um dos poucos ficcionistas atuais que percebem, compreendem e se preocupam com a doença do nosso pensamento. Ainda assim, ao contrário do que ele imagina, a cultura humanística sozinha não pode ser a cura, porque essa doença é uma carência complexa. Como foi dito e repetido muitas vezes neste livro, não se trata de tirar uma coisa e pôr outra em seu lugar. Não se trata de fazer sair de cena a "razão mecânica" (termo que Coetzee usa para designar o modelo mental linear-cartesiano) e substituí-la pelas humanidades. Não é tão simples assim. É necessário *religar* as duas.

Recorro sempre à literatura de ficção por dois motivos principais. Primeiro, porque ela lida com palavras e são estas que nos conferem a condição humana. Segundo, porque a literatura é uma forma ao mesmo tempo linear (as línguas do tronco indo-europeu, como o português, o francês e o inglês têm essa característica) e não linear (a ficção trabalha com o imaginário) de tentar compreender o mundo.

O pensamento linear-binário é uma doença da mente coletiva de nossa cultura, disse Bohm. Para Morin, o pensamento humano ainda está em sua pré-história. São duas maneiras semelhantes de descrever uma situação de carência. Mas Coetzee sugere uma possível saída: "O desejo tem mão dupla: A atrai B porque B atrai A e vice-versa: é assim que se faz para construir um universo."[19] Desse modo – e de novo lembrando Morin – podemos concluir: resistir à crueldade é opor-se ao que separa, divide e afasta.

Insistamos, portanto: atração, religação, tolerância e hospitalidade. São esses os instrumentos da resistência. Por meio deles o homem dividido pode ser recomposto ao menos em parte. Os saberes dispersos podem ser reunidos. O mundo fragmentado pode ser rejuntado. A alma feita em pedaços pode ser reconstituída.

Resta saber quantos de nós realmente querem e terão condições de fazer isso.

---

[17] JOHN M. COETZEE. *Elizabeth Costello*: oito palestras. São Paulo: Companhia das Letras, 2004. p. 141.
[18] Idem, Ibidem, p. 169-170.
[19] Idem, Ibidem, p. 212.

Referências

ADORNO, Theodor W.; HORKHEIMER, Max. *Dialectic of enlightenment*. Nova York: Herder and Herder, 1972.

AGAMBEN, Giorgio. *Estado de exceção*. São Paulo: Boitempo, 2004.

ANDRADE, Aurélio L. *Pensamento sistêmico; caderno de campo*: o desafio da mudança sustentada nas organizações e na sociedade. Porto Alegre: Bookman, 2006.

ARENDT, Hannah. *Condition de l'homme moderne*. Paris: Calmann-Lévy, 1961.

_____. *Origens do totalitarismo*: antisemitismo, imperialismo, totalitarismo. São Paulo: Companhia das Letras, 1998.

ARISTÓTELES. *Metaphysics. Disponível em:* <http:/etext.library.adelaide.edu.au/a/aristotle/metaphysics/complete/html>.

AXELROD, Robert; COHEN, Michael D. *Harnessing complexity*: organizational implications of a scientific frontier. Nova York: The Free Press, 1999.

BATESON, Gregory. *Mind and nature*: a necessary unity. Nova York: Bantam Books, 1980.

_____. *Steps to an ecology of mind*. Nova York: Ballantine Books, 1985.

_____. *A sacred unity*: further steps to an ecology of mind. Nova York: Harper Collins, 1991.

BAUM, Joel; BREAN, Donald; BOOTH, Laurence; DUNNE, David. Converging silos: how the functional areas are converging. *The Best of Rotman Magazine* 1: 72-76, Winter 2005.

BAUMAN, Zygmunt. *O mal-estar da pós-modernidade*. Rio de Janeiro: Jorge Zahar, 1998.

_____. *Globalização*: as consequências humanas. Rio de Janeiro: Jorge Zahar, 1999.

BAUMAN, Zygmunt. *Modernidade líquida*. Rio de Janeiro: Jorge Zahar, 2001.

_____. *Comunidade*: a busca por segurança no mundo atual. Rio de Janeiro: Jorge Zahar, 2003.

_____. A sociedade líquida. Entrevista. *Folha de S. Paulo*, 19 out. 2003.

BÉGUIN, Albert. *Pascal*. México: Fondo de Cultura Económica, 1989.

BEIT-HALLAHAMI, J. "Fundamentalism". Disponível em: <http://groups.yahoo.com/group/evolutionary-psychlogy/message14551>.

BELLOW, Saul. *Ravelstein*. Rio de Janeiro: Rocco, 2001.

BENVENISTE, Émile. *O vocabulário das instituições indo-europeias*. Campinas: Editora da Unicamp, 1995. 2 v.

BERLIN, Isaiah. *Limites da utopia*: capítulos da história das ideias. São Paulo: Companhia das Letras, 1991.

_____. *Estudos sobre a humanidade*: uma antologia de ensaios. São Paulo: Companhia das Letras, 2002.

BERTALANFFY, Ludwig Von. *General systems theory*. Nova York: Georges Braziller, 1968.

BLACK, Edwin. *A guerra contra os fracos*: a eugenia e a campanha norte-americana para criar uma raça superior. São Paulo: A Girafa Editora, 2004.

BLOOM, Allan. *O declínio da cultura ocidental*. São Paulo: Best Seller, 1989.

BLOOM, Harold. *O cânone ocidental*: os livros e a escola do tempo. Rio de Janeiro: Objetiva, 1995.

_____. *Como e por que ler*. Rio de Janeiro: Objetiva, 2001.

_____. *Onde encontrar a sabedoria*. Rio de Janeiro: Objetiva, 2005.

BOBBIO, Norberto. *Direita e esquerda*: razões e significados de uma distinção política. São Paulo: Editora UNESP, 1995.

BOHM, David. *Thought as a system*. Londres: Routledge, 1997.

_____. *Diálogo*: comunicação e redes de convivência. São Paulo: Palas Athena, 2005.

BORGES, Jorge Luís. *Esse ofício do verso*. São Paulo: Companhia das Letras, 2000.

BRANCO, Samuel M. *Ecossistêmica*: uma abordagem integrada dos problemas do meio ambiente. São Paulo: Edgar Blücher, 2002.

CALLENBACH, Ernest. *Ecologia*: um guia de bolso. São Paulo: Petrópolis, 2001.

CALVINO, Italo. O cavaleiro inexistente. In: *Os nossos antepassados*. São Paulo: Companhia das Letras, 1997.

_____. *As cidades invisíveis*. São Paulo: Companhia das Letras, 2001.

CANETTI, Elias. *Massa e poder*. São Paulo: Companhia das Letras, 1995.

CHANDLER, Alfred. *The visible hand*. Cambridge, Massachusetts: Harvard University Press, 1977.

CHANLAT, Jean-François. *Ciências sociais e* management: *reconciliando o econômico e o social*. São Paulo: Atlas, 2000.

CHÂTELET, François. *Uma história da razão*: entrevistas com Émile Nöel. Rio de Janeiro: Jorge Zahar, 1994.

CHAUI, Marilena. *Espinosa*: uma filosofia da liberdade. São Paulo: Moderna, 1995.

_____. *A nervura do real*: imanência e liberdade em Espinosa. São Paulo: Companhia das Letras, 1999. v. 1 (imanência).

CHURCHLAND, Patrícia. *Neurophilosophy*. Cambridge, Massachusetts: Massachusetts Institute of Technology Press, 1986.

CLASTRES, Pierre. *A sociedade contra o Estado*: pesquisa de antropologia política. Rio de Janeiro: Francisco Alves, 1988.

CLAXTON, Guy. *Ruídos de uma câmara escura*: um estudo sobre o cérebro humano. São Paulo: Siciliano, 1995.

COETZEE, John. M. *Terras de sombras*. São Paulo: Best Seller, 1997.

_____. A *vida dos animais*. São Paulo: Companhia das Letras, 2002.

_____. *Elizabeth Costello*: oito palestras. São Paulo: Companhia das Letras, 2004.

_____. *Juventude*. São Paulo: Companhia das Letras, 2005.

CONRAD, Joseph. Heart of darkness. And selections from The Congo diary. Nova York: The Modern Library, 1999.

CORRIGAN, Paul. *Shakespeare na administração de negócios*: lições para gerentes e executivos que ambicionam atuar como verdadeiros lideres no mundo de hoje. São Paulo: Makron Books, 2000.

COSTA, Luciano M. *O mal-estar na globalização*. São Paulo: A Girafa Editora, 2005.

COVER STORY. The story of man: modern Darwinism paints a more flattering portrait of humanity than traditionalists might suppose. *The Economist*, 137 (8458): 24 Dec. 2005.

CROSBY, Alfred W. *A mensuração da realidade*: a quantificação e a sociedade ocidental. 1250-1600. São Paulo: UNESP/Cambridge University Press, 1999.

DAMÁSIO, António. *The feeling of what happens*: body and emotion in the making of consciousness. Nova York: Harcourt Brace Jovanovich, 1999.

_____. *Em busca de Espinosa*: prazer e dor na ciência dos sentimentos. São Paulo: Companhia das Letras, 2004.

DARWIN, Charles. *The origin of species*. Nova York: Penguin Books, 1968.

DE BONO, Edward. *I am right, you are wrong; from this to the new Renaissance*: from rock logic to water logic. Londres: Penguin Books, 1991.

_____. *Water logic*. Londres: Penguin Books, 1994.

_____. *New thinking for the new millennium*. Londres: Penguin Books, 2000.

DEBORD, Guy. *A sociedade do espetáculo*: comentários sobre a sociedade do espetáculo. Rio de Janeiro: Contraponto, 1997.

DE GEUS, Arie. *A empresa viva*: como as organizações podem aprender a prosperar e a se perpetuar. Rio de Janeiro: Campus, 1998.

DELEUZE, Gilles. *Espinosa*: filosofia prática. São Paulo: Escuta, 2002.

DEMO, Pedro. *Complexidade e aprendizagem*: a dinâmica não-linear do conhecimento. São Paulo: Atlas, 2002.

_____. *Introdução à sociologia*: complexidade, interdisciplinaridade e desigualdade social. São Paulo: Atlas, 2002.

DENNETT, Daniel. *Elbow room*: on the varieties of free will worth wanting. Oxford: Clarendon Press, 1983.

DENNING, Stephen. *O poder das narrativas nas organizações*: um guia para líderes sobre o uso da técnica de narrativas. Rio de Janeiro: Elsevier: Petrobras, 2006.

DERRIDA, Jacques. *De l'hospitalité*. Paris: Calmnn-Lévy, 1997.

_____. *Anne Dufourmantelle convida Jacques Derrida a falar da hospitalidade*. São Paulo: Escuta, 2003.

DIMITROV, Vladimir. Leadership and change: a complexity perspective. Disponível em: <www.humbertomariotti.com>.

DORIA, Francisco A. *Marcuse, vida e obra*. Rio de Janeiro: José Álvaro Editor, 1969.

DUPAS, Gilberto. *Ética e poder na sociedade da informação*. São Paulo: Editora Unesp, 2001.

DURANT, Will. *A história da filosofia*. São Paulo: Nova Cultural, 1996.

DUPUY, Jean-Pierre. *Nas origens das ciências cognitivas*. São Paulo: Editora Unesp, 1996.

EINSTEIN, Albert. *Como vejo o mundo*. Rio de Janeiro: Nova Fronteira, 1981.

ELLINOR, Linda; GERARD, Glenna. *Dialogue*: rediscover the transforming power of conversation. Nova York: John Wiley, 1998.

EMERSON, Ralph W. *The essential writings of Ralph Waldo Emerson*. Nova York: The Modern Library, 2000.

EVANS, Dylan; CRUSE, Pierre. *Emotion, evolution, and rationality*. Oxford: Oxford University Press, 2004.

FAIRBAIRN, W.R.D. *An object-relations theory of the personality*. Nova York: Basic Books, 1952.

FALKENBERG, Steve. What is fundamentalism and why is it so dangerous? Disponível em: <www.newreformation.org/fundamentalism.htm>. Acesso em: 2002.

FAUSTO, Boris. A ditadura do relativismo. *Folha de S. Paulo*, 12 maio 2005.

FIGUEIREDO, Carlos. *100 discursos históricos*. Belo Horizonte: Editora Leitura, 2002.

FILORAMO, Giovanni. *Monoteísmos e dualismos*: as religiões de salvação. São Paulo: Hedra, 2005.

FRANK, Robert H. *Passions within reason*: the strategic role of emotions. Nova York: W. W. Norton, 1988.

FOX, Matthew. Interview with a leadership guru: Jim Fisher. *Rotman Magazine*, Spring/Summer 2005, p. 10-13.

FREUD, Sigmund. *Obras completas*. Madri: Editorial Biblioteca Nueva, 1948, 2 v.

_____. *El malestar en la cultura y otros ensayos*. Madri: Alianza Editorial, 1973.

FREUND, Julien. Les lignes de force de la pensée politique de Carl Schmitt. *Nouvelle École*, nº 44, Printemps, 1987.

FROMM, Erich. *O medo à liberdade*. Rio de Janeiro: Zahar, 1980.

_____. *A arte de amar*. Belo Horizonte: Itatiaia, 1990.

FUKUYAMA, Francis. *The end of history and the last man*. Nova York: Free Press, 1992.

_____. *America at the crossroads*: democracy, power, and the neoconservative legacy. New Haven: Yale University Press, 2006.

GADAMER, Hans-Georg. *O caráter oculto da saúde*. Petrópolis: Vozes, 2006.

GALBRAITH, John Kenneth. *Anatomia do poder*. São Paulo: Pioneira, 1984.

_____. *A economia das fraudes inocentes*: verdades para o nosso tempo. São Paulo: Companhia das Letras, 2004.

GANDHI. Mohandas K. *Autobiografia*: minha vida e minhas experiências com a verdade. São Paulo: Palas Athena, 1999.

GARAUDY, Roger. *Rumo a uma guerra santa? O debate do século*. Rio de Janeiro: Jorge Zahar, 1995.

GARDNER, Howard. *Leading minds*: an anatomy of leadership. Nova York: Basic Books, 1996.

_____. *Mentes que mudam*: a arte e a ciência de mudar as nossas ideias e as dos outros. Porto Alegre: Artmed/Bookman, 2005.

GIDDENS, Anthony. *As consequências da modernidade*. São Paulo: Editora Unesp, 1991.

_____. *Modernidade e identidade*. Rio de Janeiro: Jorge Zahar, 2002.

GIRARD, René. Relativismo: Bento XVI está certo. Entrevista. *O Estado de S. Paulo*, 15 maio 2005.

GOETHE, J. Wolfgang. *Máximas e reflexões*. Rio de Janeiro: Forense Universitária, 2003.

GOLDSTEIN, Kurt. *The organism*. Nova York: Zone Books, 1995.

GORE, Al. *Uma verdade inconveniente*: o que devemos saber (e fazer) sobre o aquecimento global. Barueri, São Paulo: Manole, 2006.

GRAIEB, Carlos; TEIXEIRA, Jerônimo. Quando a religião é um mal. *Veja*, p. 84-86, 22 jun. 2005.

GREEN, Philip. Neo-cons and the counter-enlightenment. *Logos* 3 (2), Disponível em: <www.logosjournal.com>, Spring 2004.

GUATTARI, Félix. *Caosmose*: um novo paradigma estético. São Paulo: Editora 34, 1998.

_____. *As três ecologias*. Campinas, São Paulo: Papirus, 1998.

HABERMAS, Jürgen. *Técnica e ciência como "ideologia"*. Lisboa: Edições 70, 2001.

_____. "Quando devemos ser tolerantes? Sobre a rivalidade entre visões de mundo, valores e teorias". *Palestra pronunciada na Berlin-Brandenburg Academy of Sciences*. 29 jun. 2002.

HANDY, Charles. *Além do capitalismo*. São Paulo: Makron Books, 1999.

HARDING, Gary. The golden rule. *The tragedy of commons home page*. Disponível em: <http: members.aol.com/trajcom/private/trajcom.htm>. Acesso em: 1997.

HAYEK, Friedrich. Entrevista a Guy Sorman. In: SORMAN, Guy. *Os verdadeiros pensadores de nosso tempo*. Rio de Janeiro: Imago, 1989.

HEIDEGGER, Martin. *Being and time*. Nova York: Harper & Row, 1962.

HEISENBERG. Werner. *A parte e o todo*: encontros e conversas sobre física, filosofia religião e política. Rio de Janeiro: Contraponto, 1996.

HENDERSON, Mark. Why say no to free money? It's neuro-economics, stupid. *The Times*, 7 Oct. 2006.

HOCK, Dee. *Nascimento da era caórdica*. São Paulo: Cultrix, 2005.

HORGAN, John. *O fim da ciência*: uma discussão sobre os limites do conhecimento científico. São Paulo: Companhia das Letras, 1998.

_____. *The undiscovered mind*: human brain defies replication, medication, and explanation. Nova York: Touchstone, 1999.

HORKHEIMER, Max. *Eclipse da razão*. Rio de Janeiro: Labor, 1976.

HUBBELING, H. G. *Spinoza*. Barcelona: Herder, 1981.

HUISMAN, Denis. *Dicionário dos filósofos*. São Paulo: Martins Fontes, 2001.

HUME, David. *A treatise of human nature*. Oxford: Clarendon Press, 1964.

HUNTINGTON, Samuel. *The clash of civilization and the remaking of the world order*. Nova York: Simon & Schuster, 1996.

HUXLEY, Aldous. *A situação humana*. São Paulo: Círculo do Livro, [s.d.].

_____. *Brave new world*. Londres: Triad Panther, 1984.

_____. *O macaco e a essência*. Rio de Janeiro: Globo, 1987.

ISAACS, William. *Dialogue and the art of thinking together*. Nova York: Doubleday Currency, 1999.

JAPIASSU, Hilton. *A crise da razão e do saber objetivo*: as ondas do irracional. São Paulo: Letras & Letras, 1996.

JAWORSKI, Joseph. *Sincronicidade*: o caminho interior para a liderança. São Paulo: Best Seller, 2000.

JONAS, Hans. *O princípio responsabilidade*: ensaio de uma ética para a civilização tecnológica. Rio de Janeiro: Contraponto: Editora PUC-Rio, 2006.

JUVENAL, Decimus Junius. *Sátirs*. Disponível em: http://ancienthistory.about.com/od/juvenal/a/Juvenal.htm.

KANT, Immanuel. *Critique of pure reason*. Nova York: St. Martin's Press, 1963.

_____. *Crítica da faculdade do juízo*. Rio de Janeiro: Forense Universitária, 1995.

KAUFFMAN, Stuart. *At home in the universe*: the search for the laws of self-organization and complexity. Nova York e Oxford: Oxford University Press, 1995.

KEEN, Sam. *The passionate life*: stages of loving. Nova York: Harper & Row, 1983.

KNOCH, Daria; PASCUAL-LEONE, Álvaro; MEYER, Kaspar; TREYER, Valerie; FEHR, Ernst. Diminishing reciprocal fairness by disrupting the right prefrontal cortex. *Science Online*, 5 Oct. 2006.

KOFMAN, Myron. *Edgar Morin*: do Big Brother à fraternidade. Lisboa: Instituto Piaget, 1997.

KREILSHEIMER, Alban. *Pascal*. Lisboa: Dom Quixote, 1983.

KÜNG, Hans. *Religiões do mundo*: em busca de pontos comuns. Campinas: Verus, 2004.

KURZ, Robert. O desenvolvimento sustentável da natureza. *Folha de S. Paulo*, 6 out. 2006.

LAKOFF, George; JOHNSON, Mark. *Philosophy in the flesh*: the embodied mind and its challenge to western thought. Nova York: Basic Books, 1999.

LAPASSADE, Georges. *La bionergia*: ensayo sobre la obra de W. Reich. México: Gedisa Mexicana, 1983.

LASCH, Christopher. *O mínimo eu*: sobrevivência psíquica em tempos difíceis. São Paulo: Brasiliense, 1986.

LEÃO, Emmanuel C. (Ed.). *Heráclito*: fragmentos, origem do pensamento. Rio de Janeiro: Tempo Brasileiro, 1980.

LEBRUN, Gerard. *Pascal*: voltas, desvios e reviravoltas. São Paulo: Brasiliense, 1983.

LIPSET, David. *Gregory Bateson*: the legacy of a scientist. Boston: Beacon Press, 1982.

LLOSA, Mario V. *A verdade das mentiras*. São Paulo: ARX, 2004.

LOCKE, Robert. Leo Strauss, conservative mastermind. Disponível em: <Front Page Magazine.com>. Acesso em: May 31 2002.

LODI, João B. *Governança corporativa*. Rio de Janeiro: Campus/Elsevier, 2000.

LORENZ, Edward. *Conferência na Reunião Anual da Sociedade Americana para o Progresso da Ciência*. Washington DC, 20 dez. 1979.

LORENZ, Konrad. *Behind the mirror*: a search for a natural history of human knowledge. Nova York: Harcourt Brace Jovanovich, 1978.

LORENZ, Konrad. *A demolição do homem*: crítica à falsa religião do progresso. São Paulo: Brasiliense, 1986.

_____. *Os oito pecados mortais do homem civilizado*. São Paulo: Brasiliense, 1988.

LUKACS, John. *O fim de uma era*. Rio de Janeiro: Jorge Zahar, 2005.

MACFARLANE, Alan. *A cultura do capitalismo*. Rio de Janeiro: Jorge Zahar, 1989.

MAC LEAN, Paul. *Triune concept of brain and behaviour*. Toronto: University of Toronto Press, 1973.

MANDELA, Nelson. *Longo caminho para a liberdade*: uma autobiografia. São Paulo: Siciliano, 1995.

MAQUIAVEL, N. *O príncipe*. Rio de Janeiro: Vecchi, 1965.

MARCO AURÉLIO. *Meditações*. São Paulo: Iluminuras, 1995.

MARCUSE, Herbert. *One-dimensional man*: studies in the ideology of advanced industrial society. Londres: Routledge, 1994.

MARINOVICH, Greg; SILVA, João. *O clube do bangue-bangue*: instantâneos de uma guerra oculta. São Paulo: Companhia das Letras, 2003.

MARIOTTI, Humberto. Autopoiesis, culture, and society. Disponível em: <www.humbertomariotti.com>. Acesso em: 1999.

_____. *O automatismo concordo-discordo e as armadilhas do reducionismo*. Thot, São Paulo, 71: 58-69, 1999.

_____. *As paixões do ego*: complexidade, política e solidariedade. São Paulo: Palas Athena, 2000.

_____. *A escalada da barbárie e o papel da palavra como instrumento de libertação*. Disponível em: <www.humbertomariotti.com>. Acesso em: 2000.

_____. Outro olhar, outra visão. Prefácio a MATURANA, Humberto; VARELA, Francisco. *A árvore do conhecimento*: as bases biológicas da compreensão humana. São Paulo: Palas Athena, 2001.

_____. Diálogo: um método de reflexão conjunta e observação compartilhada da experiência. *Thot*, São Paulo, 76: 6-22, 2001.

_____. *A era da avareza*: a concentração de renda como patologia social. Disponível em: <www.humbertomariotti.com>. Acesso em: 2001.

_____. Riduzionismo, "olismo" e pensiero sistemico e complesso. *Elites* (Itália) 3: 58-67, 2003.

_____. *O conhecimento do conhecimento*: a filosofia de Baruch de Espinosa e o pensamento complexo. Disponível em: <www.humbertomariotti.com>. Acesso em: 2004.

_____. *A filosofia e perigosa?* (O conservadorismo e o pensamento binário). Disponível em: <www.humbertomariotti.com>. Acesso em: 2005.

_____. *A razão do coração e o coração da razão*: Blaise Pascal e o pensamento complexo. Disponível em: <www.humbertomariotti.com>. Acesso em: 2005.

MARTIN, Roger. Greetings from the Dean. *Rotman Management* 3:1, 1999.

_____. *O vírus da responsabilidade*. São Paulo: A Girafa Editora, 2004.

_____. Integrative thinking: a model takes shape. *The best of Rotman Magazine*, 1: 28-3, Winter 2005.

MARTINELLI, Dante P.; VENTURA, Carla A. (Org.). *Visão sistêmica e administração*: conceitos, metodologias e aplicações. São Paulo: Saraiva, 2006.

MASON, John G. Leo Strauss and the noble lie: the neo-cons at war. *Logos* 3.2., Spring 2004 (*Logosonline*).

MATOS, Olgária. *Os arcanos do inteiramente outro*: a escola de Frankfurt, a melancolia, a revolução. São Paulo: Brasiliense, 1995.

_____. *A escola de Frankfurt*: luzes e sombras do Iluminismo. São Paulo: Moderna, 2001.

McGREGOR, Douglas. *Leadership and motivation*: essays by Douglas McGregor. Cambridge, Massachusetts: Massachusetts Institute of Technology Press, 1966.

MERQUIOR. José G. *O liberalismo*: antigo e moderno. Rio de Janeiro: Nova Fronteira, 1991.

MEYER, Jerry; HOLMS, John P. *Bite-size Einstein*: quotations on just about everything from the greatest mind on the twentieth century. Nova York: St. Martin's Press, 1996.

MINSKY, Marvin. *The emotion machine*: commonsense thinking, artificial intelligence, and the future of the human mind. Nova York: Simon & Schuster, 2006.

MOLDOVEANU, Mihnea. New cognitive skills for the new millennium. *The Best of Rotman Magazine*, 1: 39-41,Winter 2005.

MONTAIGNE, Michel de. *Os ensaios*. São Paulo: Martins Fontes, 2000/2001. 3 v.

MONTEFIORE, Simon S. *Stálin*: a corte do czar vermelho. São Paulo: Companhia das Letras, 2006.

MORIN, Edgar. *La méthode 1. La nature de la nature*. Paris: Seuil, 1977.

_____. *La méthode 2. La vie de la vie*. Paris: Seuil, 1980.

_____. *La méthode 3. La connaissance de la connaissance*. Paris: Seuil, 1986.

_____. *Introduction à la pensée complexe*. Paris: ESF Editeur, 1990.

_____. *La méthode 4. Les idées; leur habitat, leur vie, leurs moeurs, leur organization*. Paris: Seuil, 1991.

_____. *La méthode 5. L'humanité de l'humanité. l'identité humaine*. Paris: Seuil, 2001.

_____. *La méthode 6. Éthique*. Paris: Seuil, 2004.

_____ (Ed.). *A religação dos saberes*: o desafio do século XXI. Rio de Janeiro: Bertrand Brasil, 2001.

_____. *Para sair do século XX*. Rio de Janeiro: Nova Fronteira, 1986.

_____. *A cabeça bem-feita*: repensar a reforma, reformar o pensamento. Rio de Janeiro: Bertrand Brasil, 2000.

MORIN, Edgar. *Ciência com consciência*. Rio de Janeiro: Bertrand Brasil, 1998.

_____. *Les sept savoirs nécessaires à l'éducation du futur*. Paris: Seuil, 2000.

_____. Harmonia dos extremos. Entrevista. *Folha de S. Paulo*, 9 maio 2005.

_____; LE MOIGNE, Jean-Louis. *A inteligência da complexidade*. São Paulo: Peirópolis, 2000.

_____ et al. *A sociedade em busca de valores*: para fugir à alternativa entre o cepticismo e o dogmatismo. Lisboa: Instituto Piaget, 1998.

MUMFORD, Lewis. *Arte & técnica*. Lisboa: Edições 70, 1986.

NADLER, Steven. *Espinosa*: vida e obra. Lisboa: Publicações Europa-América, 2003.

NASH, J. Madeleine. The antibiotic crisis. *Time*, p. 54-56, 15 Jan. 2001.

NICOLESCU, Basarab. *O manifesto da transdisciplinaridade*. São Paulo: Triom, 1999.

NIETZSCHE, Friedrich. *Ecce homo*: como alguém se torna o que é. São Paulo: Companhia das Letras, 1995.

O'HEAR, Anthony. *After progress*: finding the old way forward. Londres: Bloomsbury Publishing, 1999.

ORTEGA Y GASSET, José. *Meditações do Quixote*. São Paulo: Livro Ibero-Americano, 1967.

ORWELL, George. *1984*. São Paulo: Companhia Editora Nacional, 2001.

OZ, Amós. *Contra o fanatismo*. Rio de Janeiro: Ediouro, 2004.

PARÍS, Carlos. *O animal cultural*: biologia e cultura na realidade humana. São Carlos (São Paulo): EDUFSCAR, 2002.

PASCAL, Blaise. *Pensamentos*. São Paulo: Martins Fontes, 2001.

PASSET, René. *L'économique et le vivant*. Paris: Économica, 1996.

_____. *A ilusão neoliberal*. Rio de Janeiro: Record, 2002.

PLOTINO. *Enéadas*. III, 9, 3. *Great Books*, v. 11.

POLANYI, Karl. *A grande transformação*: as origens de nossa época. Rio de Janeiro: Campus, 2000.

POSEL, Danny. Noble lies and the perpetual war: Leo Strauss, the neo-cons, and Iraq. Interview with Shadia Drury. Disponível em: <www.opendemocracy.net/debates>.

RAMACHANDRAN, V. S.; BLAKESLEE, Sandra. *Fantasmas no cérebro*: uma investigação dos mistérios da mente humana. Rio de Janeiro: Record, 2002.

RICOEUR, Paul. A observação participante de Paul Ricoeur. Entrevista. *O Estado de S. Paulo*, 3 ago. 2003.

RINDLER, Wolfgang. *Essential relativity*. Nova York: Springer-Verlag, 1977.

RIVKIN, Jan. The strategic importance of integrative skills. *The Best of Rotman Magazine*, 1: 66-67, Winter 2005.

ROSNAY, Joël de. *O homem simbiótico*: perspectivas para o terceiro milênio. Petrópolis: Vozes, 1983.

ROSS, Ian S. *Adam Smith*: uma biografia. Rio de janeiro: Record, 1999.

ROUANET, Sergio Paulo. *As razões do iluminismo*. São Paulo: Companhia das Letras, 1987.

_____. *Mal-estar na modernidade*. São Paulo: Companhia das Letras, 1993.

_____. *Ideias*: da cultura global à universal. São Paulo: Unimarco, 2003.

_____. Os terríveis simplificadores. *Folha de S. Paulo*, 4 jan. 2004.

ROVIGHI, Sofia V. *História de filosofia moderna*: da revolução científica a Hegel. São Paulo: Loyola, 1999.

RUMSFELD, Donald. News briefing. U. S. Department of Defense. 25 Sept. 2001.

RUSSELL, Bertrand. *Historia de la filosofia occidental*. Madri: Espasa Calpe, 1995.

SÁBATO, Ernesto. *La resistência*. Buenos Aires: Booket, 2005.

SAID, Edward W. *Cultura e política*. São Paulo: Boitempo, 2003.

SAMPSON, Anthony. *O homem da companhia*: uma história dos executivos. São Paulo: Companhia das Letras, 1997.

_____. *Mandela*: the authorized biography. Nova York: Alfred A. Knopf, 1999.

SAVATER, Fernando. *Os dez mandamentos para o século XXI*. Rio de Janeiro: Ediouro, 2005.

SCALA, André. *Espinosa*. São Paulo: Estação Liberdade, 2003.

SCHEIN, Edgar H. *Organizational culture and leadership*. San Francisco: Jossey-Bass, 2004.

SCHMITT, Carl. *Théologie politique*. Paris: Gallimard, 1998.

_____. *El concepto de lo político*. Madri: Alianza Editorial, 1999.

SCHWANITZ, Dietrich. Prefácio a Christiane Zschirnt. *Livros*: tudo o que você não pode deixar de ler. São Paulo: Globo, 2006.

SEN, Amartya. *Sobre ética e economia*. São Paulo: Companhia das Letras, 1999.

_____. *Desenvolvimento como liberdade*. São Paulo: Companhia das Letras, 2000.

SENNETT, Richard. *A corrosão do caráter*: consequências pessoais do trabalho no novo capitalismo. Rio de Janeiro: Record, 1999.

_____. *Respeito*: a formação do caráter em um mundo desigual. Rio de Janeiro: Record, 2004.

SERRES. Michel. *O incandescente*. Rio de Janeiro: Bertrand Brasil, 2005.

SHAKESPEARE, William. *The complete works of William Shakespeare*. Nova York: Gramercy Books, 1975.

SMITH, Adam. *The wealth of nations*. Nova York: Modern Library, 2000.

SMITH, Bárbara H. *Crença e resistência*: a dinâmica da controvérsia intelectual contemporânea. São Paulo: Editora Unesp, 2000.

SNOW, Charles P. *The two cultures*. Cambridge: Cambridge University Press, 2000.

SPINOZA. *Oeuvres completes*. (Bibliothèque de la Pléiade). Paris: Gallimard, 1954.

SPRITZER, Gretchen A.; QUINN, Robert. *A company of leaders*: five disciplines for unleashing the power of your workforce. San Francisco: Jossey Bass, 2001.

STEINBERG, Jeffrey. Profile: Leo Strauss, fascist godfather of the neo-cons. *Executive Intelligence Review*. March 21, 2003.

STIGLITZ, Joseph E. *Os exuberantes anos 90*: uma nova interpretação da década mais próspera da história. São Paulo: Companhia das Letras, 2003.

STRATHERN, Paul. *Uma breve história da economia*. Rio de Janeiro: Jorge Zahar, 2003.

STRAUSS, Leo. *Natural right and history*: Walgreen Foundation lectures. Chicago: Chicago University Press, 1953.

_____. *What is political philosophy?* And other essays. Chicago: Chicago University Press, 1959.

_____. *De la tyrannie*. Paris: Gallimard, 1997.

THOMPSON, William I. *Gaia*: uma teoria do conhecimento. São Paulo: Gaia, 2000.

TOURAINE, Alain. *Crítica da modernidade*. Petrópolis: Vozes, 1999.

TUCHMAN, Barbara. *The march of folly*: from Troy to Vietnam. Londres: Abacus, 1999.

ULRICH, Dave; ZENGER, Jack; SMALLWOOD, Norm. *Results-based leadership*. Boston, Massachusetts: Harvard Business School Press, 1999.

VARELA, Francisco J. *Invitation aux sciences cognitives*. Paris: Seuil, 1988.

_____, THOMPSON, Evan; ROSCH, Eleanor. *The embodied mind*: cognitive science and human experience. Cambridge, Massachusetts: Massachusetts Institute of Technology Press, 1997.

VERNANT, Jean-Pierre. *Mito e sociedade na Grécia antiga*. Rio de Janeiro: José Olympio, 1999.

VOLTAIRE. *Poema sobre a catástrofe de Lisboa*. Disponível em: <http://educativa.com.br/voltaire/cultura, 1756>.

WAACK, William. *Camaradas nos arquivos de Moscou*: a história secreta da revolução brasileira de 1935. São Paulo: Companhia das Letras. Biblioteca do Exército, 1999.

WATSON, Peter. *The modern mind*: an intellectual history of the 20th century. Nova York: Harper Collins, 2001.

WEBB, Beatrice. Cit. por John Micklethwait e Adrian Wooldridge. Para os conservadores, missão cumprida. *O Estado de S. Paulo*, 23 maio 2004.

WEBER, Max. *The protestant ethic and the spirit of capitalism*. Nova York: Charles Scribner's, 1958.

WESCOTT, Glenway. *O falcão-peregrino*. São Paulo: Editora Planeta do Brasil, 2003.

WIENER, Norbert. *Cybernetics*. Or, control and communication in the animal and the machine. Cambridge: Massachusetts Institute of Technology Press, 1980.

_____. *The human use of human beings*: cybernetics and society. Nova York: Da Capo Press, 1988.

WIGGERSHAUS, Rolf. *A escola de Frankfurt*: história, desenvolvimento teórico e significação política. Rio de Janeiro: Difel, 2002.

WIND, Yoram (Jerry). The integrative thinking challenge for management education and research. *The Best of Rotman Magazine*, 1: 82-84, Winter 2005.

WRIGHT, Robert. *O animal moral*. Por que somos como somos: a nova ciência da psicologia evolucionista. Rio de Janeiro: Campus, 1996.

_____. *Nonzero*: the logic of human destiny. Nova York: Pantheon Books, 2000.

ZELDIN, Theodore. *Conversação*. Rio de Janeiro: Record, 2001.

Formato	17 x 24 cm
Tipologia	Charter 11/13
Papel	Alta Alvura 90 g/m² (miolo)
	Supremo 250 g/m² (capa)
Número de páginas	216
Impressão	Yangraf